汉语进修教育多角度研究

HANYU JINXIU JIAOYU DUO JIAODU YANJU

王瑞烽　王俊毅　主编

本课题为北京语言大学院级科研项目（中央高校基本科研业务专项资金资助），项目编号为14YJ160201

中国书籍出版社
China Book Press

编委会

主　编 王瑞烽　王俊毅
编委会（以音序排列）
　　　　　胡　波　李小丽　彭志平
　　　　　王俊毅　王瑞烽　魏德胜
　　　　　邢红兵　张　辉

前 言

北京语言大学汉语进修学院于2003年成立，主要承担来华留学生汉语言进修教育和专科教育、汉语国际教育硕（博）士专业教育、港澳地区及海外华人的汉语普通话培训、国际汉语教师培训工作。汉语进修学院自成立以来，一直重视科学研究，每年举办一届科研报告会，至今已经成功举办了十一届。2014年第十一届科研报告会后，学院学术委员会一致认为，多年来的科研报告会产生了大量有理论和实用价值的学术论文，这些论文大部分已经正式发表，但是有一部分论文还没有公开出版，有必要从中精选出部分论文结集出版。这项工作既是对多年来学院科研报告会的总结和回顾，也是对学院教师积极从事科研工作的鼓励和肯定。

学院学术委员会对第十一届科研报告会的48篇论文进行了匿名评审，最后选定23篇论文入选本论文集。除此以外，学术委员会还从第八届、第九届、第十届科研报告会的获奖论文中选出6篇入选本论文集。本论文集的29篇论文主要涉及语言教学研究、文化教学研究、汉语习得研究、语言本体研究、语言测试及教育技术研究。这些研究从不同角度对汉语进修教育的学习者、教师、教材和教法进行了深入和全面的研究，因此，本论文集定名为《汉语进修教育多角度研究》。

本论文集的作者大都是长期在教学一线工作的中青年教师，他们在长期的教学工作中积累了丰富的感性认识和经验，发现了大量"鲜活"的教学问题，同时，他们都具备优良、完善的教育背景，有着较强的科研能力，因此，他们的研究既有理论的深度，又有实践的价值，是"问题导向"的研究，也是理论和实际相结合的研究，其研究具有鲜明的应用性和实践性的特色，令读者读后感觉有启发、有收获。汉语进修教育作为汉语国际教育的一个重要组成部分，和这个学科一样，特别重视和强调研究的应用性和实践性，这是汉语进修教育和汉语国际教育的特色之所在，而且这样的研究才具有更强的生命力和活力。

汉语进修学院学术委员会对于本论文集的编选做了大量的工作，王俊毅老师、胡波老师和白浩老师对于论文的组织和编校付出了大量的心血,向他们的辛勤劳动表示感谢。同时,还要诚挚地感谢北京语言大学院级科研项目(中央高校基本科研业务专项资金资助)经费的支持,感谢中国书籍出版社为我们提供了论文集出版的宝贵机会,感谢本书编辑安玉霞女士所做的细致的编辑工作。

北京语言大学汉语进修学院
《汉语进修教育多角度研究》编委会
2015 年 3 月 1 日

目 录

语言教学研究 ……………………………………………………………… 1

  由"点"及"面"促进听说教学的尝试 ………………………… 胡　波　3
  对外汉语辅助教学策略与有效教学 …………………………… 李小丽　11
  中美汉语教学"讲练—复练"模式的合流及借鉴 …………… 张　莉　17
  对外汉语语段教学的问题探析 ………………………………… 牟世荣　26
  图式理论与初级汉语阅读教学 ………………………………… 张熙昌　33
  对外汉语中级写作课的实验与分析 …………………………… 张　卓　40
  模拟口腔动画辅助汉语语音教学 ……………………………… 金娅曦　46
  来华留学预科生计算机基础课教学研究
    ——以北京语言大学为例 …………………………………… 白　浩　56
  不同成长阶段教师的课堂语音教学策略差异研究 …………… 严　彦　66

文化教学研究 ……………………………………………………………… 77

  八十年代留美文学中的"文化休克"现象
    ——跨文化交际的个案研究之一 …………………………… 李东芳　79
  文化教学的独特策略：从"冲突"到"理解"
    ——对文化教学中三类"冲突"的个案分析 ……………… 陈　莹　90
  九州之外复有九州
    ——以《真腊风土记》《岛夷志略》为代表的元代域外民俗文献研究
    ………………………………………………………………… 陈　莹　97

汉语习得研究 ······ 107

中高级水平日汉双语者心理词典的表征 ······ 郝美玲 庞思思 109
一次不成功的引导性阅读策略实验：关键词引导法
　　——兼论初级汉语阅读课教学目的 ······ 田　靓 119
初级阶段来华留学生学习风格及其对学习成绩的影响 ······ 陈天序 127
东南亚华裔学生动词"看"的搭配情况考察 ······ 雷　朔 136

语言本体研究 ······ 151

谓词性宾语的动性研究 ······ 王俊毅 153
现代汉语"男"、"女"构词不对称研究 ······ 孟艳华 165
汉语普通话双音节句中语调对第三声的影响 ······ 王　瑞 178
汉字形体发展中的正俗相谐共变 ······ 徐秀兵 185
语义的量子特征 ······ 隋　岩 192
浅谈汉日同形词的词义对比与翻译
　　——以「痛恨の極み」等词语的汉译为例 ······ 张建华 204
汉语"之"字结构的韵律模式研究 ······ 骆健飞 216
汉语单双音节同义动词的韵律形态研究 ······ 骆健飞 227
现代汉语书面语中连词"则"的考察 ······ 李　琳 236

语言测试及教育技术研究 ······ 245

汉语水平测试中语法题的题型 ······ 龚君冉 247
基于人工神经网络预测汉语阅读理解测验题目难易度 ······ 韩　菡 257
普通话测试命题说话项的几种
典型偏误及教材练习形式的设计 ······ 刘　烨 268
基于字高提取数字墨水单字的自适应方法 ······ 白　浩 276

语言教学研究

由"点"及"面"促进听说教学的尝试

胡 波

提要 《成功之路提高篇听和说》和《成功之路跨越篇听和说》分别于2013年和2014年出版。本文通过梳理该教材的编写理念,展现教学内容由"点"及"面"递进式呈现和听说相互促进等编写思想在教材中的运用;通过举例和分析,说明教材如何对学习内容总量、练习数量进行控制,并说明练习编排的方法和依据。

关键词 教材 学习内容输入 递进式扩大信息量 听说结合

一、教材编写及课堂教学相关理论

要把"输入"变为"吸入",关键在教师。教师的作用在于不断地了解学生的外语能力达到什么水平,不断地引导学生向新的水平发展。选择合适的教材(既要高于学生的水平,又不要脱离学生的水平)就显得十分重要。(桂诗春,1985)不过,这需要一个前提,即有合适的教材可选。因此编写适合学生水平的教材同样十分重要。为学习者提供一套适合的教材是我们在编写《成功之路提高篇听和说》和《成功之路跨越篇听和说》(以下简称《提高篇听和说》和《跨越篇听和说》)过程中所追求的一个重要目标。

中高级阶段的语言学习者其口语表达能力与语言知识的发展水平很不平衡,表现为说话时很少使用较高级别词汇,偶尔用的时候,又常常出错。这种情况与语言学习规律有关,但是与该阶段的训练方法也有一定关系。我们希望这套教材通过内容安排及练习的设计,为学习者搭建熟练和掌握语言知识的平台,实现迅速准确地运用语言知识、从而达到脱口而出的程度。

刘珣(2000)认为语言教学,不论是结构、功能还是文化,都应体现由易到难、由近及远、由具体到抽象、先简后繁、先一般后特殊、循序渐进的原则,便于学生学习。由于语言知识和技能的掌握不可能一次性完成,在教材编写和课堂教学中都应采取循环往复、加强重现、以旧引新、逐步深化、螺旋式提高的原则。关于教材的实用性，他指出，教学内容要从学习者的需要出发，应该是学习者进行交际活动所必需的，是在生活中能马上应用的，也是学习者急于要掌握的。要有利于贯彻精讲多练的原则。既要提供必要的理论知识，更要提供大量的、充分的练习。练习是获得技能的主要途径之一，是教材中的主要部分。

如何考察教材的练习？美国国家外语资源中心（National Foreign Language Resource Center, 1999）的"外语多媒体软件评核系统"中有关听力部分的评核标准指出，对听后活动要从三方面考察：（1）听后活动是否基于特定的信息形式特征；（2）引导学生特别注意的形式特征是否经过慎重挑选；（3）听后活动是否可以促进对词汇的获得。（胡波，2011：51）对于练习的有效性有学者认为，练习题的有效性是指练习题在多大程度上练到了它想练的东西，在多大程度上达到了它想达到的目的。（杨翼，2010）而就练习的作用而言，刘颂浩（2009）认为，语言教学总是在追求效益最大化，主要途径之一，是让练习兼顾多种功能，实现多个目的。在教材编写的相关理论指导下，《提高篇听和说》和《跨越篇听和说》在遵循教学内容适合学习者水平、满足学习者需要原则的同时，努力探索教材的内在科学性，力求使本套教材教得顺手、学得有趣、记得深刻。

二、由"点"及"面"式输入学习内容

近几年对于课堂输入的研究有一个新趋势，认为输入量不宜过大，当学习内容超过学习者可接受的量时，不利于达到学习效果，而适中的输入量既能满足新知识的获取，又能充分地理解及内化，达到学以致用的效果。所以，《提高篇听和说》和《跨越篇听和说》严格控制输入量，两课时要学的内容为十几个生词、两三个表达式和一篇五百字左右的课文。教学目标是让学生当堂课上理解并识记生词、表达式，理解课文，并运用新词语和课文提供的语言，在新语境中进行比较流利的表达。这个不大不小的量如果要当堂消化，并不轻松。要实现新知识能够当堂应用，前提是要使学习者既能够完全理解新语言现象，又能够深刻记忆。

教学中促进学习者记忆最好的办法是提高语言点的复现率和有针对性的练习。复现的次数多了，记忆的概率相应就会增加。"复现"不是简单的重复，而是在教材中巧妙地进行安排。为此我们对每课教学内容的输入做了由"点"及"面"的输入安排，这是一种类似于滚雪球式的输入。"点"是指表达式、熟语和课文中的重点词语。"面"则分为两个层次：一是指针对表达式、熟语和重点

词语理解编写的小对话；二是课文。"点"的作用是帮助学习者了解表达式的意义和语用功能；"面"的作用是帮助学习者在语境中加深语言点的理解，同时也是为了使课文理解起来更加顺畅。

2.1 "学""听""说"层层渗透

"学"针对的是语言点学习。这部分是每课教学需要重点讲练的内容。我们把表达式和熟语作为学的内容，这部分内容以例解的形式呈现。每个词语都提供了可供自学的拼音、翻译、中文释义和例句。这是考虑到中级阶段学生的语言理解能力已经达到了自学水平，他们在预习新课时，通过教材中所给表达式的语义解释及用法举例，对新表达式的语义和用法就可以大致了解，从而加强课上学习的主动性。

"听"针对的是听含有新语言点和重点词语的小对话和课文。对话只有一个话轮，又有语境配合，所以理解难度不大。在"学"的层面，学生只完成了意义的理解，而在"听"的层面，学生不仅能够加深语言点的理解，而且还可以了解它的功用。这项训练可以使学习者比较轻松地熟悉新语言点，而且更加便于掌握。课文也是通过语音的方式输入。听是获取信息的重要途径。听懂的信息更容易记忆。听说课的课文为语音输入，这是惯例。但是我们认为输入并不能止于听课文，听力理解也不应止于简单的听懂，而是应该从培养听力理解技能的角度进行训练。在小对话的理解训练后，接着是"听一个句子，选择恰当的应答"，这两项练习是每课内容从理解到应用的一个小高潮。此外有针对性的练习还有复述。听懂并复述也是便于长时记忆中的信息储存和提取的有效训练方式。

"说"针对的是课文内容的表达练习和模拟交际活动。"听"是手段，"说"是目的，这两种活动相互依存，相互促进。胡波（2011：51）"说"的训练是本教材非常重要的一项内容。我们在编写口语表达练习时，奉行在语段中学习词语、在语境中练习会话，以及语段复现和模拟应用相结合的原则。也就是说我们希望学生在学完一课内容后，能够准确复述课文的全部或部分内容，并能够在模拟交际任务中，准确恰当地使用所学的语言知识。

我们认为"听"是为"说"提供尽可能丰富的语言素材；"说"是为了更好地体现"听"的效果，以及更大范围地使用语言材料。

2.2 递进式扩大信息量

由"点"及"面"的输入其目的是不断增加单次信息输入的量，而不是一次性输入。这种方法类似于滚雪球。在本套教材中，最先输入的是语言点，进而输入小对话，最后输入课文。在完成语言点输入之后输入小对话，这是从点到面的第一次扩展。而小对话不仅包含语言点，并且有些对话就是根据课文的某些信息改编而成，所以理解小对话就是在为理解课文做热身。由分散的课文信息输入到全篇课文输入，这是从点到面的第二次扩展。经过前面的几个环节铺垫后，课文更容易理解，学习者掌握的内容也会更多。

递进式输入的另一个好处是提高复现率，这符合认知规律和第二语言学习特点。本教材的语言点分布在每课的表达式介绍、对话理解、课文、课文练习和拓展练习中。其实教材中语言知识的复现，不仅是在本课中复现，还要求在整个教材中复现。本教材秉承了这一原则，上册表达式做到了每课平均9次复现，下册做到了每课平均9次以上复现，有些比较难的熟语也尽量增加复现。下表是对本教材前两课中表达式和熟语复现率的统计：

词语	本课复现	所属教材	《提高篇》复现	《跨越篇》复现
哪儿啊	9	《提高篇》	11	
再说	11	同上	25	9
摸不着头脑（熟语）	7	同上	11	
不是个事（熟语）	7	同上	9	3
各有各的	13	《跨越篇》		19
不管怎么说	13	同上		16
好在	11	同上		19
这下可好	9	同上		13
到头来	16	同上		18

三、由"听"到"说"展开训练

教材内容如何能够最大化地被学习者吸收，除了在输入方式上的考虑以外，另一个重要的方面就是控制好输入内容和练习量。练习量不能太大的根本原因在于，如果练习量过大，学习者接触课文的时间和数量就会大为减少。（刘颂浩，2009）这套教材的听力训练和口语训练都是依据同一个文本进行，这是保证两种训练量不会太大的重要原因。我们认为如果将语音输入和口语产出的训练结合起来就能够实现最大化地吸收学习内容的目标，前提是听和说训练的内容真正一体化，即听什么、说什么。以往听说课有"听"与"说"不搭界的情况，即听是一套，说是一套，其交集只是某一类话题。这种情况看上去似乎是在进行听说训练，但本质上不过是就同一个话题进行"听"或者"说"的训练，结果往往不是将"听说课"上成了"听力课"，就是将其上成了"口语课"。（田靓，2011：63）而听什么、说什么这种"听说一体化"可以使学习者学多少，理解多少；学多少，用多少。围绕听到的内容说，可以让"听"来带动"说"，"说"来促进"听"，从而达到听说能力双双提高的目的。为此我们明确了将"听"和"说"训练基于同一语言材料进行的原则。

3.1 控制练习数量、细化练习层次

课堂的教学时间是有限的，如果要在有限的时间内，使学生新获得的语言知识和信息得到充分调动和使用，就需要一系列设计合理的反馈活动。（胡波，2011：51）正如教学要遵守由易到难、循序渐进的原则，练习也是如此。练习题的层次维度是保证学习内容得到充分练习的重要因素。练习数量既不能多，也不能太少。刘颂浩（2009）认为如果练习量过大，学习者接触课文的时间和数量就会大为减少。练习量和课文量是一对矛盾，在二者之间应该保持平衡。正是考虑到这些因素，本教材在练习编排上遵循了由易到难的原则，在练习目的上考虑了复习强化、归纳总结和拓展提高三个方面。练习的安排由听到说、由听小对话到听课文；由复述课文中的一小段话到复述全篇课文；由说课文的内容到与课文相关话题的讨论。以下是本教材的练习顺序：

（1）听小对话，选择正确答案；
（2）听一句话，听后做出恰当的应答；
（3）听课文，选择正确答案或听后判断正误；
（4）根据提示词用一段话回答下列问题；
（5）（根据课文的内容）讨论；
（6）根据所给情景和所给提示完成对话；
（7）小组活动。

在这个安排下，听与说、简短对话与语段表达、复习强化与拓展练习分层次进行，训练的强度也逐渐加强。

3.2 要求明确、强化记忆

强化记忆是我们编写练习的目的之一。我们发现，学生总是习惯使用初级阶

段学习的词语，而回避本阶段的新词语，究其原因是因为初级阶段多采用听说教学法，那种大强度的训练可以使学习者对学习内容有深刻记忆，随着学习层级的提高，学习内容量的加大，一般来说，中高级教学往往陷入"词海"的包围，学习词汇时多采用对比分析或语境理解的教学方式，操练较少，学习内容自然记忆不深。笔者认为，对于汉语学习者而言，即使到了中高级阶段，他们学习的时间也不过一年到两年，这个时间对于掌握一门新的语言来说还是太短了，所以虽然我们把这个阶段定义为中高级，但是学习者的真实水平仍然是初级。对这个阶段的学生来说，强化记忆仍是很重要的训练手段。本教材在强化记忆上想了一些办法，如多次呈现语言点，以及增加有针对性的练习。例如，"根据提示词回答问题"的形式，学生要把提示的词语都用上，就必须记忆课文，然后用一段话复述出来。对于这项练习有的学生反映比较难，但同时又表示有用。学生的矛盾心理恰恰说明这种能力是他们的弱项，也说明进行该训练的必要性。根据提示词进行复述的训练是目前被广泛采用的一种教学活动，在北京语言大学教务处举办的观摩课上，多位教师采用了这种方法。①

3.3 深化理解、交际搭台

练习的终极目的是培养学习者用目的语进行交际的能力（刘颂浩，2009）。

语境对信息理解与掌握有很强的辅助作用，所以这部教材的听说训练项目均结合语境进行。如"听一句话，做出恰当的应答"，就是让学生结合语境，使用所学表达式说自己的话的简单交际活动。另外，"说一说"中的"根据所给情景和提示完成对话"，是一项表达式的应用练习。与其他教材的表达式练习不同的是，我们给学生提供的是一个基本上能够用上一课中所有表达式的完整对话，学生必须充分理解对话，并借助上下文的语境，才可能完成这项练习。

另外，我们在学习内容中为语用功能的学习与应用搭建了一个平台。这在表达式列表、听力理解练习和交际练习中都得到了体现。通过这三部分，学习者基本上能够对语用功能完成从认识到理解，从理解到应用的认知过程。

四、调查问卷分析

为验证教学效果是否实现了教材编写理念，也为说明教材的练习安排是否满

---

① 崔希亮（2011）《对外汉语听说课优秀教案》，北京：北京语言大学出版社。

足了学习者的需求，我们曾特别做了一个问卷调查，了解学生使用这套教材的体会。调查对象为中级（下）50个学生。

调查结果显示学生的反馈意见与练习编写目的基本吻合。这主要体现在以下三点：（1）教材中的很多项练习是为理解和应用表达式服务的，而85%的调查者认为练习对理解表达式和词语很有帮助或有比较大的帮助；（2）学习内容当堂消化，调查显示，有65%的人能够记住当堂所学内容的70-80%；（3）我们希望能够在此阶段加强语段表达能力训练，调查结果显示有一半的学生选择了口语练习对提高说一段话的能力有帮助。

当然，任何一本教材都不可能做到让所有学习者都满意。由于学习者存在个体差异，需求自然也不同。调查也反映了学生们的倾向性。有的学生内向，不喜欢说话，特别是不善于跟别人讨论问题，所以这类学生不喜欢小组形式的口语练习；有些学生则相反，特别喜欢说，他们就认为说的练习特别好，甚至认为还应该加强；有些学生把听说课作为提高听力理解能力的课程对待，希望听说课上听的训练有助于提高其HSK成绩，这样的学生就会对听的训练有更多的要求，而不喜欢口语表达的训练。

五、结论

编写教材是一件复杂的工作，正像刘珣所说，编写者要具备语言学、心理学、心理语言学和教育学等方面的理论。这对编写者自身水平提出了很高的要求。本人及编写小组成员在决定承担《提高篇听和说》及《跨越篇听和说》的编写工作后，首先做了一些教材调研工作，并通过向教师和学习者发放问卷调查的方式，总结以往教材的优点，发现问题。虽然工作说不上系统，但是我们在研究的基础上，结合多年教授听说课的经验，发现了这门课程需要解决的一些问题。在编写小组成员的共同探讨中，我们的思路越来越清晰，为这套教材确定编写方针：即课文简短、语言通俗、应用性强、练习目的明确、操作简便。

本套教材正式出版前经过两年试用，试用期内多次听取使用者的意见，结合被调查者反应的听和说的比例问题和增加真实交际活动的意见，我们对教材做了几番调整。教材正式出版后，尽管肯定的意见为主，但是我们发现听和说的矛盾在本套教材中仍然没有得到很好解决，模拟交际活动与真实交际活动很难自然对接，这些问题只好留给以后的研究者来解决。

参考文献

［1］崔希亮主编（2011）《对外汉语听说课课堂教学研究》，北京：北京语言大学出版社。

［2］崔希亮主编（2011）《对外汉语听说课优秀教案》，北京：京语言大学出版社。

［3］桂诗春编著（1985）《心理语言学》，上海：上海外语教育出版社。

［4］刘　珣（2000）《对外汉语教育学引论》，北京：北京语言大学出版社。

［5］刘颂浩（2009）对外汉语教学中练习的目的、方法和编写原则，《世界汉语教学》第 1 期。

［6］杨　翼（2010）对外汉语教材练习题的有效性研究，《语言教学与研究》第 1 期。

对外汉语辅助教学策略与有效教学

李小丽

提要 教学质量是课堂教学的生命。在课堂教学过程中，如何采取有效的辅助教学策略，实施有效的课堂教学行为，以缩小实际教学效果与预定目标之间的差距，需要我们从有效教学出发，把有效的辅助教学实施策略当做一项系统工程来研究。本文从宏观视角探讨了实现有效教学的课堂辅助教学实施策略各要素。

关键词 辅助教学策略 有效教学 实施策略 对外汉语

一、引言

在对外汉语教学半个多世纪的历程中，从专家学者到一线教师，一直致力于提高教学质量和教学效果的探索与研究，在教学理念、教学模式和教学方法等研究领域取得了丰硕的成果。尽管如此，在实际教学过程中，如何采取有效的课堂教学策略，实施有效的课堂教学行为，以缩小实际教学效果与预定目标之间的差距，达到有效教学目的，我们仍然做得不尽如人意。

在对外汉语教学国际化、普及化的形势下，越来越多的新教师正在壮大我们的师资队伍，在汉语国际教育专业师资教育和海外教师培训中，我们强调知识结构和能力结构，而对掌握有效课堂教学策略的技能培养缺乏重视，使得新手教师只是照搬学到的教学模式和教学环节，"依葫芦画瓢"，课堂教学多以完成教学预定内容为目标，而忽略了教学效果与预定目标之间的差距，缺乏重视教学效果的意识，以至于教学效果不佳。

第二语言教学已进入"后方法"时代，如何将"后方法"理论提出的十大宏观教学策略转化为对外汉语教学特定的教学措施，进行有效的课堂教学，需要我们从有效教学出发，把有效的课堂教学实施策略当做一项系统工程来研究。本文拟从宏观视角，较为全面地探讨实现有效教学的课堂辅助教学实施策略各要素。

二、有效教学与有效教学策略

2.1 有效教学

有效教学的理念源于20世纪上半叶西方的教学科学化运动，是指在教学活动中，教师为了实现教学目标、促使学生发展而创造性地、综合运用一切合乎教学规律、教学原则、先进教学理念的教学方式、方法、策略，优化教学环节，增强教学效果的一项个性化教学活动。有效教学的核心因素在于最大化地增强课堂教学活动的效果，提高教学效果与预定教学目标之间的吻合度。为此，应吸纳一切先进的教学理念，运用一切科学的教学方式，采取一切合适的课堂教学策略，以提高教学活动的有效性。

从国内研究来看，有效教学研究主要以学生发展为导向，将有效教学的评价标准、有效教学的基本内涵、科学的教学策略作为研究的基本内容（宋秋前，2007）。其中，有效教学评价标准的核心是学生的进步和发展，而如何评价学生的进步和发展主要看教师在多大程度上引发了学生继续学习的愿望，能带给学生多大的愉悦心理体验。同时，学生的进步和发展并不只是传统教学强调的知识和技能的掌握，而是要在教师引导下，在知识与技能、过程与方法、情感态度与价值观等方面获得全面、整合、协调、可持续的进步和发展。更为重要的是，教学是否有效，不仅要考察教学目标的合理性与有效性及其实现程度，还应当看这种目标的实现是怎样取得的，即科学有效的课堂教学手段和策略是评价有效教学的关键，也就是说，教师在整个教学过程中使用的教学策略越得当，越能优化师生的教学行为，教学行为越有效，学生的学习效率就越高。由此可见，有效教学策略在有效教学中占有重要的位置。

2.2 有效教学策略

所谓有效教学策略，是指在有效教学理念的指导下，教师在具体的课堂教学情境中，根据学生的学习和发展需要选择和调控教学行为的动态过程。有效教学策略的实施主要体现在课堂教学完整的过程中，由课堂教学行为具体表现出来，有效教学策略的实施包括教学准备策略、学生主体策略和教师情感策略。

首先，充分的教学准备是有效教学的前提，在课堂教学实施以前，教师要在教学资源、教学策略和教学心理三个方面有充分而全面的准备。其次，有效教学倡导学生主体策略，注重学生自主发展，并想方设法为学生的发展创设各种具有交互作用的环境。另外，有效教学活动的过程不只是一种认知过程，还是一种人与人之间平等的精神交流的过程，教师的热心、同情心及教师富有激励和想象的创造性对教学效果有显著影响，因此，有效教学在强调激发学生主动学习的同时，还要注重教师情感策略，认为情感的丰富和发展是实现教学重要目标和有效教学的基本要求，而加强教学的情感设计的重点是怎样使学生在一个充满自信、相互尊重、相互帮助、乐学向上的课堂环境中学习，让学习成为一种愉悦的情感体验。

三、有效的辅助教学策略

辅助教学策略是有效教学策略的延伸和具体化，是倡导学生自主发展、重视课堂环境结构中情感设计的生动体现。辅助教学策略主要包括动机的培养与激发、有效的课堂交流、课堂强化技术、良好的师生关系、积极的教师期望等方面。在对外汉语课堂上，一些关键性的辅助教学行为对教学效果至关重要。

3.1 激发、培养学生的学习动机

学生的学习是否有效，取决于学习动机和学习策略。学习外语的动机一般分为工具型动机和融合型动机两种。工具型动机是因为学习语言有用，将语言看成达成某种目的的工具；融合型动机是因为觉得学习语言有趣，为了跟说这种语言的人打交道，与这种语言所代表的文化接触。一般来说，一个学习语言的人，这两种动机兼而有之。激发学习动机应着眼于学生的内在因素和外在因素。内在因素包括需要、好奇心、求知欲、兴趣、自尊和自信；外在因素包括获得奖励、老师表扬、父母及他人称赞。教师的作用就是要从认知、情感、实现等需求出发，满足学生探索问题和解决问题的欲望，创造有安全感、被接纳感的学习环境，让每个学生有机会正视自己的能力，体验到成功的喜悦。

兴趣是激发动力的关键。要培养学生学习汉语的兴趣，除了学生本人对汉语和中国文化的感情因素以外，还应在整个汉语教学过程中激发和强化这种情感体验。心理学研究表明，人们对完成某项任务的期待程度（奖励程度）和完成这项任务的可能性决定其所愿意付出的努力程度。因此，教师设计的课堂目标和教学内容必须符合学生的汉语水平，要想办法减少课堂互动中学生的焦虑感和失败感，使学生认识到经过努力是可以达到目标、学好汉语的，进而让学生接受该教

学模式，能积极配合并参与实践，体验到学习的成功感。教师如何才能驾驭教学内容呢？其一，要熟悉全学期教材的全部内容，深入理解教材所体现的编写原则和理念，结合教学对象进行取舍，突出教学重点和难点。其二，教师不仅要善于处理本课的教学重点，而且还要善于处理新旧知识之间的联系，善于以点带面，透过零散的、孤立的语言现象把握教材内在的科学性、系统性和完整性，熟练驾驭教材，引导学生具有"举一反三""触类旁通"的运用能力，遇到语言上的难点，善于深入浅出、搭桥铺路，带领学生跨越障碍。其三，不完全拘泥于教材，教师要对教材进行创造性的处理，让学生成为课堂上的主角，要学生愿意说，有的说，积极地说。

3.2 有效的课堂交流

有效的课堂交流要求教师做到热忱、有活力；谦和、友善；自信、坚定；幽默、生动。课堂中的教师对待自己的教学工作以及所讲授的知识是否有热情，直接影响学生的兴趣和情绪，并对课堂气氛产生重要的影响。为此，课堂中的教师在非语言方面应该注重衣着整洁、得体，令学生感到有精神和活力；表情尽可能开朗，姿态自然，语气和缓，举手投足给人以适度、大方的感觉；课堂中的音调可以略高、有变化，声音明快有力；在语言互动方面，应更多运用积极正向的言辞，对学生尽可能表现出接纳、一视同仁、不随意比较。

另外，要恰当运用课堂互动策略，比如，进行有效提问，把提问作为一种有效的课堂互动手段，还可以运用课堂合作策略（小组学习、合作学习）、课堂竞争等策略来促进良性课堂互动。

课堂提问是否有效，直接影响课堂交流的效果。提问是一门艺术，要想利用课堂提问来激发学生的学习兴趣和动力，首先要注意选择合适的角度，抓住学生的兴趣点和关注点，采用活泼、生动的方式，带动学生热情参与。比如，同样是提问生词的意思，但"猜生词"的提问方式就比直接问"这个词是什么意思？"更能激发学生的学习兴趣。第二，学会灵活运用多种提问方式。比如，可以单个回答（点答）、集体回答（齐答）、小组讨论（由小组成员集体讨论，由小组代表回答，其他成员补充）、全班讨论（由全班同学共同讨论一个问题，各抒己见，相互补充）、让学生就某个内容自行设问，请老师或其他同学回答、同学之间轮流回答等等。要想提问进行得顺利，还需要老师有意识地训练学生会问问题。当然，教师问学生答的方式还是非常重要的提问方式，但一个优秀的对外汉语老师一定要根据教学目标和教学设计综合使用各种提问方式，单一的提问方式既沉闷枯燥又不可能使全体学生都获得充分练习的机会。

总之，无论采用哪种交流方式，激发兴趣永远是第一要素。如果课堂提问能鼓励学生积极参与，创造愉快轻松的学习气氛，激发学习热情，这样的提问就是有效的。反之，如果问题提出后学生长时间沉默，或者永远只有最好的学生回答，那教师就要好好地反省一下自己的设计。所以，教师设计提问时，一定要先问问自己"我能不能回答？""我会怎么回答？"这是一个提问设计的重要技巧。

3.3 注意培养学生的自学能力

我们的教学对象比较复杂，他们来自不同国家，未经过严格的测试，学习目的不同，自觉程度不一，文化水平参差不齐，接受能力各异，甚至会遇到个别学能极差的学生。一直以来，对外国学生自学习惯和自学能力的培养，向来是我们教学中的薄弱环节。在教学过程中，教师认真备课后的自我表现、自我完善无可挑剔，但学生课下自学却跟不上，往往是教师全力以赴仍收不到理想的教学效果。第二语言学习的关键在于学习者，在学习者身上最重要的因素是动力和才能，这就要求教师首先要把自己的"教"建立在学生"学"的基础上，研究习得规律，挖掘学生的潜力，培养学生的自学能力。同时，教师还要善于辨别学生学习汉语的才能高低，使教学带有较强的针对性，以适应才能的差异。

生词要靠学生主动吸收和记忆；语法结构和意义在课上理解和初步运用的基础上，也要靠学生自己去联想、深化和灵活运用；发展语言交际能力，还是要靠学生课下自觉地去捕捉交际的环境和场合；学生的听力速度和阅读速度以及语言技能的提高，主要依靠的仍是学生的努力程度和课下的功夫。所以，教师要敢于严格要求，根据学生的可接受性，对学生课下自学的规格，可适当提高标准和要求，除起码的必做作业、复习、预习以外，课下的听力、阅读训练也非常必要。

强调培养学生的自学能力，并不是否定教师的主导作用，事实上，学生自学能力的培养提高，应是在教师的指导帮助下进行的。教师在设计教学行为时，应有计划、有目的地引导学生进行诸如跳跃障碍、抓关键、掌握主要内容等听力、阅读技能的训练。教师备课不是做完练习、查阅词典即可，而是要把时间花在教学设计上，为什么要听后/阅后判断而不是听后/阅后回答问题？每一个教学步骤、教学环节的设计都是有目的的。另外，平衡是相对的，而不平衡、差异才是绝对的，我们既要重视班内大多数学生，也要在此基础上，注重两头，对于那些有才能、程度高的学生，课上课下有区别地要求、对待，对低水平学生，不能迁就而降低教学标准，真正把一部分能力强的学生培养成尖子和国际高水平人才。

四、结语

通过上述对有效教学和辅助教学策略的研究，可以对对外汉语教学提供以下启示：

第一，有效教学的辅助教学策略对创设良好的课堂氛围、培养学生自主学习、保证有效教学至关重要。以往对课堂教学策略的研究大多集中在局部研究，如词汇教学策略、语法教学策略等，未能将对外汉语有效课堂教学策略当作一项系统工程来研究。基于目前课堂教学效果现状，呼吁要重视课堂教学的有效性，重视有效辅助教学策略的研究，并将其作为一个系统工程来建设，因为有效教学策略的实施是提高教学效果的有力措施。

第二，在汉语国际教育专业的教学和海外孔子学院教师培训中，除了知识结构和能力结构的培养训练以外，还要加强课堂教学策略和教学行为的学习培养。目前对其能力结构的培养主要突出各技能教学方法的学习掌握，而对教师自己的教学个性发展重视不够。有效教学倡导在关注学生发展的同时，促进教师的发展，课堂教学策略的有效实施，与教师的专业技能和教师素养密不可分，教师培养与培训的质量直接关系到课堂教学的有效性。

参考文献

[1] 程慧智（2013）有效教学的实施策略，《考试周刊》第91期。

[2] 陈晓瑞、龙宝新（2010）《有效教学的理论与方法》，长春：东北师范大学出版社。

[3] 崔允漷（2001）《有效教学：理念与策略》（上），北京：人民教育出版社。

[4] 黄晓颖（2011）汉语国际推广背景下的有效教学，《东北师大学报》（哲学社会科学版第5期。

[5] 宋秋前（2009）有效教学的实施策略，《浙江海洋学院学报》（人文科学版），第3期。

[6] 赵静、赵蕾、王辉（2009）提高教学效率的有效教学初探，《中国高等教育评估》第2期。

[7] （英）杰伦迪·迪克西著，王健译（2006）《有效的课堂管理》，北京：北京师范大学出版社。

中美汉语教学"讲练—复练"模式的合流及借鉴

张 莉

提要 美国中文教学一直沿用"讲练—复练"模式，而中国对外汉语教学现在的主流是"分技能教学"模式。本文提出在基础教学阶段应该吸收"分技能教学"模式的要素，回归"讲练—复练"模式，中美两国中文教学呈合流趋势，并以中国大陆对外汉语教材《成功之路·顺利篇》与在美国居于统治地位的中文教材《中文听说读写》为例说明。

关键词 对外汉语教学 讲练—复练 分技能教学

一、中美汉语教学"讲练—复练"模式的各自发展

中美两国汉语教学的"讲练—复练"模式来自同一源头，即二战期间美国陆军专门训练计划部研究出来的为军方培养翻译人才的语言教学法。具体方式是一位主讲老师（未必会说所教语言）上"大班"课，讲语言知识；一些说所教语言的助手上"小班"课，带领学生复习和练习。该项目的汉语教学是由赵元任在哈佛大学主持的，他亲自担任主讲教师，另有一个二十来人的年轻教师做练习课教师。新中国成立后，在哈佛大学担任赵元任助手的邓懿将这套教学模式移植过来，开创了新中国的对外汉语教学事业。从此，出自同一源头的中美两国汉语"讲练—复练"模式走上了各自不同的发展道路。

综合鲁健骥（2003）、崔永华（1999），中国大陆基础汉语教学模式经历了以下变革过程：

1.1 "讲练—复练"模式（1952—1980）

具体的教学安排是：一个班，两个老师，共同分担一本书的教学工作。每天四节课，前两节为讲练课，后两节为复练课。讲练课的教学内容包括学习课文、讲解词汇和语法；复练课为讲练课服务，在复习巩固课文和词汇的基础上，通过

多样的但是相对机械的练习形式对语法点进行操练，旨在帮助学生打下良好的语言基础。使用的教材是50—60年代的《汉语教科书》，70年代的《基础汉语》、《汉语课本》和《基础汉语课本》。"如果说50年代初的这种教学模式与美国的教学模式有什么区别的话，那就是我们把由语言学家担任的大班讲授课改为由有经验的老师担任小班讲练课。"（鲁健骥，2003）

1.2 "讲练—复练+小四门"模式（1980—1986）

20世纪70年代末到80年代初，交际教学法已经传入中国大陆，交际法教材《Follow Me》更是风靡一时。受其影响，北京语言学院将"讲练—复练"模式发展为"讲练—复练+小四门"模式，即在前面所述课程设置和教学方法的基础上，为了解决学生刚到中国的迫切需求，同时开设了比较实用的口语课、听力课，后来还开设了阅读课、写作课。

1.3 "分技能教学"模式（1986—现在）

"分技能教学"模式是"讲练—复练+小四门"模式的发展和完善。进入80年代，随着交际法的影响进一步扩大，加上学生的需求和课程设置的需要，"分技能教学"模式逐渐成为主流，早期的代表性教材是《初级汉语课本》系列教材和《现代汉语教程》系列教材，后来出版的如雨后春笋般的新教材中，有影响力的教材大都是分技能教材，如《对外汉语本科系列教材》里的《汉语教程》《汉语口语教程》《汉语听力教程》《汉语阅读教程》，长期进修教材《发展汉语》系列教材，短期强化教材《汉语口语速成》《汉语听力速成》《汉语阅读速成》系列教材，等等。"分技能教学"模式"是目前国内各种类型的基础汉语教学中占主导地位的教学模式，各校的课程设置和授课方式大同小异"（崔永华，2009）。

新中国成立后，到改革开放前，中美两国的汉语教学基本上是相互隔绝，各自发展。在美国，汉语被归为"非普遍教授的语言"，20世纪50—80年代，中文教学的规模很小，教学模式没有大的变化，基本上都是"讲练—复练"模式，只是由于人员所限，同中国一样，"把由语言学家担任的大班讲授课改为由有经验的老师担任小班讲练课"。在美国享有盛誉的明德暑校，其课堂教学甚至还是采用"大班讲练—小班操练"的原始模式。直到90年代以后，中国经济腾飞，中美两国的中文教学交流也明显增多，美国中文教学开始呈现多样化的苗头，但是，到目前为止，还是以"讲练—复练"模式为主。

我们认为，美国中文教学模式之所以长期保持稳定，既有客观限制，也有主观坚持。客观限制是，由于汉语被归为"非普遍教授的语言"，中文课的课时非常有限，无法满足"分技能教学"模式的课时需求。Thompson（1980）说，"说来出人意外，这种教学法直到今天，在美国非普遍教授的语言的教学法中仍多有体现。"可见，这不是美国中文教学的独有现象。主观坚持是，"讲练—复练"模式同样可以取得很好的教学效果。正如崔永华（1999）评价明德暑校教学模式时所言："其特点是坚持听说法教学，不赶时髦，也没有按技能分课型，可教学效率和效果得到广泛的认可。"

同时我们也应该看到，美国中文教学界并未固步自封，对于"分技能教学"模式，他们也合理加以吸收。据连续多年在明德暑校任教的曹贤文（2007）介绍，明德暑校"课堂教学基本采用'大班讲练—小班操练——一对一谈话'范式，同时针对不同年级，适当加上一些分技能课型。从总体上看，明德模式比较接近国内的'讲练—复练+小四门'模式。"在美国影响力最大的中文教材《中文听说读写》，也体现了很多分技能教学的要素。

目前，虽然国内"分技能教学"模式占统治地位，但是，随着这一模式暴露出来的问题越来越多，加之注意到美国中文教学界"讲练—复练"模式的良好效果，国内对外汉语教学界对"讲练—复练"模式又有了新的认识，出现了两国"讲练—复练"模式合流的新局面。

二、"分技能教学"模式的缺陷与基础汉语教学的回归传统

20世纪80年代，受国际上和国内英语教学界流行的交际法的影响，同时，也是为了适应学生学习、生活和交际的需要，"分技能教学"模式开始出现并逐渐发展，现已成为目前国内各种类型的基础汉语教学中占主导地位的教学模式，各校的课程设置和授课方式大同小异。

分技能教学模式的特点主要是以下两点（参崔永华，1999）：

2.1 教学目标是培养语言技能，所以按照听、说、读、写四项分技能设置课程

通行的课程设置为精读课、听力课、阅读/写字课，精读课一般叫"综合课"，课文一般为口语对话体，承担着语法讲解和口语训练的双重任务。各种课程都以技能训练为主要内容。

2.2 教学单元的核心是精读课

授课方式主要为："精读+精读+听力+阅读/汉字"，每个单元包括两节精读课、一节听力课、一节阅读课或汉字课。精读课的教学内容是整个教学单元的核心。

经过几十年的发展，分技能教学模式在基础汉语教学阶段暴露出一些难以解决的问题。

2.2.1 对于不同技能课程配合的教学设计过于理想化，教学实践已经证明其难以实现

这种模式要求每一个教学单元都以精读课的内容为共核，其他课程要在复练和巩固精读课内容的基础上展开教学，培养分技能。这就对教材的配套性提出了极高的要求。但是，不同课型的教材往往由不同的教师编写，难以默契咬合，难免各自为政，很难体现共核。事实上，由于作者编写水平参差不齐等种种原因，现实的情况是，很多学校都会从不同的教材系列中选择适合学生水平、满足教学需求的单册教材重新组合、搭配使用，教学上更是各自为政，导致各课型教学内容缺乏有机联系，使得体现共核成为一句空谈。

2.2.2 课程设置不利于学生牢固掌握所学内容

基础阶段的学生在学习汉语之初，由于汉语水平很低，遇到的难点问题很多，他们迫切需要对所学的内容及时全面地进行复习和巩固。但是分技能设课有时无法较好地达成这一目的。首先，如上所述，教材分散，导致生词和语言点分散；教材各自为政，各有一套生词和语言点，复现率低，导致总量过大，让学生疲于应付；其次，课型频繁转换，也会分散学生的注意力，同时让学生在不同的课型中厚此薄彼，使技能训练达不到效果。

因此，在基础汉语教学阶段，实际上，很多学校并没有彻底实施分技能教学，而是游走于"讲练—复练"模式和"分技能教学"模式之间。事实证明，对于基础阶段的学生，"讲练—复练"这种教学模式可以帮助他们对所学的内容及时地进行复习和巩固，有利于学生对语言知识的习得。但是，传统的"讲练—复练"模式在教学中强调语言知识的传授和操练，对"听、说、读、写"等言语交际技能方面的训练十分有限。

我们毫不怀疑，在学生的汉语水平达到一定的高度之后，体现交际法教学思想的"分技能教学"模式，对于提高学生的各项语言技能具有事半功倍的效果，但是，针对零起点学生习得汉语的规律和特点，我们认为，在最基础的教学阶

段，应该在教学形式上采取"讲练—复练"模式，在教学内容上吸纳"分技能教学"模式，集二者的优点于一身，在一个新的高度上回归"讲练—复练"模式。但是，在一节课上要体现多种技能的训练，过程相对复杂，对教师的要求比较高。这一点，可以借鉴明德暑校的"讲练—复练"模式："明德模式有一套严格的实施步骤和操作程序。每天、每课都有非常明确的目标，教师每一节课教什么、怎么讲解、怎么操练、怎么展开任务，上课的每一个环节包括操练的例句，备课时都计划得非常仔细……明德模式对操练程序也有一套严格的规定，操练时焦点明确，程序清晰，从'领唱'到'跟唱'，从'独唱'到'合唱'，从梯形合唱到替换练习，从句型转换到完成句子，从半开放问答到有控制的开放问答，从半真实的任务交际到师生的真实互动交际，上课以前每一步都设计得很清楚，具有相当可控的操作性。"（曹贤文，2007）为了提高可操作性，可以编写一套适合这种新"讲练—复练"模式的教材，在教材中将各技能训练加以固化，同样可以起到效果。

2008年出版的系列教材《成功之路·起步篇》和《成功之路·顺利篇》，就是北京语言大学汉语进修学院一改近几十年来大系列教材必定分技能编写的思路，借鉴美国中文教学成功经验，在基础阶段回归"讲练—复练"模式，同时体现分技能训练的新型教材。下面以笔者编写的《成功之路·顺利篇》为例，谈谈我们是如何借鉴美国的"讲练—复练"模式的。

三、"讲练—复练"模式如何固化分技能训练程序

下面，以《成功之路·顺利篇》第16课《我穿着白色T恤》为例，介绍一下我们的新"讲练—复练"模式。

《我穿着白色T恤》的课文是两篇对话，每篇对话含一个语法点，前难后易，分别是表示动作或状态持续的"着$_1$"和表示存在的"着$_2$"。每篇课文前有"看图思考"题，课文后有"回答问题"；语法点讲解之后紧接着看图说话和描述练习。讲练课通过生词串讲课文，讲解语法，使学生达到基本熟巧的程度。复练课先做教材里根据课文设计好、与讲练课一致的复述练习，让学生达到完全熟巧，可以脱口而出，再进行分技能练习。首先是会话练习：分组看图说话补足信息差；描述一位同学让大家判断是谁；模拟为了约见陌生人而描述自己——都紧紧围绕本课的语法点和课文内容。其次是听力练习，内容是描述一位走失的孩子的穿着打扮，进一步强化练习本课语法点和主要内容，并在听后复述，加强输出

练习。最后是阅读练习，内容稍长，但是，还是围绕着本课的核心内容。书写练习放在课外做，有进一步巩固核心内容的改写句子、完成句子和连词造句。这样，核心语法点和词语，足以达到上百次的复练。由于所有内容都围绕核心，听、说、读、写的材料，溢出核心的词语非常有限，既保持适当的难度和新鲜度，又不至于让学生转移注意力。使用教材的老师，只要按照教材的规定动作进行教学，就足以确保分技能训练在讲练和复练的过程中贯彻落实。

从教学实践来看，这种固化了分技能训练的"讲练—复练"模式，具有以下优点。

3.1　便于体现教学共核

由于教材将语法、会话、听力、阅读集于一身，教师编写教材时就可以系统周密地配置教学内容，听和读紧密围绕每课的核心语法、核心词汇、核心功能、核心话题展开、复现并延伸。从教学看，讲练课完成生词、课文、语法的讲解和初步操练，讲练课的教学内容需要在复练课上通过不同的练习形式来复现，以此达到复习和巩固的目的。通过讲、复练的这种配合，学生对主讲课的内容应该能达到熟巧。

3.2　重视对学生言语技能的综合训练

以前的"讲练—复练"模式的复练课，主要是加强对课文和语言点的操练，并不强调技能训练。而我们所设计的复练课则是从听、说、读、写等方面复习拓展讲练课中学过的词汇、语法和表达形式，在复习巩固所学语言知识的同时，又兼顾了学生汉语听、说、读、写等技能的训练。虽然从训练的量来说没有专门的听力教材、阅读教材和口语教材那么丰富，但是由于集中有效，能够取得事半功倍的效果。

3.3　两种模式的结合增加了教材的包容度，便于吸取新的教学成果

由于吸纳了分技能模式，听、说、读、写的新教学方法都可以引入教材和课堂教学之中。以口语练习为例，可以以任务型教学模式的理念为指导，重视小组活动和合作学习，编写以下形式的练习：角色表演，采访，看图说话，找出两幅画的不同，补全图片内容并复述图片大意，等等。这些练习对提高学生的表达能力起到了促进作用。

3.4 分技能模式的吸纳，便于复练课提出更高的训练要求

不同技能的训练，以及由此而引出的多样化的训练形式，不仅使得教学的主要目标——教学共核得到巩固、内化，而且使要求更高的训练成为可能。以口语训练为例。对于对话体课文的处理，主讲课要求达到熟读，并能根据课文内容做对话练习。复练课上，训练分为几个步骤：首先要求将对话体的课文，用叙述体复述，初步训练学生进行成段表达的意识；其次是依据课文内容，根据自己的情况做对话或陈述练习；最后是看图说话、采访、讨论等自由表达训练，对学生表达能力的要求越来越高。由于学生已经在反复训练中形成对课文内容的熟练掌握，可以较为自如地运用，复练教师可以在学生没有明显感觉的情况下，在言语的流利度、丰满度和复杂度上水涨船高地加大训练难度，提高教学效果。

四、对《中文听说读写》优点的借鉴与吸收

目前，美国使用面最大的中文教材，是美国剑桥出版社的《中文听说读写》。这套教材1997年出版，后来经过两次修订，日趋完善，影响极大。因此，我们在编写《成功之路》时，也认真研究了这套教材的优缺点，并对其长处加以借鉴吸收。下面以语言点设置为例介绍一下。

《中文听说读写》，顾名思义，就是一套包含了各种技能的综合性教材。而美国的中文教学一直普遍采用"讲练—复练"模式，因此，可以说，《中文听说读写》也是一套体现了分技能训练的"讲练—复练"教材。只是，由于美国中文教学课时有限（每周4－5小时，基本上相当于国内一天的课时量），分技能训练不像国内这样可以充分展开，因此各技能的训练大都也只是名义上的。我们感兴趣的，是这套教材如何在相对较少的教材容量里，较为充分地展现基础汉语的语言点。

《中文听说读写》第一级共2册；每册10课，共20课；共出现129个语言点，平均每课6.45个。我们可以对比一下国内老师为北美大学编写的著名教材《新实用汉语课本》。这套教材的第1、2册共26课，处理了145个语言点，但是，它把近半数（共71个）放在注释里一笔带过，使得平均每课不超过3个语言点。语言点多而分散，对于讲练和复练环节围绕共核操作，是殊为不易的。因此，《中文听说读写》常常把国内一般要分为若干子项的语言点，集中在一课处理。以"把"字句为例，对比一下《中文听说读写》与《新实用汉语课本》的

不同处理：

《新实用汉语课本》		《中文听说读写》	
16课：把字句1	把+O+V+了	15课：把字句	把+O+V+了
18课：把字句2	把+O+给 把+O+V+来/去		把+O+给 把+O+V+到/在
27课：把字句3	把+O+V+到/在/成		把+O+V+补语
29课：把字句4	把+O+V重叠		把+O+V重叠
32课：把字句5	把字句小结		

同样是讲了5个子项，《新实用汉语课本》用了4课，最后又用了一课进行小结；而《中文听说读写》在一课里集中把5个子项一次性讲完。我们发现，海外作者编写的中文教材，这样处理是一个共性。这既可以说是出于课时不够的无奈之举，也可以说为了在有限的课时内多呈现基础语法全貌的权宜选择。

为了确保我们的"讲练—复练"模式教材每课共核的单纯性，《顺利篇》24课只设置了61个语言点，每课只有2.5个。我们尽量做到每篇对话只处理一个语言点，每课只处理2个，而且前难后易。两篇对话的两个语言点，我们则充分借鉴了《中文听说读写》的做法，尽量把同一语言点的不同子项放在一起处理，以降低讲解第2、3个语言点的难度。对于难度确实较大的语言点，再分课处理。比如，"把"字句我们也讲解了5个子项，第15课集中讲解2个，第21课集中讲解3个；其他如第8课集中设置结果补语三个子项，第10课集中设置了两个用"比"的比较句，第16课集中设置动态助词"着$_1$""着$_2$"。

五、小　结

《成功之路》系列教材出版之后，其有别于其他教材的最大特色就是基础阶段重新回归"讲练—复练"模式，但是是吸纳了分技能教学要素的回归，是一种新的"讲练—复练"模式。这套教材出版后，基础阶段的尝试不仅得到了国内对外汉语教学界的认可，教材还被越来越多的美国中文教学机构采用。这愈加证明了中美两国"讲练—复练"模式正在合流。希望这种行之有效的传统模式能够在国内重新焕发出勃勃生机。

参考文献

[1] 崔永华（1999）基础汉语教学模式的改革,《世界汉语教学》第 1 期。
[2] 曹贤文（2007）明德模式与中国大陆高校基础汉语常规模式之比较,《暨南大学华文学院学报》第 4 期。
[3] 鲁健骥（2003）口笔语分科 精泛读并举——对外汉语教学改进模式构想,《世界汉语教学》第 2 期。
[4] Thompson Richard T（1980）美国汉语教学综述,《语言教学与研究》第 4 期。

对外汉语语段教学的问题探析

牟世荣

提要 语段教学与语音、词语、单句、复句教学一样,是汉语语法教学的一个重要组成部分,应该给予重视。学界对语段教学已经有了认同,但是实践中,教学大纲、教材、教学等没有给予足够的重视,缺乏系统的、有计划的内容安排和训练,致使教学效果不理想,留学生的成段表达能力不足。

关键词 语段教学 成段表达 衔接 连贯

一、引言

在对外汉语教学中,我们时常听有些教授留学生的老师说:从初级升到中高级的学生,有的只会"蹦出"单个的句子,缺乏成段表达的语言能力;好些的学生即使能成段地表达,但是说出的话让人听起来总有不顺畅、不地道、不自然之感。如:

(1) 我是泰国人,我今年20岁,我在北京语言大学学习汉语。

(2) 两个人来到了一个偏僻的地方,一连几天都没看到一个人家。有一天跟一个当地的人见面了。

(3) 他们发现他只会一点儿他们的语言而跟那个人聊天儿。

(4) 昨天我病了,即使我病了,但是我来上课了。

(5) 马丁对中医产生了兴趣,所以他现在有一个想法,所以他决定去中医药大学学习汉语,因为他将来要当一名中医大夫。

(6) 老中医让他伸出左手。老中医把手指轻轻地放在马丁的左手腕上,给马丁号脉。

可以说,类似的表达随时都可能发生,让教留学生的老师感到困惑。这一情况说明:外国学生能说一个一个的单句,但是把几个句子连接成段时,就会出现结构连贯不当、语义不合逻辑、成分冗余或者缺失的问题。

按照《高等学校外国留学生汉语教学大纲》（2002）的要求，学生在完成了初级阶段的学习后，应该具备初步的小语段的表达能力；吕必松在《华语教学新探》（2012）一书中为初级汉语水平设定的标准似乎更高，如"能用汉语进行工作交谈和社交活动，能担任初级翻译""成绩优秀者如果其他条件也合适，经过教学培训，可担任幼儿和小学低年级汉语教师。"

将学生的现实水平与大纲和吕先生制定的标准进行对比，差距不能说不大，这说明我们的语段教学存在不少问题，现状亟待改善。

本文拟阐述语段教学的定位，强调语段教学与语素、词语、单句、复句等语法内容具有同等重要的地位，进而探寻语段教学在认识、实践中存在的问题，希望引起业界同行的足够重视，提高对外汉语语段教学的效果。

二、语段教学的提出和定位

20世纪80年代前，国内的语法研究与教学只到句子，句子是语法研究和教学的最大单位，80年代以后，中学语法教学体系把句群（语段）作为一级语法单位，引起了语法学界的热烈讨论。但是"直到20世纪90年代，语段教学才日益引起对外汉语教学界的重视"（吕文华，2012），自此语段被认同为语法结构的最大单位，在语法学界和对外汉语教学界引起了广泛关注。

"句子是语言的使用单位，但尚不足以充分表达说话人的意愿。能够充分表达意愿的是语段。语段在各级语法单位中占有重要地位，是学生最需要掌握的语法内容"（张宝林，2007）。

"语段便于界定与识别，有明晰的中心意思，利于组织教学……尤其是初中级阶段，以语段作为训练的对象，由于其规范、单纯、短小，操作起来比较具体、简易，利于分析和训练"（吕文华，2012）

从以上专家的表述中可以看出，语段、语段教学在语法体系、语法教学中具有不可或缺的重要地位，语段的结构特点使语段教学具有很好的可操作性。那么什么是语段？语段与句群、篇章、语篇、话语等概念有何异同？语段教学应该始于哪个教学阶段？学界对这一系列的问题已经基本有了定论（张宝林，2005；陈福宝，1998；刘月华，1998；彭小川，2004；罗青松，1996；李小丽，2001），本文不详述。

一般来说，语段被定义为大于复句、小于语篇的语言单位，由两个或两个以上前后连贯并有明晰的中心意思的句子组成。语段的形式简短，但是已经包含了语篇的基本衔接形式和语义关系，是构成语篇的基本单位。语段教学主要指语段内部结构、语义、逻辑等的连贯、衔接手段的训练，学生要获得成段表达的能力，就要掌握语段的连贯、衔接手段。

学生汉语表达能力的习得是分层次获得的，即从语素到词语、单句、语段，最后到语篇表达能力。其中语素—词语—单句层面的表达一般在初级阶段的第一学期可以完成，语段教学从初级阶段的第二学期开始，中高级教学阶段进行语段到语篇的教学。因此初级阶段第二学期是语段教学的"始发站"，也是向语篇教学过渡的中间环节和必经阶段。作为语法教学的最高阶段，它与语音、词语、句型的教学同等重要，应该引起足够的重视。

初级阶段与中、高级阶段的语段教学有所不同（陈宏，2004），本文主要讨论初、中级阶段的语段教学问题。

三、语段教学存在的问题

经过一个学期的学习后，很多留学生单句表达基本正确，但成段表达能力不足，说明语段教学是一个薄弱环节。下文拟分析语段教学存在的问题。

3.1 理论多，实践少

自20世纪80年代末90年代初以来，语段和语段教学的研究成为了热点，"表现在研究角度全面，研究方法多样，研究内容丰富"（郭利霞，2009）。对外汉语教学界认识到了语段教学的重要性，在对外汉语教学中急需进行语段教学已经成为对外汉语教学界的共识。在此过程中，我们的教材编写、课堂教学、测试中都不同程度地引入了语段的内容，取得了一些成绩。但目前呈现的状态是有理论有共识，但相应的实践不够，语段教学的发展依然缓慢。以教材为例，我们考察了自1999年至2008年出版的几部教材，包括《汉语教程》（杨寄洲主编，北京语言大学出版社，1999年）、《阶梯汉语·中级精读1》（赵新、李英主编，华语出版社，2004年）、《成功之路》（邱军主编，北京语言大学出版社，2008年）、《初级汉语精读课本》（鲁健骥主编，北京语言大学出版社，2008年）。在这些系列教材中，用于初级的教材只有《初级汉语精读课本》做得较好，有意识地在语法项目中安排了语段教学的内容，《汉语教程》没有语段教学、语段训练的内容，《成功之路》只在练习中零星地出现，《阶梯汉语·中级精读》在课后练习中安排了语段练习。

语段教学是语篇教学的必经阶段，初、中级的语段教学和训练的缺失是不符合汉语交际的实际需要的，也是不符合培养学生综合运用汉语的实际能力的教学宗旨的，必然会对教学产生十分不利的影响。

3.2 有大纲，针对性不足

2002年由国家汉办主持出版的《高等学校外国留学生汉语言专业教学大纲》（长期进修）在其"大纲附表的制作说明"一节中提到"重视语段，……在附表里尝试着提出了一个语段教学的雏形"。它对初级阶段和中级阶段语段教学的表述分别是"进行短小的语段练习"、"训练初步的成段表达能力"。在更为具体的初、中级的语法项目表中，出现了语素、词类、结构、句式、固定格式、复句等项目，但是没有出现有关语段的项目；语段作为语法项目只出现在了高级教学阶段，也只是轻描淡写地在大纲中提出了要求。这样只提要求不在项目上做出规定，未免缺乏针对性。

大纲中将初级阶段的语法项目分为"初等阶段语法项目（一）"和"初等阶段语法项目（二）"，对各项目提出了分层级的具体要求，如在上述语法项目（一）和（二）的"句式"这一项中，都出现了"是"字句、"有"字句、"是……的"句、连动句、兼语句、"把"字句、"被"字句、比较句，对这些语法项目的两个层级提出了具体、有连接的要求，哪个阶段学习句式哪个点，大纲做出了明确的规定，这样教材、教学就可以有的放矢，有章可循了。学生有较好的单句表达能力也就是自然的了。

反观语段教学，大纲中只提出了语段教学的要求，没有像对单句那样做出具体的语法项目规定，教材、教学就难以明确落实，老师们的概念笼统而模糊。课堂教学中，知道要在初级阶段第二学期培养学生的成段表达能力，但是语段内部在结构上有哪些连贯方式、在语义上又有哪些衔接手段，如何在教学中针对不同的内容和要求进行训练，都不是很清楚。因此可以说尽管有纲领性的要求，但是语段教学阶段的训练方法没有做到有的放矢，操练中缺乏具体的目的，只是空泛地为学习课文、完成练习而进行语段表达。

3.3 有内容，少计划性

我们知道，语段内部各句之间存在着一定的语义衔接和结构连贯关系，这些衔接和连贯的实现是有一定规律可循的。语段教学的主要内容包括各种句子衔接方式、结构连贯手段、逻辑顺序衔接手段和词语衔接方式等，如指代、省略、重复、替代、添加等，这些内容需要在教学中有计划地安排、训练，才能转化为学生的表达能力。同时语段在衔接、连贯的方式上有涉及面广、内容多、数量大的特点，必须将它们由易到难地安排在各层级、各课型的教学中，才能提高教学的有效性。

从教学安排来说，一般从初级（下）阶段开始成段表达的教学，以综合课为核心的各种课型都按照教学大纲的规定进行分技能的语段训练。教材、课堂教学、课后练习、测试等无不围绕成段表达这一目标在开展。教学内容全面、教学题材丰富、教学素材有趣，体现了对语段教学的高度重视。然而问题是，丰富的教学内容只是为了完成具体的教学任务，而具体的教学任务却不能有计划地将训练语段连贯、衔接的方式涵盖进去。综合、读写、听说教材每课都围绕一个话题从不同角度大量输入信息，输入的信息与学生原有知识重新建构，并促成新信息的输出。这样做固然能很好地刺激学生的输出，但是很盲目，缺乏计划性。如学生的产出会出现语段表达的错误，教学中能否根据学生的错误类型有计划地用语段的知识引导学生纠错，能否在一段时间解决语段表达的一些问题，在接下来的一段时间解决另一些问题，让人存疑。

根据调查，语段的连贯和衔接手段有难易度的区分，留学生在习得这些表达手段时的偏误率也有所不同，如陈晨、马燕华对不同国别学生进行了调查后认为，省略不当是留学生偏误的主要原因，分别占偏误率的33%和85%（转引自吕文华，2012）；王晨（2007）认为省略是较为简单的连接方式，"学习者在初级阶段的复句学习中已大量地见到过"，可以先教省略。"省略的成分不仅有主语，也有定语、宾语、谓语等，不仅名词可以省略，动词、小句等也可以省略，但作为初级阶段的语段学习，我们建议，入门时先只讲主语的省略，……在稍后的教学安排中，可以讲一些定语的省略（吕文华，2012）"。

业界对语段和语段教学的研究还是充分的，如果我们能将这些研究引入教学，根据语段表达手段的难易程度、偏误率高低等进行有计划的教学安排，相信效果会有一定程度的提高。

3.4 有练习，缺乏系统性

有的初中级教材中出现了语段训练的练习，如《阶梯汉语·中级精读1》、《成功之路·进步篇》（用于初下阶段）。前者以"语段填空"的形式出现，但编者的意图更多的是要帮助学生巩固所学生词，而不是系统地进行语段表达的训练。如《阶梯汉语·中级精读1》第二课的语段练习是这样的：

八、语段填空

（颤抖 抽空 忍心 可是 一句 苦恼 很为难 治好 小心翼翼 流着眼泪 喝着喝着 舍不得）

老虎请猫_____过来喝酒，_____，老虎_____地叹了一口气，猫_____地问："大王有什么地方不舒服吗？"老虎_____说："有件事我觉得_____，想和你商量商量。我得了一种奇怪的病，需要猫骨头蒸水才能_____。"猫听了吓得全身_____，_____话也说不出来。老虎放声大哭："你是我的兄弟，我怎么能_____用你的骨头呢？我真_____你呀，_____我没有别的办法呀！"

九、用自己的话把老虎和猫的故事讲一遍

《成功之路·进步篇1》第九课的练习是这样的：
一、选词填空：
阿凡提去参加一个婚礼。
主人刚把各种点心、水果摆上桌子，身边的一个人就急急忙忙地开始吃了，一边吃，还一边往上衣口袋里装。
这些都被_____（他 阿凡提）看到了，_____（他 阿凡提）觉得很不愉快。他慢慢地拿起一把茶壶，来到_____（他 那人）面前，一只手抓着那人装满食物的上衣口袋，一只手往_____（他 那人）口袋里倒茶水。"阿凡提，你这是干什么？"_____（那人 他）生气地说："你怎么往我的口袋里倒茶水？""啊！刚才我看见您的口袋吃了不少点心、水果，我担心_____（口袋 它）渴了，所以……"_____（他 阿凡提）回答道。
二、几个人一组，用自己的话讲一讲上面的故事。

编者的目的是想通过"选词填空"使学生了解指称和替代的语段表达方式，这样的练习形式目的很清楚，可惜这类针对语段的练习只是"昙花一现"，没有在后续的练习中做出系统性的安排。好的想法没有持续的训练，教学效果难免打折扣。

以上分析了语段教学在大纲规定、教材编写及课堂教学中存在的一些问题。我们认为对外汉语语段教学的发展还不够成熟，还有许多方面有待改进。

四、结语

留学生成段表达能力不足,原因很多,从教的角度反思,我们认为其中重要的原因存在于我们的教学大纲、教材、课堂教学之中。语段教学应该从学生学完基本句型的初级(下)阶段开始的看法已成为共识,但是教学大纲对初级阶段有成段表达的要求没有明确规定(只在高级阶段做出了规定),无疑使语段教学流于空泛;针对初级教学的教材较少重视语段表达知识的教学,课堂教学中老师们语段教学的意识笼统模糊等,不能有计划、有目的地将语段表达的各种连贯衔接知识引入课堂,进行有针对性的教学。语段教学的效果远不如句型教学的效果,与我们的预期差距较大,是亟待解决的问题。

初级(下)阶段是语段教学的开始,也是最终向中高级语篇教学的过渡,但这一个学期的光阴不能"虚度"。把语段作为初级(下)最重要的语法单元,把语段的各种表达手段科学、合理地分解、融入初级(下)教学的各门课,夯实语段教学的内容和基础,引领学生从单句的表达过渡到熟练的成段表达,是我们对初级(下)阶段教学的美好愿景。

参考文献

[1] 陈　宏(2004)留学生高级汉语综合课语段教学探析,《经济与社会发展》第9期。

[2] 郭利霞(2009)20世纪80年代以来对外汉语语段教学研究综述,《华北电力大学学报》(社科版)第6期。

[3] 胡壮麟(1994)《语篇的衔接连贯》,上海:上海外语教育出版社。

[4] 吕文华(2012)语段教学内容的选择和分布,《语言教学与研究》第1期。

[5] 吕必松(2012)《华语教学新探》,北京:北京语言大学出版社。

[6] 牟世荣(2008)《成功之路·进步篇1》,北京语言大学出版社。

[7] 王　晨(2007)汉语语段的衔接手段及其认知策略研究,《广西医科大学学报》第9期。

[8] 王　晨(2007)结合关联词语教学教授逻辑语义衔接,《职业圈》第18期。

[9] 张宝林(2005)汉语水平考试中的语段测试,《汉语学习》第4期

[10] 张宝林(2008)对外汉语语法知识课教学的新模式,《语言教学与研究》第3期。

[11] 赵新、李英(2004)《阶梯汉语·中级精读1》,华语教学出版社。

[12] 国家汉语国际推广领导小组办公室(2002)《高等学校外国留学生汉语教学大纲》,北京语言大学出版社。

图式理论与初级汉语阅读教学

张熙昌

提要 图式理论认为阅读的过程是已有知识结构与文本信息相互作用的过程,读者的知识图式在理解中起着非常重要的作用。本文探讨了将该理论应用于对外汉语初级阅读教学的可行性、必要性以及应该采取的具体策略。

关键词 图式理论 知识图式 初级汉语阅读教学

一、图式理论的基本观点

现代认知心理学的图式理论（schema theory）认为,"人的知识是以图式的形式储存在长时记忆中的。这些图式大小不同,层次不同,相互连接,纵横交错,在长期的记忆中形成一个巨大的立体网络系统,它包括各种各样的知识,图式的总和便是一个人的全部知识。图式是认知的基石,人们处理外界的任何信息,都需要用大脑的图式,依据图式来解释、预测、组织和吸收外界的信息。"（李景艳、卢世伟,2001）

依据图式理论的观点,阅读心理过程被看作是读者的知识图式与文本的文字信息相互交流的过程。读者以知识图式帮助预测文本信息,这个过程被称为"自上而下（top-down）"的阅读模式;与此同时,读者还通过对文本具体语言单位的解码,不断获取文本信息,进而对预测做出证实和修正,这个过程被称为"自下而上"的阅读模式。当读者通过两种阅读模式获得的信息相互吻合的时候,理解就得以实现。

读者的阅读理解能力主要取决于三个方面:语言图式（linguistic schema）、内容图式（content schema）、修饰图式（modification schema）。语言图式指的是学习者对各类文本中语言的掌握程度;内容图式指的是有关文本内容方面的知识图式;而修饰图式指的是有关各种文本的结构知识,也称形式图式、结构图式。读者对以上三类图式越熟悉,对于文本的理解也就越深刻、越透彻。

二、人类知识图式的共通性与差异性

来自不同地域、不同文化的人们之所以可以交流，是因为他们有共通的知识图式。

比如，无论是中国人还是外国人，当看到"狗"这个词的时候，他们的头脑中都会自然地联想到狗的一般性特征和习性：有四条腿的动物，身上长有毛发，会摇尾巴，会汪汪叫，与猫是一对死敌等等。人类知识图式的共通性是交际的基础。

人类的知识图式也存在着差异性。生活在不同地域的人们，由于受不同文化的影响，对于相同的事物所形成的图式往往并不完全相同，有时甚至存在着很大的差异。人类知识图式的差异性常常成为跨文化交际的障碍。

比如，在中国上涨的股票用红色表示，下跌的股票用绿色表示，而西方则刚好相反。为什么会出现这样截然相反的表示法呢？这是因为红色在中国文化中代表着吉祥喜庆、蒸蒸日上，而绿色为红色的反色，因此在中国以"红涨绿跌"来表示股票是符合人们的文化传统的。而在西方，红色常被看作是警示色，而绿色被看作是安全色，用绿色表示上涨，用红色表示下跌，在他们看来也是合情合理的。

尽管随着全球经济一体化的发展，文化趋同的现象也越来越明显，但是不同地域、不同国家间的文化差异依然是跨文化交际的巨大障碍。其实如果换个角度来看，也正是因为不同文化之间的差异性才使得人类的交流成为一件有意义的事情。

三、对初级阅读教学对象的分析

国内的院校通常把从零起点开始的第一学年的教学称为初级阶段，此阶段包括两个学期。按照《高等学校外国留学生汉语言专业教学大纲》规定，第一个学期应该掌握795个汉字、993个词，到第二学期应该掌握1491个汉字、2704个词。由于第一学期学生掌握的字词太少，而且基础的语法还没有学完，所以初级阶段的阅读教学一般从第一学年的第二学期开始。

对外汉语阅读教学的对象是外国留学生。这些留学生绝大多数都是成年人，其中很多人正在接受或者已经接受过高等教育。一方面，他们的头脑中已储存了丰富的生活常识、文化知识和专业知识；另一方面，由于受到生活环境的限制，他们头脑中的有关中国政治、经济、历史和文化的内容图式又十分有限。与内容图式的缺乏相比，留学生有关汉语的语言图式则更显不足，甚至是一无所知。

按照图式理论的观点，读者只有具备必要的知识图式，才能运用自上而下的模式对文本信息进行推测。而留学生由于缺乏跟汉语及中国文化相关的知识图式，因此无法对文本信息进行预测，对文本的解码也很吃力，这造成阅读速度很慢。

因此，《高等学校外国留学生汉语言专业教学大纲》将初级阅读教学的目标确定为：巩固已经学过的词汇和语法，扩大汉语词汇量，逐步增加对中国社会和中国文化的了解，为今后的中高级阅读打基础。

四、图式理论在汉语阅读课上的应用策略

4.1 阅读材料要配生词表，要有英文注释

语言图式是指一定量的词汇和语法知识，即读者对文本材料的语言的掌握程度。语言是传递信息的工具，没有相应的语言图式，就无法识别文章的词句，也就无法利用文章提供的信息和线索去调动大脑中的内容图式、修饰图式，因此也就谈不上对文章的理解。教师的首要任务是帮助学生解除语言障碍，为学生调动内容图式和修饰图式创造条件。

由于留学生在第一学年的第一个学期结束后，只掌握不到1000个词，因此在第二学期开始的初级阅读课上，他们首先遇到的就是词语问题：生词太多，读不懂。而有些初级阅读教材，比如《汉语阶梯快速阅读》和《汉语系列阅读》，它们的课文却都没有生词表。教材的编者这样做的目的很可能是想以此训练学生猜测生词的能力。而实际的情况是，初级阅读教材常常偏难，阅读材料中出现的词绝不仅仅限于1000个规定的词。这样一来，不管你承认与否，生词都是客观存在的。

在遇到生词时，学生最常用的策略就是查词典。但是"阅读中频繁查词典会产生两个不良结果：一是因为输入的新词太多，这些词多数都不可能记住，查过了就忘了，以至于下一次遇到时还需要一一查找；二是因为理解经常中断，推论、预见、概括策略不能通畅地应用，因此对读物的理解就差得多。"（陈贤纯，2008：24）

对于初级阶段的学生来说，如果课文附有生词表，并且配以英文注释，将大大降低他们阅读中文的难度。因为众所周知，英文是国际语言，很多学生在来中国学习汉语以前都学过英文，而且水平普遍不错。这为开展中文阅读教学提供了一个十分便利的条件，我们完全可以借助他们的英文知识来为汉语阅读服务。虽然生词的翻译很难做到十分准确，但是学生仍然可以借助英文注释很快明这些生词的意思。这比老师煞费口舌用中文解释中文，效率不知要高多少倍。由于扫除了生词的障碍，他们从读物中提取信息的速度就会加快，阅读的效率就会提高。

所以我们在编写阅读教材时，千万不要高估学生的水平，一定要给阅读材料配上有英文注释的生词表，至少是关键词的词表，这将给留学生带来极大的方便，同时也会收到事半功倍的效果。这样的生词表对于初级阶段的阅读课教材是必不可少的。

4.2 生词表要注音，对于细读的文章学生要跟读

生词表不但要附有英文注释，而且还应该标注拼音。没有拼音留学生就不知道汉字怎么读，这样就不能从听觉方面来对学生形成刺激。"生词没有注拼音，学生即使看懂了，仍然不会念，这对学习词语不利。"（陈贤纯，2008：69）

汉语不同于西方语言，西方书面语的词语之间有一定的间隔，而且大多数词语可以按照字母的发音以及一般发音规则大体读出这些词来，但是汉语书面语的词语之间没有间隔，而且对于外国初学者来说，汉字的字形上没有任何可以提示读音的线索，他们根本无法猜出汉语词语的读音来。

陈贤纯教授虽然主张给生词注音，但是他却反对让学生朗读阅读课的课文。他的理由是"阅读课要培养的是学生的阅读理解能力和阅读速度，……朗读必须一字一句地进行，而我们的阅读训练要培养学生逐渐摆脱一字一句的阅读层次。"（陈贤纯，2008：88）

其实，对于阅读课的课文是否要朗读的问题，也不能一概而论，要视具体的课文而定。对于内容离开学生日常生活很远的课文，对于阅读速度有严格要求的泛读、跳读、略读的文章、对于中高级阶段的说明文、议论文、专业性及学术性很强的文章当然不适合朗读。而对于初级阅读阶段的课文，特别是作为细读的文章，一般以叙事性的课文为主，内容贴近学生的生活，可读性较强。另一方面，初级阶段的阅读课其实还不具备完全独立的地位，还有很浓的作为综合课复练课的色彩，通过阅读巩固已经学过的词汇和语法是这一阶段阅读教学很重要的一项任务。这些词汇和语法正是汉语语言图式的基础部分，只有对这部分语言知识进

行大量的操练，才能使留学生逐步形成汉语语言图式。

　　因此，我认为，对于大部分需要细读的篇章，留学生不但要朗读生词，还应该朗读课文，而且最好在阅读前跟着录音或者老师朗读课文。这样他们不但可以把每个汉字的读音和相应的汉字联系起来，而且还可以把其中的词语和意群听出来，从而感受到汉语的韵律和节奏。经过这样不断的听觉刺激，他们就会慢慢形成汉语的语感。一旦汉语的语感建立起来，那么他们在阅读中文时，头脑中的语感就会像其他已有的知识图式一样，对阅读具有提示和引导作用，这无疑对提高阅读效率大有好处。当然阅读课上的朗读不能像在综合课上的朗读一样，不需要读得滚瓜烂熟。因为阅读课毕竟还是要靠大量阅读来实现扩大词汇量和了解中国文化的。

　　另外，阅读课上的朗读还有一个很重要的作用，就是活跃课堂气氛。对于开设阅读课的大多数院校来说，专门的阅读课每节50分钟，一般两节连着上。"如果我们只重视阅读，课堂上总是让学生不停地阅读，课堂气氛将过于沉闷；而且学生长时间地进行阅读不断地进行联想、猜测、归纳、理解等思维活动，大脑很容易疲劳，这时即使再有趣的内容也会使他们感到兴味索然，或者心有余而力不足。因此，适当辅之以'听说'是完全必要的，它可以有效地改变这种状况。"（马惠玲，1998）其实，用朗读代替听说也会达到类似的效果。

4.3　利用直观的形象来激活学生的内容图式

　　在阅读活动开始前，教师要根据文章涉及的内容，尽量通过给学生展示有关的实物、图片、视频或者通过动作、表情等肢体语言来解释课文中的生词、词组以及疑难的句子。这是因为直观的形象比抽象的概念更容易为人所接受、理解和记忆。由于学生一看就懂，所以教师无需做过多的解释。这样做不但可以节约时间，而且还可以把中文的概念与具体的形象联系起来，有利于激活学生头脑中的内容图式。

　　我们拿《汉语阶梯快速阅读》第一册的第四课为例，在短文《绝处逢生》中，出现了一系列的名词，比如"船、岛、（白）布、房子、火"，作为文本的重点词语，这些词都可以用图片加以展示说明。而作为重点动词的"开（船）、（船）翻、喊、救"则可以用动作的形式加以解释说明。无论是图片还是动作都会因为比文字更生动有趣而使学生印象深刻。如果这些图片、动作在阅读以前就呈现或者演示给学生看的话，有些学生甚至可以借助头脑中已有的知识图式，把故事的梗概猜出来。在这种情况下，学生的阅读效果一定会又快又好。

4.4 阅读材料的内容应该是学生熟悉的

很多人认为,既然初级汉语阅读教学的任务之一就是要增加学生对中国文化和中国社会的了解,那么就应该让留学生尽量多地接受中国文化知识,因此他们以为,在阅读材料的选择上越有中国特色越好。其实这种做法也是有违图式理论指导下的阅读规律的。

我们知道,读者只有把头脑中已有的知识图式与文本的内容相比较,不断做出推测和证实的时候,才能进行持续的阅读理解。因此,如果阅读材料是他们熟悉的内容,比如他们的衣食住行、风俗习惯等等,当他们阅读这样的文章时,就会觉得很熟悉、很亲切,有的内容他们甚至不用看都能猜得出来。熟悉的内容将有助于他们感知汉语词汇、语法的意义和用法,有助于他们积累词汇和巩固学过的语法。如果留学生大量阅读这样的文章,他们就会逐渐养成利用自上而下的阅读策略来进行阅读的良好习惯。

因此在向留学生介绍中国文化的过程中,也应该遵循循序渐进的原则,切不可操之过急,否则会欲速则不达。只有当他们利用自己熟悉的内容增加了词汇量,打牢了语法的基础以后,才能逐渐增加中国元素的东西。初级阅读的教材"不要涉及特定的比较复杂的文化和社会背景。如果学生没有这样的知识图式,教师解释起来会非常费劲。"(陈贤纯,2008:37)初级阅读的教材一定要浅显易懂,要让留学生在阅读中体验到阅读的快乐,树立起阅读的信心。千万不要以为往教材里加入中国元素越早越好、越多越好,这样的教材很可能在一开始就会把学生吓跑。

当然,除了在课堂上运用各种策略帮助留学生建立和激活知识图式以外,老师还应该积极引导和鼓励他们在课堂外大量阅读中文报刊、杂志,多看电影、多看电视,多与中国人接触交流,在不断提高自己语言水平的同时,不断丰富自己的知识结构,建立更多的有关汉语和中国文化的图式系统。

五、结语

图式理论的建立,使我们对阅读过程有了更深的理解。对外汉语阅读教学应该主动运用图式理论来指导教学,努力帮助留学生建立和丰富与汉语和中国文化有关的知识图式,引导他们逐步养成自上而下和自下而上相结合的阅读方法,这将有助于他们提高阅读中文的速度和理解的水平。

参考文献

[1] 陈贤纯（2008）《对外汉语阅读教学 16 讲》，北京语言大学出版社。
[2] 何新敏（2001）图式理论对阅读教学模式的影响，《中南民族学院学报》第 5 期。
[3] 胡　平（2008）论关联理论和图式理论对阅读理解的解释力，《长江师范学院学报》第 2 期。
[4] 李景艳、卢世伟（2001）图式理论与英语阅读教学，《长春工程学院学报》第 3 期。
[5] 李禄兴、幺书君（2005）《汉语阶梯快速阅读》，北京语言大学出版社。
[6] 马惠玲（1998）对外汉语阅读课教学原则初探，《河南大学学报》第 5 期。
[7] 苏　跃（2006）图式理论：英语阅读教学模式的构建，《黑龙江高教研究》第 9 期。
[8] 唐汝萍（1996）阅读教学理论及其能力的培养，《湘潭大学学报》第 2 期 。
[9] 张永花（2009）图式理论在高级英语阅读教学中的应用与研究，《牡丹江师范学院学报》第 1 期。

对外汉语中级写作课的实验与分析

张 卓

提要 在对外汉语写作教学实践中，我们发现缺乏明确的教学理念，缺乏相关理念指导编写的写作课教材，这导致了写作教材的实用性较差。再有，学生个体差异较大，很难组织适合全班学生的教学讲授。教学理念、教材教法、教学对象，这些研究的缺乏正是写作课教学亟待解决的核心问题，如果不解决好，写作课是无法上好的。因此我们针对这三个问题对教学进行了改革和实验，目前已经完成了一个学期的教学实践，并在学期结束时收回了学生的调查问卷。本文将对上述问题与实践结果进行总结分析。

关键词 第二语言写作教学 对外汉语写作教学

一、研究动机

在对外汉语写作教学实践中，我们发现存在着这样的问题：

第一，对外汉语写作教学理论研究薄弱，几乎没有明确的教学理念指导教学。

第二，由于理论研究成果的缺乏，导致了写作教材的实用性较差。

第三，学生个体差异较大，包括学生第一语言写作经验和技巧、阅读量、学生学习风格等差异，很难进行适合全班学生的教学讲授。

这三个问题是我们教学的核心问题，如果不解决好，写作课是无法上好的。因此我们针对这三个问题对教学进行了改革和实验，包括尝试编写教材、新的教法等，目前已经完成了从2013年9月到2014年1月一学期的教学，并在学期结束时收回学生调查问卷21份。下面将对上述问题与实践结果进行分析。

二、教学理论分析

国内的对外汉语写作教学大体来说有两条路子，一是遵循传统的针对本国人的写作教学的路子；二是借鉴或照搬国外第二语言写作教学的研究成果。第一种影响力大，因为每位教师自身的汉语写作练习之路就是这样走过来的，但是这更适合母语学习者。第二种更流行，有很多新鲜的花样可供课堂教学使用，但是某种理论适合的学生层级如何，是否适合汉语的教学等等问题都需具体分析。下面我们按时间顺序，将国外的二语写作教学理论做简要的梳理，本部分援引自 Norbert Schmitt 的介绍。

2.1 控制写作（controlled composition）

控制写作是听说法的一个分支，写作的实质被看成是口语习惯的强化。对第二语言写作的篇章进行的语言学分析包括"对比分析"和"偏误分析"。

在控制写作的课堂上，主要的教学中心是形式上的准确性。教师使用一套系统化的习惯养成的程序来避免偏误的产生，以强化合适的第二语言行为。练习以前学习过的离散的语言单位优先于对观点、组织和风格的关注。主要的课堂活动是仿写以及熟练操练经过认真组织和分级的范文。总之，写作是服务性的活动，作用是强化其他的语言技能。写作教学的目标是习惯的养成。学生操练熟悉的语言结构，教师是编辑，对语言特征的关注多于观点。篇章被看做是词汇和句型的集合，忽视读者或写作目的。

2.2 段落模式理论（the paragraph pattern approach）

该理论强调在高于句子的层面上进行组织的重要性。这个流派所讨论的基本问题是逻辑结构和语篇形式。研究的焦点在于第一语言的文化思维模式如何反映在第二语言写作者的篇章中——也就是适应第二语言写作的思维模式。

这个流派将写作看做是以一定的模式安排的句子和段落，学习写作就要培养训练学生辨认、内化和生成这些模式。举例来说，在写作教学最高的层次上，要求学生将写作的内容列出，并提炼出"主题句"、"支持句"，列出提纲并根据提纲写出篇章。

2.3 过程写作理论（the process approach）

按照上述两种理论指导写作，不足以产生思想，表达感情。因此，后期有过程写作理论补充修正了这一点，该理论认为写作过程是一个循环的、探索的、创造的过程，而且在这个过程中要发现观点和创造意义。在这个过程中更注重引导和干涉，而不是强迫学生接受组织模式或句法、词汇限制。在有交际需要或欲望的时候，内容决定形式，因此可以成功地传达意义。

这个理论关注写作者与其写作策略，研究诸多因素与第二语言写作能力可能存在的联系，如：第一语言写作经验和技巧、写作欣赏力、性别、学习风格、语言和教学背景、第二语言写作者对写作和写作教学的理解、第二语言写作者的阅读量等等。这个理论的研究将写作看做是一件复杂的、高度纠缠在一起的事情。

2.4 我们的教学理念

上述理论是随着时间的推移，研究者在教学实践的反思与重新检验中不断发展起来的，由于第二语言写作教学的复杂性，我们不能将它简单化，没有一个现成理论可以单独用来指导教学，我们必须将他们整合起来，建立综合的模型，以适应这一领域的不断变化和发展。

学习一门新的语言就是在培养一种新的习惯，因此写作教学中需要相对机械的操练以强化习惯的形成。能准确表达自己的意思是写作的最基本要求，因此我们需要强调语言的准确性，但是要避免只是离散的语言单位的练习，这就要求教师设计有情景的练习，使意义表达与形式准确有机地结合在一起。这些理念将体现在下文的教材设计中。

另外，在写作教学中要更多地关注写作者，因为写作者的个体差异极大。影响第二语言写作的因素主要包括：写作者第二语言水平、写作者个人经历（是否已经有一定的人生阅历）、写作者用母语写作的能力、经验和技巧（是否擅长母语写作、是否喜欢用母语写作）、写作者的学习风格（是否为了应试写作）、语言学习背景（是否华裔家庭长大）、第一和第二语言阅读量（是否阅读过很多种类的文章）等等。每一个写作者都有异于他人，如何针对如此复杂、多样的学生进行综合、有效地教学，是摆在教师面前不可避免的问题。传统的课堂教学无法解决学生写作水平差异较大问题，我们需要在教学方法上做出尝试，以期解决这个问题。

三、教学实验

3.1 教学设计

我们将一个学期的教学分为十五个单元，前十个单元注重语言形式的准确性，后五个单元注重学生连贯流畅地写故事、表达感情。这些写作练习包括两大类：

第一类是为学生写作后提供范文参考的，这样学生可以以此为依据修改自己的作文，并对自己的作文加以评估。练习形式主要有：听后写故事、看图写故事、看视频写动作，实地考察写地方等。这些写作练习都是有情景、有意义的表达，写作结果又不拘泥于范文，因此学生不会产生无意义的机械操练的疏离感，同时又检查并强化了学生的表达准确性。

第二类写作练习的设计是从学生表达意义的需求出发的，以命题作文为主，要求学生讲述身边发生的事情、介绍自己的家乡、写汉语综合课上的文章读后感、家书等等，在最后两次课还增加了没有任何限制的自由写作，学生可以写想写的任何内容。经过前十个单元的注重语言点的练习后，再进行这样的综合写作，偏重意义、侧重篇章连贯的表达、抒发感情的表达。写作内容是学生熟悉的，不需要学生进行复杂的前期解题和构思的过程，这样的练习让学生有话可说、愿意说，学生综合运用各种语言知识写自己想写的话。

3.2 教学方法

在教学方法上我们做的尝试是增加教师与学生一对一讨论自己的作文的方法。这样做是为了解决两个问题：一是学生个体差异较大（包括语言能力等前文提到的诸多因素），每个人有每个人独特的问题，很难有针对性地进行适合全体学生的课堂教学；二是教师如何对学生的作文予以反馈？如何检查学生是否认真对待教师的评改？因此我们选择了这种方法，具体操作是这样进行的：教师收集上来学生的练习后将有问题的地方用红笔标记出来，但是不做任何修改；第二次上课开始，将作文返还学生，学生对自己的作文进行修改；然后学生带着修改后的作文逐一与老师共同交流。

这样做的好处还在于教师和学生都了解故事的情境是怎样的，学生错误的表达怎样修改最合适、最典型。如果学生自己可以修改好，表明他对问题有所意识。如果学生不知道问题在哪里，那么教师引导学生回到作文情境中去，学生心里知道要说什么，那么现在就是教师启发、提示学生怎么说，教师先让学生说出自己的想法，最后引导到正确的表达上来，这样共同修改后的文章学生印象更深刻。

四、学生调查分析

4.1 调查结果

在学期末我们通过问卷的形式，进行了针对本学期教学内容和教学方法的学生满意度调查，全班共21人全部参与了调查。其中学生国籍构成、年龄构成如下（图中的数字表示人数）：

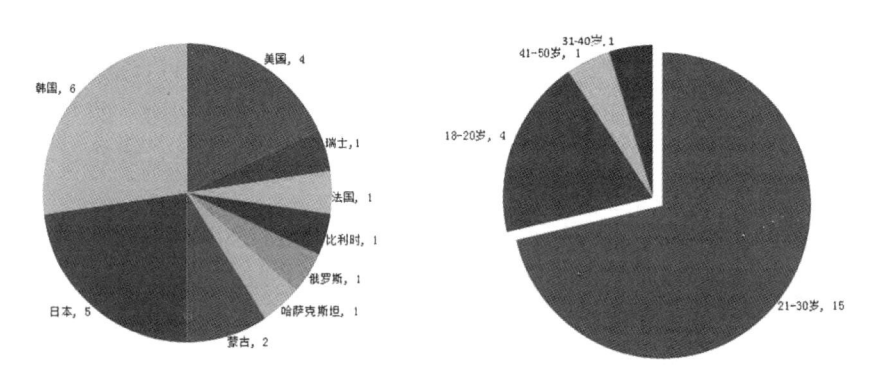

总体评价方面，19人认为写作水平提高了。

关于教学内容，学生的反馈显示3人认为听后写故事"不太有帮助"，两人认为看图写故事"不确定有帮助"，其余的学生均认为以上两种练习形式对写作提高有帮助。对自由写作的练习学生反馈意见则分成两派，其中欧美学生普遍认为自由写作很有帮助，可以"想办法表示我要说的"，"可以表达我的思想"，"让我专心考虑"，"这是我感兴趣的事，所以有更大的动机做好"等。但7名日韩学生中的4名认为跟那些给定了限制条件的作文练习相比，没那么有帮助，"我们能找简单的写法写，写不成复杂的文章"，"我不知道怎么写，比较紧张"等。

关于与教师一对一的交流自己作文的形式，19人认为这种方式很好、很满意。两人认为还可以，其中一人（韩国）觉得只是修改错的单词，一人（日本）

希望老师在课堂上要讲语法的内容。

4.2 调查结果分析

总体来说,我们的教学实验取得了一定的教学效果,绝大多数学生认为写作水平有所提高。但是从学生对听后写故事和看图写故事的反馈,我们可以看出,教师没有让学生清楚该练习的目的,因为每一个故事每一幅图在设计练习时候都是有针对性的,比如我们选取的"老张的雨伞"这几幅图,是希望学生准确使用把字句和表示方位的词,教师应该在教学开始就说清楚我们将要练习的重点在哪里,这样学生就不会有随便练习的感觉了。

学生对自由写作的反应比较不同,一半的日韩学生不满意此练习,其中日本学生认为无从下手,比较紧张。韩国学生没有特别写明缘由,但从与学生的交流中得知,韩国学生学习这门课是以通过 HSK 的作文考试为目的的,这样这种自由写作就无法满足他们的需求了。

一对一师生共同修改作文的方法,学生也比较满意,我们也还将继续使用此方法,并在今后对此方法做进一步的研究和评估。

四、亟待解决的问题

第一,我们的理论只是借用与国外第二语言写作的理论,对外汉语写作教学理论研究还不够深入、系统。另外,写作教学涉及学习者个人认知能力、母语写作水平、汉语水平和学习需求等诸多因素,因此这是一门涉及认知心理、语言学等跨学科的研究,我们的研究还刚刚开始。第二,我们的教学实验还很简单,编写的教材试用时间很短,而且学生人数也不够多。需要长期反复试用,并针对调查中学生对教材、教法的反馈意见不断修改与完善。

参考文献

[1] 陈贤纯(2003)对外汉语教学写作课初探[J],《语言教学与研究》第 5 期。
[2] 陈贤纯编著(2005)《汉语强化教程·初级写作》,北京:北京语言大学出版社。
[3] 赵建华,祝秉耀编著(2003)《汉语写作教程·二年级》,北京:北京语言大学出版社。
[4] Norbert、Schmitt 编,徐晶凝译(2010)《应用语言学入门》,北京:世界图书出版公司。

模拟口腔动画辅助汉语语音教学

金娅曦

提要 传统的汉语语音教学模式暴露出诸多问题,多媒体语音教学势在必行,模拟口腔动画在辅助汉语语音难点教学上取得了显著的成效,多媒体课件的开发与课堂教学设计的良好结合是今后汉语语音教学的发展方向。

关键词 对外汉语教学　汉语语音教学　模拟口腔动画

一、引言

语音教学作为对外汉语教学的入门阶段,在对外汉语教学中的重要性已无需赘述,但是诚如朱庆明(1999)先生所说,"近年来,不少专家学者都已经注意到并明确地提出了对外汉语教学中语音教学的滑坡现象。因此,加强语音教学并使之规范化是对外汉语初级阶段教学规范化的第一步,也是非常关键的一步"。

目前绝大部分的教师在对外汉语语音教学中仍采用传统教学模式,取得了一些教学成果,但也表现出了不足。传统的对外汉语语音教学,无论从教材的编排、学时的安排和教学方法的采用,大都粗糙地取自面向中国小学生的汉语拼音教学模式,这是极为不合适的。为了克服传统语音教学中的不足,一些教学点开始采用现代化教学手段,收到了非常好的成效,新型对外汉语语音教学应该是多媒体课件与教学设计的良好结合。笔者曾在墨西哥国立自治大学从事汉语教学两年多,根据教学需求,和相关人员开发了一套语音软件并投入教学,经过了充分的教学实证并取得了预期的良好成效。

教学对象决定了教学背景和学习特点的不同,因而教师的教学内容设计以及教学手段也应该不同,因此除了规范化和现代化以外,国别化也逐渐成为汉语国际教育向纵深发展不可回避的一个课题。参考赵士钰(1999)的研究,以及笔者在墨西哥两年多的教学实践,找到学生在初级语音教学环节最薄弱的10个音节,也因此促成了以下的研究和实践。

二、汉西语音对比

2.1 汉西元音音位对比①

发音部位	汉语普通话② (10 个)	西班牙语 (5 个)
舌面元音	a [A]③, o [o], e [ɤ], i [i], u [u], ü [y], ê [ɛ]④	a [a], o [o], e [e], i [i], u [u],
舌尖元音	-i [ɿ]⑤ -i [ʅ]⑥	
卷舌元音	er [ər]	

2.2 汉西辅音音位对比

汉语有 22 个辅音音位：b [p], p [pʻ], m [m], f [f], d [t], t [tʻ], n [n], l [l], g [k], k [kʻ], ng [ŋ], h [x], j [tɕ], q [tɕʻ], x [ɕ], zh [tʂ], ch [tʂʻ], sh [ʂ], r [ʐ], z [ts], c [tsʻ], s [s]。

西班牙语有 19 个辅音音位：b [b, β], p [p], m [m], f [f], d [d, ð], t [t], n [n, m], l [l], r [r, rˋ], rr [rˊ], s [s, z], z [θ], g [g, γ, x], k [k], j [x], ch [c], ll [λ], ñ [ɲ], y [j, i]。

参照赵士钰（1999）的归纳，并尽量最大体现异同，本论文从以下四个方面作比较。

---

① 也是汉西单元音的对比，因为通行的国际各语种元音表大都只列单元音。
② 以下均简称"汉语"。
③ a 的同一音位有 5 种变体：用 [A]：ia、ua 或跟在辅音后或者单独使用；用 [a]：ai, an；用 [ɑ]：ang、iang、uang、ao、iao；用 [æ]：ian 及 üan；用 [ɐ]：儿化。
④ 只能作为叹词单独出现，如"欸"。
⑤ 指"zi, ci, si"的元音。
⑥ 指"zhi, chi, shi, ri"的元音。

2.2.1 发音部位比较

发音部位	汉语	西班牙语
双唇	b [p], p [pʻ], m [m]	b [b, β], p [p], m [m]
唇齿	f [f]	f [f]
齿间		z [θ]
上齿背	z [ts], c [tsʻ], s [s]	d [d, ð], t [t]
上齿龈	d [t], t [tʻ], n [n], l [l]	n [n, m], l [l], r [r, r̄], rr [r̄], s [s, z]
硬腭	zh [tʂ], ch [tʂʻ], sh [ʂ], r [ʐ], j [tɕ], q [tɕʻ], x [ɕ]	ch [c], ll [ɣ], ñ [ʎ], y [j, i]
软腭	g [k], k [kʻ], h [x], ng [ŋ]	g [g, ɣ, x], k [k], j [x]

2.2.2 发音时气流受阻方式比较

气流受阻方式	汉语	西班牙语
塞音	b [p], p [pʻ], d [t], t [tʻ], g [k], k [kʻ]	b [b, β], p [p], d [d, ð], t [t], g [g, ɣ, x], k [k]
塞擦音	j [tɕ], q [tɕʻ], zh [tʂ], ch [tʂʻ], z [ts], c [tsʻ]	ch [c]
擦音	f [f], h [x], x [ɕ], sh [ʂ], r [ʐ], s [s]	f [f], j [x], s [s, z], z [θ], y [j, i]
鼻音	m [m], n [n], ng [ŋ]	m [m], n [n, m], ñ [ʎ]
边音	l [l]	l [l], ll [ʎ]
颤音		r [r, r̄], rr [r̄]

2.2.3 清、浊音比较

清、浊音	汉语	西班牙语
清音	b [p], p [pʻ], f [f], d [t], t [tʻ], g [k], k [kʻ], h [x], j [tɕ], q [tɕʻ], x [ɕ], z [ts], c [tsʻ], s [s], zh [tʂ], ch [tʂʻ], sh [ʂ]	p [p], f [f], t [t], k [k], ch [c], j [x], s [s, z], z [θ]
浊音	m [m], n [n], ng [ŋ], l [l], r [ʐ]	b [b, β], d [d, ð], g [g, ɣ, x], m [m], n [n, m], ñ [ʎ], l [l], ll [ɣ], r [r, r̄], rr [r̄], y [j, i]

2.2.4 送气音、不送气音比较

送气否	汉语	西班牙语
送气音	p [p'], t [t'], k [k'], q [tɕ'], ch [tʂ'], c [tsʰ]	
不送气音	b [p], d [t], g [k], j [tɕ], zh [tʂ], z [ts]	p [p], t [t], k [k], b [b, β], d [d, ð], g [g, γ, x], ch [c]

2.3 母语为西语的学生较难掌握的汉语语音

尽管汉语和西班牙语都采用拉丁字母来标记元音和辅音，发音却不尽相同。在语音教学上，教师把握学生比较困难的发音至关重要。母语的负迁移和目的语的特点是影响学生语音学习的两大因素，此外，还要特别关注两种语音系统中形同音异的发音。

通过上述汉西元音对比，我们注意到，汉语元音的特点是出现音位变体①，"i"有"[i]，[ɿ]，[ʅ]"3个音位变体，分别和辅音"j, q, x; z, c, s; zh, ch, sh, r"搭配。而西班牙语的元音"i"仅有"[i]"一种发音，那么同形异音的"[ɿ]"和"[ʅ]"自然就成了学生发音的难点。

在汉西辅音对比中，我们发现，西班牙语辅音出现了多个音位变体，而汉语辅音没有，但这并不构成母语为西班牙语的学生学习汉语语音的障碍，在此不作进一步讨论。然而以下几点则必须引起我们的注意并在教学中加强说明和练习：1. 西班牙语辅音没有送气音，应辅以汉语辅音送气音实例着重练习；2. 汉语辅音没有颤音，汉语辅音"r"是舌尖后浊擦音；3. 汉语辅音没有齿间音，应强调"z"在两种语言中的发音异同；4. "j"在汉西两种语言中发音部位和发音时气流受阻方式上都大相径庭。

综合汉西元音和辅音的对比，"ji, qi, xi, zi, ci, si, zhi, chi, shi, ri"这10个音节，包括了"i"的音位变体，送气音，以及"z"和"j"这2个极易受母语负迁移影响的发音，因此，把它们确定为汉语语音教学重点应当能极大提高教学成效。笔者在墨西哥两年多的教学实践也完全证明这10个音节是学生的薄弱环节，也因此促成了以下的研究和实践。

---

① 上述对比仅是单元音的对比，而在汉语的复合元音中有更多的音位变体。

三、传统教学模式下存在的问题

确立了教学内容,接着就应该着眼于教学方法。至今仍占据主流的传统语音教学模式取自面向中国小学生汉语拼音的教学方案,但是这是否适合于对外汉语教学对象的主力军——成年人呢?中国的小学生学习汉语拼音时已经积累了相当程度的听说实践和语感,所以对于他们来说传统的口耳教学模式可谓水到渠成,只需要短暂的时间把他们一直以来听到并且已经会发的语音跟书面形式对应起来即可;而且他们的学习过程不寻求"为什么",尚处于原始的积累和模仿阶段。与之相反,对外汉语教学的对象大部分是成年人,他们对汉语语音没有语感,也没有实践的积累,但却有着强烈的探究"为什么"以及与母语对比的要求,简单的模仿对他们来说收效不大,也难以巩固教学成果。因此,在多年来以传统教学模式为主的对外汉语语音教学中,表现出了如下的具体问题:

3.1 教学意图不易表达清楚

因为发音时的运动是口腔内部的运动,外在显示非常有限。因此即使教师重复数十次,学生也难以直观地领会,而且教师无法在发音的同时进行讲解,传统的音位图也不能准确而形象地显示动态发音过程和发音要点。

3.2 学时不足

语音课时安排大都采用开始阶段2—3周的时间集中教学,缺乏纠正和巩固的时间。对此,钟梫先生(1979)就曾指出"语音要求应贯穿始终,不能只管一个语音阶段,各个阶段都要管语音"。

3.3 教学难以重复开展

教师领读、学生模仿的口耳之学,缺乏实物教材,使得教师讲解和纠正非常劳累,而且学生的实践缺乏客观而直观的评价。这样一来,虽然在后期教学中师生都体会到了应该根据实际教学中出现的问题不定期地、有针对性地、重复语音教学,但却很难系统有效地实施。

3.4 成效欠佳

在日常教学中,我们不难发现语音问题不仅存在于初级阶段的学习者中,甚至连一些学习汉语多年的人也存在很多发音偏误。对此，程棠先生（2000）认为：“几十年来，外国留学生中，汉语普通话说得很标准或比较标准的，人数不多，也可以说很少。"刘珣先生（2000）也指出："不少教师和学者认为，这些年来从对外汉语教学的效果看，在口语表达的流利程度有所提高的同时，语音的标准性则有所下降。"可见，传统教学模式下机械的模仿未能指出发音要点，难以达到预期的理想效果。学生发音的偏误主要表现为两个方面：一是不能准确地发出每个音；二是虽然能较为准确地发出每个音，但是不能正确对应相应的音节。然而这些其实都可以通过因材施教的教学设计和经过改进的教学课件来得到有效的解决。

四、多媒体语音教学的开展

由于上述问题的出现，一些教学点开始采用现代化教学手段，收到了非常好的教学效果，但由于尚处初级阶段，应用中还存在一些问题。诸如张宝林（2005）指出的："其实现成的计算机辅助语音教学系统已有不少，但有些系统可能还做得不够好，不一定适合直接在课堂教学中使用。"导致这一问题的成因可能是由于语音软件的研发者和一线教师独立运作，缺乏交流，所以教师的很多想法并不一定能完全反映在软件技术中。此外，还有的是系统或软件做得很好，但是教师并未能充分使用。这大都是教师经验不足所致，因为教学中并不一定就是按顺序播放一遍或数遍软件即可，而要根据学生的实际接受情况，适当分解和重复软件中的具体步骤。

显而易见，为了提高语音教学的成效，多媒体语音教学展示出了无法替代的优势和巨大的发展空间，但语言教学是讲求师生互动的教学，除了多媒体课件的进一步优化以外，教师的教学设计也尤为重要，直接影响多媒体教学成效。如朱庆明先生（1999）所说："语音教学应在语音理论知识指导下，采用各种形象化的手段，引导学生进行正确有效又自觉的模仿和操练。因此，在多媒体语音教学中，充分发挥教师的课堂教学主导作用是至关重要的。"

五、模拟口腔动画辅助汉语语音教学

5.1 教学对象

笔者曾在墨西哥国立自治大学的外语教学中心执教两年多，该教学中心不仅是墨西哥最早开展汉语教学的机构，也是目前人数最多的正规教学机构，在墨西哥以及整个拉丁美洲都颇具影响。由于学生的母语西班牙语与汉语从语音角度相差甚远，语音教学自然成为难点和初级阶段的重点，这里的学生绝大部分都学习初级汉语，非常重视语音学习，而且他们学习中所表现出来的问题集中反映了母语为西班牙语或葡萄牙语学生学习汉语语音时的特点和难点，值得进一步深入研究以期提高汉语语音教学成效。本教学软件即是针对他们开发，结合教师的课堂教学设计，经历了充分的课堂教学实践。

5.2 教学内容

基于上文对汉西语音对比后确立的教学难点，笔者即以"ji、qi、xi、zi、ci、si、zhi、chi、shi、ri"这10个音节为例，借助模拟口腔动画开展多媒体语音教学。

这10个音节数量多，单靠模仿来记忆成效不大，但是它们从音位学的角度体现出强烈的组别性，可分为三组，即舌面音"ji、qi、xi"，舌尖前音"zi、ci、si"和舌尖后音"zhi、chi、shi、ri"。所以按组别教授能突出特征，便于记忆和掌握。

5.3 教学开展

5.3.1 板书

由教师按顺序板书"ji、qi、xi"，"zi、ci、si"和"zhi、chi、shi、ri"，并按组别顺序示范发音，学生跟读后引导学生得出结论："ji、qi、xi"，"zi、ci、si"和"zhi、chi、shi、ri"这三组音是按照舌尖位置由高到低的变化区分出来的。这样一来，虽然学生暂时还不清楚如何发音，但是舌尖位置的变化让学生直观地感受到有三个组别。

5.3.2 讲解传统音位图

利用传统的音位图展示发这三组音时舌尖的具体位置，把刚才的认识进一步形象化；然后通过配以音效的多媒体课件，让学生听辨舌位变化时发音的变化；之后教师指到哪个位置学生就跟读哪组音，让学生通过连续的组别发音自我感受舌尖位置变化带来的发音变化；最后再回到传统的音位展示图，让学生自己多次按教师的指示发音。

该部分的教学应该跳出传统的针对中国学生或语音专业学生的教学模式，抛开专业知识的束缚，在教师完全掌握语音学方面这十个音的各种属性的前提下，面向初级阶段的外国学生，重新归纳和演示每组音的共性与组内的个性，尽量简化相关语言学中生涩、难理解的术语。但是，教师应该指出除了舌位的变化外，发音还受唇形、气流受阻方式、清浊音、送气与否等的影响，提示学生待会儿注意看多媒体动画上气流和喉头的标示。

5.3.3 模拟口腔动画教学

教学总体上分两大步，先展示共性，该部分让学生以组为单位连续发音；再展示个性，让学生了解每个组内各个音也有相对不同的发音方法，该部分通过更为细致的区分，为学生纠音，以求能准确发出每个音。

5.3.3.1 共性展示

虽然三组音内部每个音的发音方式都有差异，但与其他组相比又展现了一定程度的共性，该部分旨在挖掘共性，并通过多媒体展示出来，帮助学生发音。发音展示按照由内及外的顺序，分步骤让学生观察、感知各种变化，注意每个步骤讲解完毕后都让学生跟随动画的重复演示多次跟读。

首先，展示最直观的口腔外部的唇形变化。发"ji、qi、xi"时，嘴唇呈拉平的紧绷状态，似微笑状。发"zi、ci、si"时，嘴唇呈现自然放松的状态，略圆。发"zhi、chi、shi、ri"时，嘴唇略微上翘，似亲吻状。

其次，进入口腔内部的舌位展示。发"ji、qi、xi"时，舌面抬起，抵住或靠近前硬腭，阻塞气流，舌尖位于下排牙齿中间，并轻轻抵住两齿的接缝，舌面整体呈现向下的弧度。（见图1：发"xi"时口腔内部各器官位置及气流展示图）发"zi、ci、si"时，舌尖抵住或接近门齿背，阻塞气流，舌面几乎呈水平放松状。（见图2：发"si"时口腔内部各器官位置及气流展示图）发"zhi、chi、shi、ri"时，舌尖翘起，抵住或靠近前硬腭，阻塞气流，同时，舌根往后缩，整个舌头略微紧绷。（见图3：发"shi"时口腔内部各器官位置及气流展示图）

图1　　　　　　　图2　　　　　　　图3

最后，展示气流通过的情况。发"ji、qi、xi"时，气流从舌面前部与前硬腭的缝隙间通过，摩擦成声。发"zi、ci、si"时，由于是舌尖音，所以舌面与上颚间的空隙较大，但上下齿的缝隙非常小，气流从舌尖与门齿背的窄缝中挤出，摩擦成声。发"zhi、chi、shi、ri"时，气流先被包含于舌尖上翘后与前硬腭围起的空间中，然后从舌尖与前硬腭的窄缝中挤出，摩擦成声。

5.3.3.2 个性展示

旨在强化练习各组发音中的难点。首先挑出三组中发音各具特色的几个音"qi、ci、chi"特别讲解。这三个音与它们同一组别中的其他音不同，就是在发音过程中，在舌头的相应部位离开前硬腭或门齿时有一股显著的气流冲出来，可用动画形式展现发音时有气流冲出双唇，同时配以音效，让学生听辨出三个音，并跟随动画的重复展示多次跟读。注意图4（发"zhi"时口腔内部各器官位置及气流展示图）与图5（发"chi"时口腔内部各器官位置及气流展示图）中送气音与不送气音的气流强弱对比。

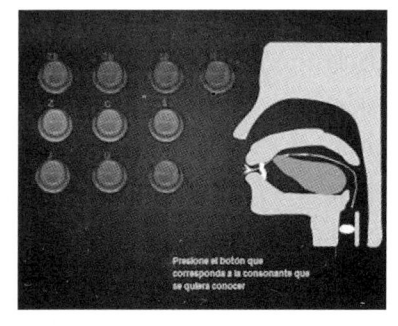

图4　　　　　　　　图5

5.3.3.3 汉西易混淆的发音

首先，应该再单独强调"ri"的发音。不同于西班牙语"r"的颤音，发汉语的"ri"时，声带颤动，但舌根不颤动，舌尖也有固定位置，即上翘并接近前硬腭。这些可以通过静态的图片展示舌位，让学生随着音效多次模仿发音，强调不要与西班牙语语音混淆。（见图6：发"ri"时口腔内部各器官位置及气流展示图）

相较于"ri"，"zi"和"ji"的发音与西班牙语的"z"和"j"都差别极大，只需多次对比认读即可。

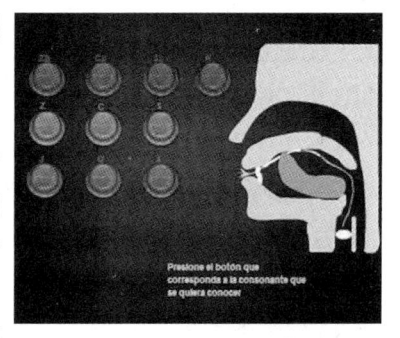

图6

六、反思和展望

陆经生（1991）认为，"人类的发音器官和能力是相同的，困难仅在于操某种语言的人对另一语言所特有的发音部位和方法不熟悉，不习惯。"多媒体语音教学的优势即在于能直观、标准并且重复地体现发音部位和方法，用多种教学手段如图片、音频、视频等说明教师实现既定的教学目标，所以模拟口腔动画在汉语语音难点教学中成效显著。

目前已有一些计算机辅助语音系统或软件，但有一些适用性还不强，其今后的发展应该注重难点语音的国别化开发。反观之，传统的语音教学虽然表现出了很多不足，但它注重师生沟通的特点确实是应该继续发扬的，即使是在现代化的多媒体语音教学中也不应忽视。它也警示我们任何高精尖的技术都不能代替语音教学中教师的作用，教师的课堂教学设计仍旧占有极重要的主导作用，应充分注意学生的操练回馈，而非简单地播放某个多媒体教学软件。所以只有运用现代、实用的多媒体课件，并充分结合教师精心的教学设计，才能提高语音教学的效率，这也是今后多媒体语音教学的发展方向。

参考文献

［1］北京大学中文系现代汉语教研室（2007）《现代汉语（重排本）》，北京：商务印书馆。

［2］陆经生（1991）汉语和西班牙语语音对比——兼析各自作为外语学习的语音特点，《上海外国语学院学报》第6期。

［3］李晓琪（2006）《对外汉语综合课研究》，北京：商务印书馆。

［4］刘　珣（2000）《对外汉语教学引论》，北京：北京语言大学出版社。

［5］黄伯荣、廖旭东（2002）《现代汉语上册（增订三版）》，北京：高等教育出版社。

［6］朱庆明（1999）试论初级阶段综合课教学规范化，《对外汉语教学初级阶段课程规范》，北京：北京语言文化大学出版社。

［7］钟　梫（1979）十五年汉语教学总结，《语言教学与研究》试刊第4期。

［8］程　棠（2000）《对外汉语教学目的原则方法》，北京：华语教学出版社。

［9］张宝林（2005）语音教学的现状与对策，《云南师范大学学报》第6期。

［10］赵士钰（1999）《汉语西班牙语双语比较》，北京：外语教学与研究出版社。

来华留学预科生计算机基础课教学研究

——以北京语言大学为例

白　浩

提要　中国政府奖学金来华留学预科生的教学方法是近几年对外汉语教学的新课题，计算机课程作为此类留学生进入中国高校进行专业学习的预备必修课程。如何进行有效的教学，才能使学生学有所得，在进入专业学习前具备必要的计算机技能，是本文讨论的重点。通过分析总结其他高校的相关教学经验，并与本院预科生的实际情况相结合，提出了全中文授课、专业词汇与专业技能相结合等教学和课堂管理方法。通过分析近四年的学生成绩对比数据，认为现有的教学方法是可行的、有效的。

关键词　来华留学预科生　计算机　课堂教学

一、引言

根据教育部 2009 年 3 月发布的《关于对中国政府奖学金本科来华留学生开展预科教育的通知》的规定（中华人民共和国教育部，2009），教育部决定于 2009 年 9 月 1 日起，对中国政府奖学金本科来华留学生在进入专业学习前开展预科教育。从 2009 年 9 月起，根据学校的部署和要求，我院开始接收中国政府奖学金本科来华留学生，迄今已持续四年，共接纳了近 800 名学生。根据国家留学基金委［2010］4189 号文件规定，预科生的结业考核须包括基础汉语、专业汉语、专业知识及文化类知识课程的考核。具体说，这些预科生在我院经过一年的汉语学习，须同时通过我们的课程考试和 HSK（老三级/新四级），方能获得"预科教育结业证书"，进入专业院校学习专业（曹慧，2012）。

"计算机应用基础"是我院预科生专业知识类课程的必修课，要求学生通过 10 周的课程学习，了解熟悉中文操作系统下的计算机使用方法和操作技巧，识记常用的计算机中文词汇，为将来在以计算机为工具的本科专业学习打下良好的基础。本文根据近四年来的该门课程的教学实践，针对来华留学预科生的计算机课程所遇到的问题进行了探讨。

二、生源特点及其对课程需求的分析

2.1 生源特点

我院中国政府奖学金本科来华留学生绝大多数（98%以上）来自亚非拉美经济欠发达的国家和地区，国别多且分散（每届平均60多个国家）；年龄小（入学平均年龄为20.04岁），来华前所受基础教育的水平较低，有相当数量的学生达不到高中水平且未经任何选拔，他们学习能力较差，经历、见识以及对中国文化的基本了解非常欠缺，甚至来华后在生活习惯上也久不能适应（曹慧，2012）。对其在教学上遇到主要问题如下：

2.1.1 汉语水平偏低

"计算机应用基础"面向初级汉语水平的预科生开设，学生来华前大多数没有学过汉语，在上计算机课前仅学了一个学期（18周）的汉语课，学生的词汇量仅能达到600词左右，且听说能力都比较差。

2.1.2 计算机水平差距较大

预科生绝大多数来自亚非拉美等经济欠发达国家和地区，总体计算机水平较低。学生家庭和成长背景差异性大，虽然部分学生可以较为熟练地使用计算机浏览网页，听音乐，快速地进行键盘输入等，但他们来华前的教育水平基本为高中及高中以下，对计算机缺乏总体的概念和认识，仅局限于日常娱乐功能，并且大都没有在中文环境下使用计算机的经历。

2.1.3 英语水平不一

每届预科生平均来自60多个国家，绝大多数国家的官方语言都不是英语，学生的英语水平取决于各自国家的基础教育水平，每届具有流利英语听说水平的预科生不足50%，部分学生的汉语水平甚至高于英语水平，课上不同母语的学生大都使用汉语进行交流。

2.1.4 学能与情商差异较大

大部分基础教育水平较低的预科生，不仅学能偏低，并且未养成良好的学习习惯；而部分来自中亚、西亚及欧美国家的学生，具有较明确的学习目标和较强的自学能力；部分东南亚的学生，学能较高，有较强的自律性，但学习目的不够明确。

2.2 对计算机课的学习兴趣及需求

开课前，学生对学院开设计算机课程的目的并不明确，加之部分学生来华前，就有一定的使用计算机的经历，所以认为学习该门课程的意义不大，采取应付考试的心态学习，对所学的内容不求甚解，缺乏学习动力和热情，甚至一开始有抵触情绪。然而，"计算机应用基础"是国家留学基金委规定的专业类必修课，针对无中文操作系统环境下使用计算机经历或水平较低的来华留学预科生所开设。教学大纲要求向学生介绍常用的计算机硬件及设备中文名称、基本操作及中文编辑基础知识，通过实际操作掌握中文环境下计算机的基本使用。

我院接收的预科生结业后所修本科均为文史类和经贸类专业，而非理工类更没有计算机专业的学生，因此学生本身对计算机原理性和系统性的知识兴趣就不大，但随着课程的深入，学生会对计算机的实际操作方法和使用技巧产生学习兴趣，希望学习一些将来专业学习会用到的计算机软件工具以及常用的中文专业词汇。

三、现有教学方法评析

近几年，来华留学教育事业蓬勃发展，全国各大高校都招收留学生进行语言培训或专业学习，从2009年的23万人，到2010年26万人，根据教育部《教育中长期发展纲要》，到2050年，我国来华留学生人数将达到50万人（周波，2011）。自2009年以来，全国有六所高校（天津大学、山东大学、南京师范大学、同济大学、北京语言大学和华中师范大学）陆续承担了来华留学政府奖学金预科生的培养任务，学生人数累计超过2500人，但由于针对预科生的计算机基础课程的相关研究近乎空白，因此，本文对各大高校来华留学生计算机课程的现有教学方法和模式进行了总结，并结合我院实际情况进行了分析。

3.1 全英文授课

中山大学医学院2006年开办留学生医学学士班（MBBS），其开设的"计算机科学"课程采用全英文授课方式（胡珊、刘燕、周毅、苗苗，2010），参考英文原版教材自编讲义，课上教师使用英文授课，与学生的交流也全部采用英文，由于其生源主要来自印度、尼泊尔及一些非洲国家，学生入校时普遍没有中文基础，但具备一定的英文水平，所以取得了较好的教学效果。西安交大也是采用全英文授课为来华留学生扫除语言障碍（李波、王剑、于克倩，2010），他们在授课时选用英文教材、英文课件以及英文实验平台，要求教师进行英文授课，也取得了很好的教学效果。我院的每届预科生平均来自60多个国家和地区，绝大多数的官方语言都不是英语，多数人的基础教育水平薄弱，英文水平普遍较低，少数人甚至完全不会说英文，所以采用全英授课的方法对于我院预科生并不十分适合。此外，这些预科生学满结业后要进入其他高校进行专业学习，多数人都将与中国学生同班上课，对于他们来说，越早适应中文语言环境，越能更好地进入到专业学习状态中去，所以预科阶段若采用英文授课的做法，规避开"语言关"，只是扬汤止沸而已。

3.2　小班教学

有部分高校对学生因材施教，采用分班教学的方法。山东大学的做法是开学四周后根据学习成绩将学生分成普通班和奋进班，在期中考试后又分成尖子班、奋进班、普通班。在经过两次分班后，形成尖子领跑、奋进随后、普通生不掉队的格局（周波，2011）。暨南大学则在给留学生进行计算机教学时采用"分小组进行实践教学"的方式，激发了学生的学习积极性和兴趣，提高教学效果（林龙新、杜宝荣、范荣强，2010）。我院预科生每届共有约150-200人，计算机课采用按汉语水平的高低进行分班教学的形式，其中初级汉语水平的预科生约为130人，这些学生汉语水平相当，但计算机水平参差不一，很难再进一步分班。此外，学生平时都分散在约6-7个主课班中学习汉语，多数人平时不在一起上课，彼此不熟识，故小组讨论的教学方式较难形成良性互动，教师也不容易把握课堂节奏。

3.3　考查学生初始计算机水平

大连医科大学在制定对留学生的计算机课程教学计划前，会采取问卷调查的方式了解学生的情况，包括调查学生对计算机基础知识和Word、Excel、PowerPoint等常用办公软件的掌握程度，学生对如Photoshop、Flash、Dreamweaver、Fireworks等计算机应用软件的兴趣，以及学生在日常学习和科研中需要的具体应用软件等等（张燕妮，2010）。在上课前了解学生在计算机方面学过什么，想学什么，可以针对其计算机水平的差异进行因材施教。但问卷调查的方式需要占用学生的个人时间，需要学生较高的配合度，才能取得理想的效果。针对我院学生平时分散学习的特点，问卷调查需要耗费较大的人力物力，效果不会十分理想。

3.4 以计算机原理和操作方法为主体教学内容

中山大学医学院（胡珊、刘燕、周毅、苗苗，2010）将该门课程的内容设定为：①计算机文化基础（计算机基础、操作系统、网络、文字处理和演示文稿制作）；②程序设计和数据库技术内容。既培养了学生对于计算机科学原理的理解，又教授了高级的计算机应用软件，使学生对计算机学科有一个由浅入深的理解。南京信息工程大学的田伟（田伟，2008）等，从常用的文字编辑软件的操作入手，让学生学会举一反三、触类旁通，使学生的学习能力得以提高。然而，本院预科生均为文史类和经贸类专业，而非理工类更没有计算机专业的学生，因此学生本身对计算机原理性和系统性的知识兴趣就不大，随着课程的深入，学生会对计算机的实际操作方法和使用技巧产生学习兴趣，希望学习一些将来专业学习会用到的计算机软件工具以及常用的中文专业词汇。

四、针对初级汉语水平的预科生计算机课的教学方法

汉语进修学院的中国政府奖学金来华留学预科生有着明显的特点，他们在校一年的主要学习任务是努力提高自己的汉语水平，适应中国的学习生活以便未来进入各高校继续专业学习，计算机课作为国家基金委规定的必修课，是一门专业知识类课程，其课程内容的特殊性和学生本身的特殊性决定了课程的教学方法也要有一定的方法和技巧。

4.1 中文授课

本院学生虽然只具备初级汉语水平，但他们已经在校强化学习了一个学期的汉语，词汇量可以达到600词左右，计算机课开设在下半学期，学生也已经进入初级下的汉语学习阶段。这一阶段，学生可以听懂简单的中文课堂指令，可以使用汉语进行基本的日常对话，对汉语的学习热情高涨，求知欲变强。在计算机这样的专业知识类课程中直接使用中文进行教学活动，既有利于培养学生的中文信心，也能使学生在未来更快地适应在华的专业学习环境和生活环境。

但学生毕竟为初级汉语水平，听说能力有限，在使用中文进行教学实践的过程中，需要把握好用词的难度。学生刚开始计算机课程学习时，会接触到较多的

专业名词，如果教授时用词难度过高，会直接打击学生的学习热情，造成挫败感，影响教学效果。所以，通过精心编排教学内容，由浅入深，环环相扣；在课前预先根据学生汉语课教材的生词表，从教案的编写到课件的制作，尽量使用学生已经学过、可以识记的中文词语进行计算机类专有名词的解释和操作方法的说明，使学生在无语言障碍的前提下进行专业知识的学习，同时又在一定程度上使学生听记了之前在汉语课上学习过的生词；在后续课程的中文输入练习和word文档编辑练习中，尽量使用汉语课中学生学过的课文进行练习，专业知识与中文学习相辅相成，可以取得较好的教学效果。

4.2 专业名词与操作技巧相结合

随着计算机技术在全球一体化中的普及和应用，即使是经济欠发达地区和国家的学生，很多人在来华前掌握了一定的计算机操作基础，可以使用计算机进行输入、浏览网页等基本操作，个别学生甚至经过之前的在华学习，已经通过自学或与语伴的学习交流掌握了中文输入的基本方法。就学习专业而言，汉语进修学院接收的来华留学预科生，都是以文史经哲类为专业的非计算机专业学生，Kaplan（2009）就此类学生对于计算机课程的需求特点做出了如下总结：①计算方法不是他们的兴趣和职业目标所在。计算机对他们而言只是一个普通的工具。②这些学生用于计算机课程的学习时间非常有限，不可能系统地学习计算机课程。基于以上原因，计算机原理和系统知识不能成为主体教学内容。根据我院预科生的自身特点及教学大纲的要求，教学内容以计算机中文专业名词的识记和计算机中文编辑操作技巧为主体教学内容。

2010年春季笔者开始教授这门课程时，主讲内容是以电脑操作技巧为主。在第一堂课上，学生虽然能够基本听懂教师的简单教学指令，但涉及到计算机的专业名词时，绝大多数词语学生都较难消化，即使学过比如"菜单"这类词语，学生只了解"吃饭点菜用的单子"这个义项，无法与计算机中的"菜单"相对应。由于学生很难理解教师的课堂指令，他们的学习热情也受到了打击，课堂就缺乏互动氛围，致使教学效果受到影响。虽然在涉及计算机专有名词时，教师如果使用英文词汇给予解释，很多学生能够更加容易理解，但一些母语非英语国家的学生却依然存在较大的学习障碍。同时，随着教学内容的不断深入，一部分学习积极性较高的学生会希望能够识记课堂所涉及的中文计算机专有名词，为将来的在华高校的专业学习进行知识储备。因此，把课堂上所涉及到的常用的计算机中文词汇进行专门的讲解、梳理，要求学生尽量在课堂上朗读、识记，一是可以集中学生对教学重点的注意力；二是由于学生对于专业名词识记的不断积累，后续课程也可以使用已经学过的专业名词讲解新的教学内容，使教学效率得以提高；三是要求学生尽量在课上进行识记，是为了趁热打铁，节省学生的课下时间。下一次课前对上堂课所学的生词进行听写，有效提高了学生识记的积极性，同时也作为平时成绩的考察之一。

课程本身是专业知识类课程，针对学生未来在华学习的需要，教学内容设定为计算机中文编辑及相关的知识，通过课堂学习和大量的中文编辑训练，使通过课程考察的学生可以熟练地掌握一种以上中文输入法、熟练地使用一种以上在中文环境下的文字编辑软件，未来在华进行专业学习时可以无技术性障碍地撰写论文、报告等。

4.3 在课堂练习中考察原始计算机水平

如前文所述，采用问卷调查的方式考察原始计算机水平需要占用学生的个人时间，需要学生较高的配合度，才能取得理想的效果。针对我院学生平时分散学习的特点，问卷调查需要耗费较大的人力物力，效果不会十分理想。因此，在课前不应采用调查问卷的方式对学生进行摸底，以免给学生在课前造成负担和负面影响，而将所有摸底考察放在课堂练习中进行。机房的教学环境非常便于教师对学生进行面对面辅导，在辅导的同时，学生本身也就成为了调查对象。摸底一般安排在第一次课进行，通过两项练习，教师通过对每个学生的练习情况的观察并打分，即可完成水平摸底调查，所评分数即为学生的初始计算机水平分数。考察的第一项是画图练习：先让学生在"画图"程序中，用鼠标书写自己的中文名字、国家的中文名称，进而可以引导学生绘制国旗，部分学生甚至绘制了国家版图信息等。通过对学生练习时的观察进行打分，可以了解学生对计算机基本操作的熟悉程度、对 windows 系统环境下的熟悉程度以及鼠标的使用情况等；根据图画本身的"优劣"质量，还能大致掌握学生对学习的主动性情况。考察的第二项是输入练习：给定学生一篇 300－500 词左右的英文文章，让他们在"记事本"软件中进行输入练习。通过观察打分，可以基本了解学生对于键盘操作的熟练程度和文字编辑的基本水平。

4.4 加强课堂管理

由于教学机房和学生课时安排的限制，本院计算机课程均为大班授课，每班人数在 60—70 左右。课堂的学生人数多，课堂管理和辅导的难度也随之增大。

所以，加强课堂管理成为了保障教学质量的重要方面。

针对这一情况，学院安排课堂辅导时，每班至少两名助教老师，加上主讲教师，课堂辅导时三个以上教师同时进行，基本可以满足学生的需求。对助教进行课前培训，要求助教按时到岗，耐心解答学生的问题。

在主讲教师进行授课时，采取大屏幕投影和学生机控屏软件同时使用，所谓控屏软件就是将教师机屏幕上的画面，强制推送到学生机屏幕上，同时禁用其鼠标和键盘。这种方法强化了学生的课堂注意力，有助于提高教学效果。同时，控屏软件也让主讲教师可以有效的把握课堂节奏，因为在上机教学过程中，学生经常会因为没有做完之前的练习而放弃继续听讲，通过使用控屏软件可以有效地强制学生进行听讲，使其不遗漏课堂上的重要知识点，从而提高教学效率。

五、2010 – 2013 年学生计算机成绩对比分析

为了测量本文中提出的教学方法的适用性，本文跟踪分析了四年（2010、2011、2012、2013 年）来近 500 名预科生的原始计算机水平和最后期末成绩。为了分析结果的准确性，对数据进行降噪处理，即将平时缺勤节数较多的学生和期末缺考的学生的样本数据删除，使得分析结果更具有普适性。本文将成绩的平均值和样本标准差定为两个评价指标。其中，样本标准差的设定是为了评估样本的差异性，即原始水平的标准差用于衡量学生计算机水平的差异性，期末成绩的标准差用于衡量学生计算机水平整体提高水平。具体数据见表 1 中，成绩数据均以百分制表示。

表1 2010 – 2013 年学生计算机成绩对比表

年份	统计人数	初始平均成绩	标准差	期末平均成绩	标准差
2010	117	75.67	15.99	78.13	12.41
2011	91	78.41	12.59	80.94	9.32
2012	127	78.74	16.22	81.11	9.46
2013	125	79.36	18.42	83.71	11.45

对平均成绩进行分析（参见图1），每届的期末成绩均高于原始水平，说明通过课程的学习，学生的计算机水平都得到了提高；四年的原始水平成绩成逐年上升的趋势，促使教师必须不断提高教学水平，丰富教学内容；四年的期末平均成绩也在逐年上升，说明教学手段和方法的逐步运用和改进，确实使得教学水平得以有效的提高。

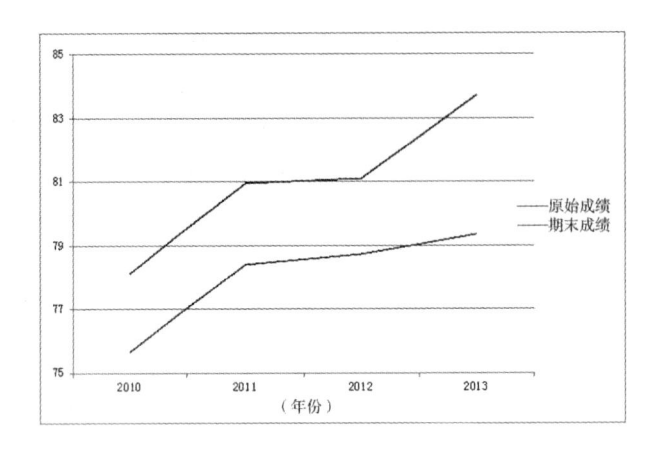

图 1　2010－2013 年学生平均成绩直线图

对样本标准差进行分析（参见图 2），各年学生的计算机原始水平的标准差较大且没有明显的变化规律，说明学生的原始计算机水平差异性较大；期末成绩的标准差比较原始水平的标准差均有所降低，说明通过课程教学，学生的计算机成绩差异性降低，计算机水平趋于统一；期末成绩的标准差呈现逐年下降的趋势，说明随着教学方法的逐年应用和改进，学期末时学生的计算机水平在都有所提高的前提下，趋于一致。

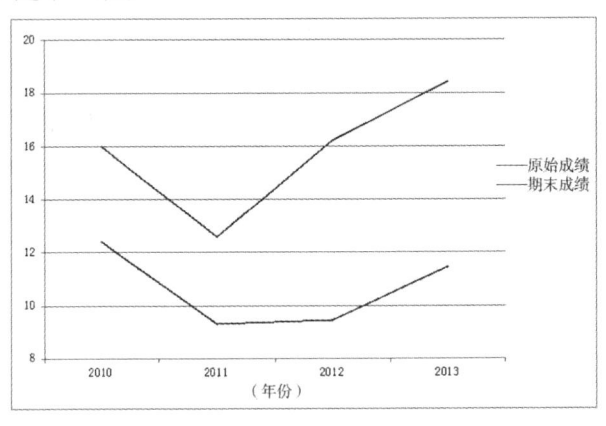

图 2　2010－2013 年学生成绩标准差直线图

六、结语

计算机课程是来华留学预科生进入中国高校进行专业学习的预备必修课程，作为一门专业知识类课程，如何有效地教学，使学生在进入专业学习前具备必要的计算机技能，是本文讨论的重点。通过总结各高校的相关教学经验，结合本院预科生实际教学情况，本文提出了全中文授课、专业词汇与专业技能相结合、加强课堂管理等教学方法。通过对比分析近四年的学生成绩数据，认为现有的教学方法是可行、有效的。当然，本文也认为四年的数据和教学经验是远远不够的，随着教学活动的继续开展，相关的方法研究及其改进工作也将随之进行。

参考文献

［1］曹 慧（2012）在顺应与持守之间——关于预科课程设置的思考与实践，《同济留学生预科教育研究论丛》（第2辑），上海：同济大学出版社。

［2］胡珊、刘燕、周毅、苗苗（2010）医科留学生全英计算机教学的体会，《医学信息》第5期。

［3］李波、王剑、于克倩（2010）留学生计算机基础课程实验教学方法研究——以西安交通大学为例，《现代教育技术》第11期。

［4］林龙新、杜宝荣、范荣强（2010）非计算机专业留学生的计算机基础课程教学研究，《计算机教育》第20期。

［5］田伟、顾韵华、郑玉（2008）面向国际留学生的"计算机基础"课程教学探讨，《中国电力教育》第24期。

［6］张燕妮（2010）医学院校留学生计算机基础教育探讨，《现代计算机（专业版）》第1期。

［7］中华人民共和国教育部（2009）中国政府奖学金本科来华留学生将接受预科教育，http：//www.gov.cn/gzdt/2009-03/27/content_ 1270149.htm。

［8］周 波（2011）如何做好来华留学生预科教育，《教育教学论坛》第20期。

［9］Kaplan D T（2004）Teaching Computation to Undergraduate Scientists：SIGCSE Bull 36（1）：358-362.

不同成长阶段教师的课堂语音教学策略差异研究

严 彦

提要 目前对外汉语教师研究仅限于某两类教师的对比研究，对年轻教师成长为专家教师这一过程缺乏整体的了解。本文通过对241位汉语教师使用课堂语音教学策略的调查，分析了"生手型—新手型—熟手型—资深型—专家型"五个成长阶段的汉语教师在课堂中使用语音教学策略的差异。结果表明，专家型教师在七类教学策略上显著优于生手和新手教师。根据各个成长阶段的教师对七种策略的掌握情况，本文还提供了针对性的师资培训建议。

关键词 五个成长阶段　教师成长研究　语音课堂教学策略

一、前言

20世纪90年代以来，关于教师成长的研究逐渐成为教师心理研究的一个重要课题，其中日益受到重视的是专家——新手型教师的比较研究。衷克定（2002）研究发现，从新手教师向专家型教师成长的过程，就是策略性知识形成和发展的过程。Freiberg（1987）研究表明，教学策略的不同直接影响着教师教学效果的好坏，最终影响到学生学习策略的获得及知识的掌握与能力的形成。我们认为，高水平的教学策略是有效解决教学问题的核心所在，是体现教师教学水平高低的标志之一。研究教师的课堂教学策略，有利于新手教师具体操作和有效推广。黄高庆、申继亮等（1998）按其是否具有特性和个性化特点，将教学策略分为：一般性教学策略和特殊性教学策略。国内的相关研究多为一般性教学策略，以孟迎芳、连榕（2004）编制的《中学教师教学策略量表》为代表。汉语国际教育是一门交叉学科，汉语教师的成长研究需要特殊性的教学策略量表和针对性的调查研究。

目前关于对外汉语教师的研究不少，具有以下特点：1. 对教师应具备怎样的知识结构和能力结构论述较多，而对汉语课堂教学实践未作深入的研究。2.

少数关乎课堂教学内容的教师研究仅提到了语法、语言点讲解（徐彩华，2007；徐彩华，2009；曹贤文等，2010；江新等，2011），而关注语音、词汇、汉字课堂教学策略的教师研究尚属空白。3. 已有的语音教学策略研究多是从学生母语的角度进行偏误分析和对比分析，提出对策；而从教师研究的角度，探讨汉语教师使用的普遍语音教学策略的研究较少。4. 已有研究（徐彩华等，2007；徐彩华，2009；江新、郝丽霞 2010、2011）仅限于新手—熟手型教师、新手—专家型教师的对比研究，而对新手教师成长为专家教师这一过程缺乏整体的了解。事实上教师的成长并非一蹴而就，在"新手"前存在着"生手"教师，在"新手"与"专家"之间还存在着"熟手"教师和"资深"教师。5. 已有研究较少关注"生手"教师群体。对外汉语教学存在着有别于其他学科的师资特点，即有大量"生手"教师。"生手"教师指汉语教学志愿者和在读兼职研究生，他们的知识结构不一定完全符合教学需求，教学年限在一年之内。6. 已有研究多为描述性的案例分析、思辨的经验总结或理论性的研究，而实验性的、实践性的、可操作性的量化研究甚少。

不同课型、不同对象、不同成长阶段的汉语教师或多或少地都会在课堂中进行语音教学，而且"多国别"班级的课堂语音教学需要教师使用普遍的（而非针对某种母语背景的）教学策略，因此我们选择从课堂语音教学入手，编制一套课堂教学策略量表，对不同成长阶段的汉语教师进行大规模调查，以了解师资队伍的真实现状；以期从数据比较中找出"生手型—新手型—熟手型—资深型—专家型"五个成长阶段中的汉语教师使用普遍语音教学策略的差异。本文将通过调研，回答以下问题：1. 哪些语音教学策略能有效地区分出不同发展阶段汉语教师的水平差异？2. 专家型教师在哪些策略上显著优于生手和新手教师？3. 如何科学务实地为不同成长阶段的教师提供师资培训？

二、研究方法

2.1 研究对象

教师成长研究通常以教学年限对教师进行分类（Berliner，1988；孟迎芳等，2004；徐彩华，2009；江新、郝丽霞，2011）。衷克定（2000）研究表明，教龄的影响比学历和学校类别更为显著。本研究主要依据从事对外汉语教学的年限，兼顾职称和学生评估结果，将汉语教师分为 5 类：生手教师（0≤对外汉语教学年限（简称教龄）<1 年）——新手教师（1 年≤教龄<3 年）——熟手教师（3 年≤教龄<5 年）——资深教师（教龄≥5 年）——专家教师（教龄≥10 年，具有高级职称，且学生评估结果优秀）。向海内外教学一线的老中青教师发放 269 份问卷。回收有效问卷共 241 份。其中生手教师 68 人，新手教师 64 人，熟手教师 40 人，资深教师 47 人，专家教师 22 人。

2.2 研究量表

本研究采用自编的《汉语作为第二语言的语音教学策略量表》，该量表的编制经过如下程序：

第一，研究者通过对教学策略和语音教学方面的文献整理，结合与部分教学专家和普通教师的经验访谈，收集了课堂语音教学中的难点和争议点（林焘，1996；王魁京，1996；崔永华、杨寄洲，2002；王韫佳，2002；鲁健骥，2010），初步提出了七类教学策略："母语/媒介语策略""工具策略""指导策略""调节策略""纠错策略""练习策略"和"对比策略"。

第二，形成初步问卷。选取具有代表性和争议性的内容，形成考察七类教学策略的 20 个项目。采用 Likert 五点量表，让教师进行自我评定（1 表示从不如此，5 表示总是如此）。为避免受访者的趋同心理和无意识地投其所好，20 个项目中包含 10 个正向题和 10 个反向题。

第三，预测和修订。选取 30 名教师做小样本探测性研究，对量表进行信度和效度检验。经独立样本 T 检验，高分组和低分组在每个项目上的差异均达到了显著性水平（$P \leq 0.05$），说明该量表的 20 个项目都具有良好的区分度。经内在信度检验，α 系数大于 0.70，说明该量表信度可靠。经探索性因子分析，KMO 值为 0.716，Sig. 值为 0.000，数据适合因子分析。从碎石图中共提取了七个因素，其内容基本与我们的理论设想一致。

除了正式的量表外，还有一个基本情况调查问卷，包括被试从事汉语教学的年限、从业机构、教学对象、平均周课时、所学专业、母语等方面的问题。

2.3 施测过程

采用问卷发放、回收的方式，以指导语指示被试填答问卷。

2.4 数据处理

先对每份问卷的 10 个反向题进行重新编码，以防与正向题相互抵消。本研究数据均转化为标准 Z 分数，使用 SPSS10.0 软件在电脑上做统计处理。

三、研究结果及讨论

3.1 七个主成分的提取

对这四类教师的数据进行因子分析，发现从 20 个项目中能抽取出七个主成分。这七个主成分的因子特征值大于 1（见表1），能代表整个量表的 73.109% 的信息。

表1 主成分分析所抽取的 7 个公因子

成份	初始特征值 合计	方差的 %	累积 %	提取平方和载入 合计	方差的 %	累积 %	旋转平方和载入 合计	方差的 %	累积 %
1	4.619	23.095	23.095	4.619	23.095	23.095	3.021	15.107	15.107
2	2.493	12.464	35.560	2.493	12.464	35.560	2.146	10.728	25.835
3	2.006	10.029	45.589	2.006	10.029	45.589	2.097	10.486	36.321
4	1.731	8.654	54.243	1.731	8.654	54.243	2.068	10.342	46.663
5	1.528	7.638	61.882	1.528	7.638	61.882	1.895	9.476	56.139
6	1.213	6.066	67.948	1.213	6.066	67.948	1.779	8.897	65.036
7	1.032	5.162	73.109	1.032	5.162	73.109	1.615	8.073	73.109

3.2 七个主成分的命名

经最大方差法旋转，还是得到 7 个主成分，对量表的解释力还是 73.109%，可以用这七个主成分代表汉语教师的语音教学策略。依据各项目与主成分的相关系数，我们把这些项目汇聚成七类，并分别命名为："母语/媒介语策略""工具策略""指导策略""调节策略""纠错策略""练习策略"和"对比策略"。（见表2）

表2 语音教学策略主成分分析的因子项目和因子命名

主成分编号	1	2	3	4
命名（贡献量）	母语/媒介语策略（15.107%）	工具策略（10.728%）	指导策略（10.486%）	调节策略（10.342%）

续　表

主成分编号	1	2	3	4
主成分所含项目内容（相关度）	汉语与母（媒介）语的某些音的对比（.827） 用母（媒介）媒介语描述发音要领（.820） 汉语声调与母（媒介）语超音段成分的对比（.507）	半三声（.699） 发音部位图（.693） 语音软件（.549） 由一个音带出另一个音（.527） 时常提醒（.413）	重视轻重音（.869） 重视语调（.826） 重视准确度（.327）	教授顺序（.755） 应急处理（.636） 时间分配（.497）
主成分编号	5	6	7	
命名（贡献量）	纠错策略（9.476%）	练习策略（8.897%）	对比策略（8.073%）	
主成分所含项目内容（相关度）	鼓励学生纠错（.872） 不重复错误音（.580）	练习方法（.783） 练习长度（.738）	比拟发音活动（.738） 汉语内部对比（.601）	

3.3　不同成长阶段的教师在课堂语音教学策略上的差异

我们对以上五个成长阶段的教师使用语音教学策略的自我评定得分进行单因素方差分析，发现以下项目差异显著：

第一类"母语/媒介语策略"中，不同成长阶段的教师在三个项目上的自我评分全都有显著差异。经多重比较，在"汉语与母语/媒介语的某些音对比"项目上，生手型教师组（平均分为3.42）与熟手型教师组（平均分为3.06）差异显著（p=.039）；生手组与专家型教师组（平均分为2.95）差异非常显著（p=.003）。在"用母语/媒介语描述发音要领"项目上，经ANOVA检验，显著性为.000。经多重比较，生手组（平均分为3.35）与熟手组（平均分为2.71）差异非常显著（p=.001）；与资深组（平均分为2.35）差异非常显著（p=0.000）；与专家组（平均分为2.05）差异非常显著（p=.000）。新手组（平均分为3.33）与熟手组（平均分为2.71）差异非常显著（p=.001）；与资深组（平均分为2.35）差异非常显著（p = 0.000）；与专家组（平均分为2.05）差异非常显著（p = .000）。熟手组（平均分为2.71）与专家组（平均分为2.05）差异显著（p = .013）。在"汉语声调与母语/媒介语超音段成分的对比"项目上，经ANOVA检验，显著性为.000。经多重比较，生手组（平均分为2.61）与新手组（平均分为2.11）差异非常显著（p = .005）；与熟手组（平均分为2.00）差异非常显著（p = .001）；与专家组（平均分为1.23）差异非常显著（p = .000）。专家组（平均分为1.23）与新手组（平均分为2.11）差异非常显著（p = .000）；与熟手组（平均分为2.00）差异非常显著（p = .002）；与资深组（平均分为2.15）差异非常显著（p = .003）。

可见，不同成长阶段的对外汉语教师使用"母语/媒介语策略"有显著差别：生手和新手组教师，使用"母语/媒介语策略"较频繁。随着教学年限的增长，熟手、资深和专家组教师对"母语/媒介语策略"的使用显著减少。一是因为教师不可能掌握各国学习者的母语，二是因为语言迁移是把双刃剑，既有"正迁移"，也有"负迁移"。在特定情境下适时适量使用"母语/媒介语"策略，可以增加学习者对目的语的亲切感，在关键问题上起到"捅破窗户纸"的作用，加速学习进程。但汉语毕竟是一门独特的语言，与其他语言的差异远远多于相似。在学习过程中，学习者的母语/媒介语有时会带来负面影响，由此而造成的影响被称为负迁移（Ellis, 1994）。使用"母语/媒介语策略"的"度"该如何掌握？如何促进母语正迁移的效果，克服母语负迁移的影响？这是区分对外汉语教师语音教学水平的重要标志之一。很多专家型教师提倡用汉语教汉语，培养学习者用汉语思维，用汉语直接交际。

第二类"工具策略"中，不同成长阶段的教师在五个项目上的自我评分全都有显著差异。经多重比较，在"用半三声辅助三声教学"项目上，新手组（平均分为2.89）与资深组（平均分为3.75）差异非常显著（p = 0.008）；与专家组（平均分为3.45）差异接近显著（p = .068）。在"使用发音部位图"项目上，经ANOVA检验，显著性为.019。经多重比较，生手组（平均分为3.57）与新手组（平均分为3.06）差异非常显著（p = .005）；与熟手组（平均分为3.23）差异接近显著（p = .055）。新手组（平均分为3.06）与熟手组（平均分为3.23）差异显著（p = .040）；与专家组（平均分为3.64）差异显著（p = .023）。在"使用语音软件"项目上，经多重比较，熟手组（平均分为2.35）与生手组（平均分为2.76）差异显著（p = .036）；与新手组（平均分为2.87）差异非常显著（p = .010）。在"由一个音带出另一个音"项目上，经ANOVA检验，显著性为.000。经多重比较，生手组（平均分为2.58）与新手组（平均分为3.18）差异非常显著（p=.001）；与熟手组（平均分为3.20）差异非常显著（p=.001）；与专家组（平均分为3.90）差异非常显著（p=.000）。专家组（平均分为3.90）与新手组（平均分为3.18）差异非常显著（p=.007）；与熟手组（平均分为3.20）差异也非常显著（p=.009）。在"时常提醒"项目上，经多重比较，生手组（平均分为3.48）与新手组（平均分为3.08）差异显著（p=.037）；与熟手组（平均分为3.02）差异显著（p=.015）；与专家组（平均分为2.91）差异显著（p=.034）。

可见，不同成长阶段的对外汉语教师使用"工具策略"有显著差别：一般来说，随着教学年限的增长，教师使用工具辅助语音教学越频繁，越自如。不过，也有两个例外：①语音软件的使用率与教学年限成反比，有丰富教学经验的教师更信赖用口耳相传的传统方法来训练语音。②"时常提醒"的频率与教学阶段密切相关。生手和新手教师教授对象的汉语水平多处在初级阶段，教师在"时常提醒"方面做得比较频繁；而熟手和专家型教师教授对象的汉语水平可能处在中高级阶段，语音已不再是教学重点。而且此阶段学生的语音错误已经"化石化"，纠正起来很困难，所以教师对学生的语音提醒会少很多。

第三类"指导策略"中，不同成长阶段的教师在"重视准确度"项目上有显著差异。经多重比较，生手组（平均分为2.91）与专家组（平均分为3.41）差异显著（p=0.039）。不同类型教师在其余两个项目上的自我评分都没有显著差异；但从描述性统计来看，在"重视轻重音"项目中，专家组（平均分为4.10）高于生手组（平均分为3.73），也高于新手组（平均分为3.75），也高于熟手组（平均分为3.97）；在"重视语调"项目中，专家组（平均分为4.29）高于生手组（平均分为3.90），也高于新手组（平均分为4.06），也高于熟手组（平均分为4.16）。

可见，不同成长阶段的对外汉语教师使用"指导策略"有显著差别：生手组教师认为，语音的教学目标是不影响交际即可，不必要求太严格。随着教学年限的增长，经验丰富的教师更重视轻重音和语调的讲练，对学生语音的准确度要求程度显著严于年轻教师。专家组教师认为，要根据课型的教学目标来决定教师的指导思想；一般来说，应严格要求语音的准确度。

第四类"调节策略"中，不同成长阶段的教师在"教授顺序"项目上没有显著差异。在"应急处理"项目上，经多重比较，生手组（平均分为3.47）与熟手组（平均分为3.82）差异显著（p=.044）。在"时间分配"项目上，经

ANOVA 检验，显著性为 .001。经多重比较，生手组（平均分为 3.35）与新手组（平均分为 3.85）差异非常显著（p = .002）；与熟手组（平均分为 3.69）差异显著（p = .037）；与专家组（平均分为 4.29）差异非常显著（p = .000）。专家组（平均分为 4.29）与熟手组（平均分为 3.69）差异非常显著（p = .011）；与资深组（平均分为 3.58）差异显著（p = .012）。

可见，不同成长阶段的对外汉语教师使用"调节策略"有显著差别。学生在课堂上的突发问题，有些是教师始料未及，或在备课时没有考虑到的。针对这种特殊情况，没有经验的教师一般是有求必应，花费的时间和精力远多于经验丰富的教师。这样处理不仅浪费了课堂时间，影响了教学任务的完成，而且忽视了其他没有这方面需求的学生，效果不一定最好。经验丰富的教师会有大局观，综合考虑当时的教学安排、课堂秩序、处理难度以及当事人的心态和处理效果等因素，调节处理的时间、场合、方式和次数。在时间分配的调节上，教师安排的灵活性与教学年限的增长成正比，且梯度分化特别明显，各梯度之间差异显著。

第五类"纠错策略"中，不同成长阶段的教师在"鼓励学生纠错"项目上没有显著差异。在"不重复错误音"项目上，经多重比较，专家组（平均分为 4.05）与生手组（平均分为 3.41）差异显著（p = .028）；与新手组（平均分为 3.30）差异也显著（p = .011）。

可见，不同成长阶段的对外汉语教师使用"纠错策略"有显著差别。专家型教师在给学生纠错时，不仅要给学生输入正确的语音信息，而且要减轻错误的语音信息对学生的负面影响，可谓"事半功倍"。而生手和新手教师往往只关注目的，忽视了纠错过程中的艺术。比如他们无意识地重复学生的错误发音，反而强化了错误发音对学生的消极刺激，加固了学生对错误音的印象，结果往往"事倍功半"。另外，从文化心理学的角度讲，重复他人的错误，也有缺少尊重之嫌。（崔永华、杨寄洲，2002）

第六类"练习策略"中，不同成长阶段的教师在"练习方法"项目上没有显著差异。在"练习长度"项目上，经多重比较，专家组（平均分为 4.14）与生手组（平均分为 3.53）差异非常显著（p = .008）；与熟手组（平均分为 3.61）差异显著（p = .023）。

可见，不同成长阶段的对外汉语教师使用"练习策略"有显著差别。生手组教师和熟手组教师只给学生练习带声调拼音的词语，而专家组教师在词语的基础上，还让学生练习带声调拼音的短语和短句。专家型教师重视：①练习语境的多样性：教学实践中，我们发现不少学生在单音节中能把声韵调发准确，但在双音节或多音节词中却发不准确；很多学生在词语中能把声韵调发准确，但在句子中却又发不准确了。（严彦，2010）学习者语言的变异性，是第二语言习得的普遍现象之一。（Ellis，1994）大多数学习者出于畏难情绪，常常回避长句子。比如在回答问题时，很多学生都愿意只回答一两个关键词，而不愿意完整地回答一句话。专家型教师会创造出多种多样的上下文语境供学习者练习适应，比如：有意识地少提判断题，而多提些"为什么""怎么样"之类的问题，给学生提供充分表达的机会。②练习语境的真实性：有学者指出，在教声调的变化时，不能只用词来教，而要有短语和短句，以避免学生误解为只有在词里才有声调变化。（鲁健骥，2010）

第七类"对比策略"中，不同成长阶段的教师在两个项目中的自我评分都有显著差异。在"比拟发音活动"项目上，经多重比较，资深组（平均分为4.26）与生手组（平均分为3.56）差异非常显著（p=.004）；与新手组（平均分为3.70）差异显著（p=.021）；与熟手组（平均分为3.65）差异显著（p=.012）。在"汉语内部对比"项目上，经多重比较，生手组（平均分为3.28）与熟手组（平均分为3.63）差异显著（p=.028）。

可见，不同成长阶段的对外汉语教师使用"对比策略"有显著差别。很多音的发音部位和发音方法不易观察，语言描述又受语种和术语的局限。为了使学生能够直观地感受到发音活动的全过程，资深组教师会借助手势、头部动作等外显的身体语言来比拟内隐的发音部位和发音方法，引导学生发出正确的音。而生手组、新手组和熟手组教师不常用这样的方法。汉语里有一些发音部位相近但却是完全不同的音，比如b-p、d-t、g-k等送气与不送气音，an-ang、en-eng、in-ing等前鼻音与后鼻音，学生容易混淆。熟手组教师常常对比教学，让学生体会和辨别两者的相似和相异，加深印象，巩固教学。而生手组教师还不擅长语言内部的对比教学。

四、结论及建议

综上所述，对"母语/媒介语策略""工具策略""指导策略""调节策略""纠错策略""练习策略"和"对比策略"这七类语音教学策略的使用都能显著区分出不同成长阶段的教师相互之间的差异。且专家型教师对七类语音教学策略的使用都显著优于生手和新手教师。

4.1 对师资培训的建议

（1）对没有教学经验的生手型教师加强"母语/媒介语策略"和"工具策略"的培训，这些策略难度低，他们易于接受。

（2）对刚入门的新手型教师继续完善以上策略的理论与实践，并加强"对比策略"和"调节策略"的培训，教学经验的初步积累为他们掌握这两种教学策略奠定了基础。

（3）对熟手和资深型教师继续完善以上四类策略的理论与实践，鼓励他们总结和反思教学行为；并加强"指导策略""纠错策略"和"练习策略"的培训，帮助他们将理论应用到实践，从实践升华到理论，早日成为专家型教师。

4.2 不足

本研究在调查问卷首页，设置了职称填写；但经统计，教学一线的教师获高级职称的比重仅9%。若完全按职称分组，会造成组间人数差距悬殊，在统计上不合理。考虑到汉语作为第二语言的语音教学属于技能教学，教学年限和所积累的经验对教师教学策略的影响最大；最终选择以教学年限分组，兼顾职称和学生评估结果。将来有机会应将调查样本多倾向于获得高级职称的一线教师。

参考文献

[1] 曹贤文、王智（2010）对外汉语教师与欧美留学生对"有效教师行为"的评价，《语言教学与研究》第6期。

[2] 崔永华、杨寄洲主编（2002）《汉语课堂教学技巧》，北京：北京语言大学出版社。

[3] 黄高庆、申继亮、辛涛（1998）关于教学策略的思考，《教育研究》第11期。

[4] 江新、郝丽霞（2010）对外汉语教师实践性知识的个案研究，《世界汉语教学》第3期。

[5] 江新、郝丽霞（2011）新手和熟手对外汉语教师实践性知识的研究，《语言教学与研究》第2期。

[6] 林焘（1996）语音研究和对外汉语教学，《世界汉语教学》第3期。

[7] 鲁健骥（2010）对外汉语语音教学几个基本问题的再认识，《大理学院学报》第5期。

[8] 孟迎芳、连榕、郭春彦（2004）专家—熟手—新手型教师教学策略的比较研究，《心理教育与发展》第4期。

[9] 王魁京（1996）汉语作为第二语言学习中的句子语调、语气理解问题，《北京师范

大学学报（社会科学版）》第 6 期。

[10] 王韫佳（2002）汉语语音研究和语音教学接口中的若干问题,《对外汉语论集》（第二辑）上海：上海外国语大学出版社。

[11] 徐彩华（2009）对外汉语教师教学效能感的特点,《语言教学与研究》第 3 期。

[12] 徐彩华、程伟民（2007）对外汉语教师自我教学效能感研究初探,《汉语学习》第 2 期。

[13] 严　彦（2010）美国学生习得第三声的声调情境变异研究,《汉语学习》第 1 期。

[14] 衷克定、张溉（2000）教师策略性知识的发展规律及影响因素研究,《心理科学》第 4 期。

[15] 衷克定（2002）教师策略性知识的成分与结构特征研究,《北京师范大学学报（人文社会科学版）》第 4 期。

[16] Berliner, D. C. (1988) The Development of Expertise in Pedagogy, The Charles W. Hunt Memorial Lecture, American Association of College for Teacher Education. New Orleans, February.

[17] Ellis, R. (1994) *The Study of Second Language Acquisition*. Oxford：Oxford University Press.

[18] Freiberg. H. J. (1987) Genetic Teaching Strategies：School and Teaching Effectiveness institute. Preston County Schools, Kingwood, W. V.

文化教学研究

八十年代留美文学中的"文化休克"现象

——跨文化交际的个案研究之一

李东芳

提要 本文从八十年代留美文学中,发现出国留学的中国人存在的"文化休克"现象,已经给这些中国人带来了巨大的困惑。本文通过揭示这种中国留学生的"文化休克"现象,试图将其作为第二语言教学中的一个借鉴对象,为来华留学生的文化适应问题提供参照。从中可以发现跨文化交际意识非常重要,它关系到个体生命的文化归属,也关系到如何客观地看待两种文化差异。良好的跨文化适应能力,能够使留学生自由游走于两种文化经验之间,建构健全人格,实现人生目标。

关键词 跨文化交际　文化休克　文化适应

一、前言

跨文化交际在第二语言教学中是一个重大课题,随着来华留学和工作的外国人和出国留学的中国人数量的增加,文化休克和文化适应问题越来越成为我国相关人士和与中国交往的外国人士面临的大问题。

本文是从20世纪80年代留美文学中发现,出国留学的中国人存在的"文化休克"现象,已经给这些中国人带来了巨大的困惑,通过揭示这种"文化休克"现象,来探讨留学生的文化适应问题。并试图将其作为第二语言教学中的一个借鉴对象,为来华留学生的文化适应问题提供参照。

文化休克现象在文化人类学中是一个基本概念,一般译作"culture shock",指的是初居异文化环境的人们,失去了所熟悉的文化环境和行为准则,就难免产生一种不知所措、惶恐不安的心理反应,甚至对异国文化产生抵触和反感心理。

按照布朗的说法,"文化休克反映在第二语言学习者情绪上的变化为感到疏远、气恼、敌视、犹豫不决、情绪沮丧、心情沉闷，悲伤孤独，思乡，甚至浑身不适。处于文化休克状态的人对新的环境采取的是反感的态度，时而怨恨别人对他不理解，时而又充满了自我伤感。"① 这种心理的延续会产生对异国文化的抗拒心理，认为与母国文化不同的都是不好的，不能客观对待文化差异，将文化差异视作对自己生存和安全的威胁，形成厌恶、敌视的心态，不能客观看待自己的文化适应能力，而对异国文化格格不入，将自己与异国文化隔离，因感到疏离感和不被接纳而产生失落；要么一味扭曲自己过分迎合，无法处理文化差异而活在价值观的冲突中，迷失自我，导致心灵痛苦。这两种心态在中国留学生中比较普遍。

美籍人类学家许烺光针对文化休克症状，提出过"文化边际人"的概念，指的是"在一种民族文化中受了教育，内化或社会化了这种文化的价值观念、行为规范和生活方式等，随后又来到另一种民族文化中生存，为了适应生存环境，又接受了后一种文化的主导价值、规范和生活方式，因而一身具有两种或多种文化经验。"他们多有一些精神特点："相对的精神不稳定，强烈的自我意识、心理不安或痛苦，种种不同的文化规范、价值和生活方式在其内心发生了冲突、对抗，时时遭受文化冲击的心理痛苦。""但他们又往往能超越本土文化的俗套和框框，能够摆脱自身原来的文化约束，从另一个不同的参照系反观原来的文化，又对客地文化采取一种较为超然的立场。"②

韦弗（Weaver，1986）曾经论述过文化休克的根源有三：第一是失去了熟悉的行为习性；第二是人际交往失灵；第三则是身份认同危机。（Identity Crisis）

留美文学中留学生流露出的无所归宿、无所依傍就表现出了这三种症候。

回顾当代留美学生文学，仿佛一个长长的云梯，为之耕耘的主要有三代作家：第一代应属 60 年代自台湾赴美的白先勇、於梨华、张系国、聂华苓、陈若曦等知名度很高的作家，他们身上由于负载了孤岛情结和寻根意识，笔下的主人公多有一种深沉的失落。文化休克与文化身份的归属问题一直缠绕着这些在 60 年代崇美热中赴美留学的台湾学生。白先勇的纽约客就是这样一群时时在内心交织着这种情愫的中国人；於梨华则成功地为留学生"无根"的彷徨作了形象的描述。

第二代则应是"晨边社"这批 80 年代的中国留学生，以及 80 年代出去的一

---

① 毕继万：《跨文化交际与第二语言教学》，北京语言大学出版社，2009 年，第 421 页。
② 许烺光：《中美文化的价值差异》，转引自傅铿《文化：人类的镜子——西方文化理论导引》，上海人民出版社。

批学人，如戴舫、严力、易丹等。第三代，即 90 年代至今的留学生文学作品，如周励、蒋璞等人创作的《曼哈顿的中国女人》和《东京没有爱情》等。

本文只把 80 年代留美文学择出，力图通过其中的文化休克现象描写，对中国留学生的文化适应问题做出一个考察和观照。

二、文化休克根源之一：中国情结

80 年代初期，一大批留学生带着封闭已久的中国社会的种种经验初出国门，陌生的西方文化使他们迷惘，也使得他们重新审视自己。

苏炜的《远行人》（北京十月文艺出版社，1988 年）是国内出版的第一部留学生小说集。苏炜，1953 年生于广州，68 届初中毕业后下乡到海南农场，1978 年进入中山大学中文系，1982 年大学毕业后赴美，就读于洛杉矶加州大学东方语言系，1986 年底回国工作。苏炜曾这样描述过他们这一批最早踏出国门的留学生这种"文化休克"症状："视野一下子变得如此开阔又如此狭小（因为无法融进这个社会）、精神一下子变得如此自由又如此拘谨（简直手足无措）、物质一下子变得如此富有又如此无着……等等的感觉，令得乡愁与乡怨、爱恋与嫉恨、满足与失落等等的情感，骤然间异于常日地、百倍地激化起来。自我感觉一时间迷失在这种激荡的情感之中。认同危机，或许是每一个留学生出国后面临的第一个大问题。……《远行人》诸篇小说，就是想写这种中国留学生的身份认同的困惑。"[①]

正是这种时刻以单一的标准面对世界和"我是中国人"的代表团意识，使他们活得格外疲惫。因为他当过知青，插过队，他的留学生小说里，弥漫着一股浓厚的"中国情结"。人物多身在异国，却为中国的一切萦萦于怀，昔日的中国经验仍然支配和控制着今日的留学生们。苏炜的年龄属于老三届，恋恋于中国/个人的过去，"每一个人都是背着一个很沉重的过去而活着的"。他们这个年龄段的人初到美国，"每一种信息反映到脑子里都是过去，都有过去一个强烈的参照系作对比"[②]。苏炜称之为"中国情结"，是一种群体的重负。每当面临一个新的信息，都要回到自己的经验系统里来，淘洗一遍，才能重新面对；因为反差的强烈，所以有了文化休克体验。虽然也批判，也反思，但却走不出那种群体意识和理想主义。

---

① 苏炜：《远行人·后记》，北京十月文艺出版社，1988 年。
② 《留学生文学座谈纪要》，《小说界》，1989 年第 1 期。

《汤姆郎和他的贝蕾帽》里，汤姆郎巧妙地游走于不同文化视野的缝隙，用头发巧妙地扮演成三种形象：在唐人街权贵和台湾富商面前，可以任长发飘扬，扮演 A.B.C（土生土长的美国人）；在犹太商人面前则扮作台湾来的中国人；在中国海外代表团面前，则剃短修平，做踏踏实实的大陆仔。他为了生存，利用海外不同群体和个人对"身份"的想象而扮演不同的形象，正说明了大陆留学生对文化身份无所认同的尴尬处境。

《杨·弗兰克》里的杨·弗兰克，是个到了美国"脱胎换骨"的女人，经过文革，有过不堪回首的一段恋情，结过婚，有两个孩子，但到了美国，又嫁了个老美。她就此告别了中国的一切了吗？没有。她主动为来自大陆的郭钦俊义务补习英语，就有一点挽救和弥补过失的含义。她有一段特殊的文革记忆：她和一个大学同学相爱。文革的到来，使得深陷于狂热的造神运动中的她，竟然贴出了大字报，出卖了恋人骂江青的话，结局是恋人下了大狱，被押到平顶山矿劳改。但是她并没有因为这个勇敢的"揭盖子"的革命行动，受到恩宠；她的堕胎证明，被"整整放大了72倍抄贴在女生宿舍门前"。她承受了作为一个未婚女子难以承受的一切。之后，她结了婚，成了两个孩子的母亲。然后，到了美国，毅然决然地嫁给了美国人弗兰克，再次成为中国道德观中为人不齿的"女陈世美"。如果说，文革和她所受的"革命"教育使她出卖了玫瑰色的初恋，迎合了革命道德，是以出卖爱情为代价的；那末，婚前性行为则使得她遭受社会主义道德的谴责和惩罚。最后，虽然她远嫁美国，远离了中国道德的约束，但是中国的道德原则仍然在内心支配着她的感受和情绪，不得不远离中国人密集的旧金山，而迁移到北部去。"烧成了灰我也是中国人！"的呐喊说明了一切。

在这部探讨道德观和人性的小说中，杨霭伦是个夹在道德观夹缝中的不幸的女人：革命道德教育使她出卖朋友/恋人，遵守的是违反人性的道德；个人的性爱过失，符合人性，却使她受到严厉的道德惩戒，被母国文化斥为不道德；抛弃丈夫和孩子，另寻爱侣，更因为对方是美国人而遭到母国文化的不齿，违背了中国人的道德观念；另寻爱侣，却又符合美国文化中的道德观。在小说中，母国文化指涉着道德以及家庭本位的传统伦理，这套价值体系深入主人公的内心，使她无法进入美国式的生活，而只有逃避。来自不同文化体系的冲突与差异造成了一个道德困境，使她成为边缘人。这种冲突实际上就是希望保持母体文化的道德风俗来维护原来文化身份的心理，和希望改变旧有价值体系来适应异国文化要求之间的冲突。

《墓园》里的留学生方祖恒学的是拉丁文、希伯来文、梵文，可以在美国谋到一份不错的教职,但他认为"我的祖国一定需要它"。引得老美疑惑地发问:"为什么你们每一个中国人身上,都要背着一个沉重的——中国?"作者回答,中国,每一个游子提起这两个字眼,就要凝然屏息,颔首低回,热耳酸心以至捶胸顿足。

这沉重的"中国情结",主要发生在出生于五六十年代的留学生小说作者和主人公身上。他们很多经历过文革,当过知青,插过队,无论是知识传统还是童年经验,都决定了他们对"中国"二字的特殊感情。苏炜当过知青,容栩(坚妮的《再见吧!亲爱的美国佬》里的主人公)和伍珍(《到美国去!到美国去!》)也都当过知青。政治侵入了他们的日常生活,给他们留下了抹不去的英雄主义和理想主义的原始印记。革命英雄主义和革命理想主义教育内化为一种独立担当的社会责任感和主人翁精神,拥有这种教育背景的一代人在遇到西方文化的冲击时,民族情绪和道德感的强烈是可想而知的,所以他们背负的"中国",格外沉重,身份认同危机爆发得也就格外强烈,他们的边缘人感受也就格外醒目。苏炜说:"自懂事开始,我们就习惯于在一个点、一个平面、一种视角里生活、观察,我们只有、也只能有一种价值标准去评判世界。世界的是方是圆,是长是扁,又无不因而带上强烈的道德色彩——因为我们被告知:那个单一的角度是绝对完善的。"[①] 踏出国门之后,才发现,世界很大,才意识到,"那种狭隘的民族主义对于中国现实发展的危害"。正是狭隘的"大中国"意识,使得很多人把一种道德情感很简单地与个人的权利义务混为一谈。个人被"中国"压抑着,对自己、对西方都无法进行客观地历史评价。

这种略显沉重的"中国情结"甚至使得中国留学生产生了双重文化休克现象,就如《背影》里的留学生"我",在美国不太适应,总是思念黄河故土,对中国一往情深;但回国探亲,又发现对中国的种种不适应:床太硬,饭太软,巴士太挤,车开得太慢,人说话的声音太大,剧院的音响太小。

《伯华利山庄》里也有这样一个留学生,在美国,总是常怀一腔报国心,促使他回了国;回国后,又觉种种不适,又出国。这两篇小说表现出中国留学生在两种文化之间寻找身份认同,由于不具备跨文化的交际意识,对文化休克没有充足的精神准备,而表现出被动和尴尬的处境。

苏炜的主人公多是在中国集体主义教育、革命理想主义教育和西方相应的文化价值之间徘徊。由于苏炜等留学生作家没有能够对中国的文革经历进行清理,

---

[①] 苏炜:《远行人·后记》,北京十月文艺出版社,1988年。

没有对母国文化进行全方位的观照，从而使得他们的"中国情结"仅仅局限于盲目的认同，而没有了解和熟悉美国文化的能力，必然地产生了身份认同的危机感。

由于这些早期的留学生多是60年代出生，甚至50年代出生的，他们当过知青，经历过文革，他们的昔日经验中一个重要部分就是社会主义理想主义、集体主义教育，这些和西方的文化价值直接冲撞。他们的文化休克的根源主要是由于他们的"中国情结"和"中国代表团意识"，他们所接受的教育使他们背负着沉重的"中国"，集体主义教育使得他们将个人行为时时和中国形象联系起来，这使得他们无法融入西方文化，对于中国的当代文化甚至传统文化价值也开始怀疑和反思。

三、文化休克根源之二：文化立场有失客观

另一位80年代留美文学的重要作家是小楂（查建英），她似乎想要走出这种身份认同的困境，敢于追求一个有个性的、自己的活法，试图切断母国文化的影响，融入美国文化。

对于苏炜等人来说，文化休克的心理体验是悲哀和挫折感，觉得不能被美国文化理解，又不能完全理解美国。而在小楂等留学生作家的笔下，文化休克的体验是一种发现和认同美国文化的惊喜。

小楂的代表作是《到美国去！到美国去！》。主人公伍珍从小积极参加集体活动，出版报、做好事、帮助后进生；相对于政治上的成熟，伍珍对个人生理上、情感上的变化却很无知。14岁来月经时，惊慌失措；上山下乡时又稀里糊涂地和不爱的人结婚。

这样的环境中长大的伍珍，初到美国，观念上的冲击是巨大的，她不得不面对："小上海"在房租上追逐利益、丝毫不顾及同胞情意的敲诈，柴荣杯水主义的性爱观；面对自己当情妇拿绿卡还是靠自己艰苦奋斗的艰难选择，美国的尚利趋时处处使伍珍显得被动。伍珍很认真地用她一贯的不服命运安排的奋斗精神，抗击着、挣扎着。

到美国后，伍珍渐渐懂得用美国的游戏规则去谋生存之道，求生存的本能使她与环境完全同化——和"小上海"智斗，对性爱很随意，最终做了华侨富商的情妇，换取留在美国的身份。

伍珍在中国，个人意志受着压抑；到了美国，个体的能动性充分地发挥出来

了，但是并没有找到或者赢得想象中的"成功"——包括爱情、生存必要的经济条件。伍珍仍然是个进入不了美国文化的边缘人，——甚至伍珍屈做情妇"傍"的老板也是个美籍华人；蓝眼睛的美国人对性爱的观念和伍珍中国式的图谋实利的婚姻目的相隔甚远，使得伍珍孜孜以求一直想要嫁给美国人的愿望没能够实现。

小楂的另一部作品《丛林下的冰河》里，"我"似乎很融入并适应美国生活："我"住进了两男两女合租的公寓，对他们暴晒日光浴也习以为常，习惯了"拥抱亲脸蛋"，"当做见面礼一天抱他亲他两三次都不讨厌"。我已经不在乎母体文化讳莫如深的身体暴露（日光浴），不在乎和男友未婚同居，不在乎同胞如同隔岸观火的神情，以及留学生同胞中不冷不热的一堆话。

由于"我"对美国文化盲目认同，并用这种文化价值去衡量母国文化，所以文化立场有失客观，比如认为拥抱亲脸蛋总比不相干的两个人"假惺惺称什么同志好"，把一些"左"的思潮影响下的文化弊端放大为全部的文化弱点；中国文化褒扬含蓄，贬斥张扬轻狂，"我"却将其解读为含而不吐、蓄谋已久、别有用心的负面意义。

留学生"我"似乎很潇洒，完全融入了美国文化，但是"我"面临正宗的、蓝眼睛的、美国小伙子捷夫求婚时，又很无奈，终于还是拒绝掉了。到底是由于无意识中母国文化的自尊，决定了"我"没去见捷夫的父母，还是由于初恋情人——远在中国的D的存在，使"我"下不了决心，小说中并没有交代。接下去的"我"得知D的死讯，向西北走了一遭，体味到D对"我"来说，是母国文化对"我"生命意义的昭示，是某种中国式生存的可能。"我"意识到，"我"初到新大陆的兴奋，冒险家式发现的惊喜，都不过是表面上融入美国文化，一种表现上的契合："我"和美国精神仍然貌合神离，就像印度人巴斯克伦指出的——这种契合是那样肤浅。对"我"来说，肯尼迪夫人的头像只有对美国人，才能呼唤起复杂的连锁反应，"它们象征着一个时代，一种生活方式和一个伟大传奇。"而对于"我"来说，"即便在美国再住上十年、二十年，这些图像对'我'也将毫无意义"。

而"我"所引起精神共鸣和归属感的仍然是那种执着地追求理想的文化精神，就像初恋情人D所具有的那样，"不是别的，而正是我生存的某种可能，是我自身的某种理想与精神"。"我"在发现、寻找的同时，更在失落文化归属——找到的已不是我所要找的，"我"在埋头寻找美国文化的接纳的同时，却绝没意识到"我"其实正与一长串的宝贵东西（"我"所拥有的文化身份和文化传统）失之交臂。

"我"要找的是什么呢？是发现新大陆的惊喜，还是摆脱了"同志"称谓背后的虚伪，还是捷夫这个能指符号所象征的美国梦（物质、财富、自由）？正如文中所说，虽然"骨子里企盼着脱胎换骨，做个疯癫快乐的西洋人"，想象自己"鼻梁升高，眼睛发绿，头发象收获前的麦浪一样起伏翻涌"。但"无奈我仍旧是在用汉语想这些事儿"。对"我"来说，和母国文化的断裂是那么艰难——所有的价值取向都是由母国文化决定的；"我"仿佛生存在两种文化的夹缝中，自由却并不释然。

从这个故事里可以看到，伍珍等留学生由于没能够在文化适应过程中进行文化心理的调试，没有看到严重的心理冲突是源自于不太客观的文化立场所导致的，是自孩童时期形成的中华文化群体特性（——包括世界观、信仰、价值观、思维方式、行为举止等）与美国文化的碰撞，所以错误地、不全面地、非客观地理解美国文化，盲目地追随心目中所谓的美国式自由和成功而丧失文化人格，变成纯粹的个人主义者（individualization），变成丧失文化归属的放逐者。

其实，中国留学生在融入美国社会的文化身份转变过程中，他们的目标应该是获得能够适应中美两种文化并具有调节能力的"多元文化人格"，"既熟悉两种文化，又能够适应两种文化，还具备调节两种文化之间的矛盾和能够沟通两种文化之间的理解与交流的能力"[①]。从而建构起一种强有力的"跨文化身份"：既能够"对文化差异采取一种积极（或接受）的态度，对别种文化的人的经验从感情上和行为上持一种行为开放的态度，并且具备参与他人生活的能力。这种具有高度跨文化水平的人即使不了解他人的文化习俗，也会从感情到行为灵活地去适应所处环境，创造性地应对或避免由于文化转换不当而可能导致的文化冲突"[②]。

遗憾的是，成功的案例并没有出现在80年代留美文学中，这批文学作品更多提供的是这种夹缝中生存的边缘人状态。（marginal persons）。这样的留学生小说，具有代表性的还有坚妮的小说《再见！亲爱的美国佬！》。讲述的是一个留美学生容栩，在去匈牙利实习的过程中，开始怀疑自己的母国文化价值观，比如有意无意的压抑个性，不敢表露爱情，等等，都和美国人的热情轻松形成鲜明对照。忽然间感到自己"原来竟然是那样可怜地生活过"。她强烈地认同于美国人的重视个人感受和个人价值的观念，但是中国的一切却还主宰着她的精神世界。

---

① 毕继万：《跨文化交际与第二语言教学》，北京语言大学出版社，2009年，第452页。
② Kim & William, 1988：314，转引自毕继万：《跨文化交际与第二语言教学》，2009年，第454页。

她以为自己是幸运的，摆脱了很多人想要摆脱的作为一个中国人的命运，"他们要摆脱的，她已经摆脱了，他们向往的，她已经得到"。但是她发现无法做一个轻松的美国人，不是因为无法改变美国人眼里的中国人身份，而是发现"她并没有摆脱掉什么，她的命运依然系在那很远很远的中国；过去发生在那里的人和事，仍然控制着她今天的快乐和悲哀"。所以，她认定自己是个"两栖人"——"两栖人眼睛里看见的是两个世界，她带着创伤从前一个走出来，深知自己再无法回头适应；她想走进另一个世界里头，但她的精神构造和文化构造顽固地拒绝。"

易丹的《卜琳》描述的是在东西方性爱观念上体现出来的边缘心态。爱的灵肉分离其实是文化冲突的表现，爱情的选择就是一个文化选择。追求卜琳的有三个男人——痴心爱着她的中文系学生方明，已婚的有妇之夫、同在美国留学的乔光建，以及蓝眼睛的美国教授凯西。方明代表了符合国内常规的婚姻模式，乔光建代表了国内视作异端、非常规的一种性爱表现，乔想借助异国的背景逃脱国内的道德环境的控制，对卜琳来说，意味着危险和伤害，因为他爱着妻子，只是想要一解寂寞；美国教授年轻、有地位，有魅力，虽然结了婚，但是对卜琳来说，意味着理想的生活——变成一个标准的美国太太，周游列国，海滩度假。卜琳既不能接受乔光建，因为它意味着逾越了母国文化主流价值观的常规；也不接受方明，因为方明的生活意味着回到母国文化的常规中去接受物质贫乏的生活现实，入至美国的卜琳不甘心；她选择了凯西教授，虽然他有妻子，但是爱情产生的婚姻为卜琳的教育所接受，所以她一厢情愿地认为她和教授的爱情可以战胜一切；但是她没有想到凯西教授的爱情是西方人的观念，不准备以婚姻为目的的。

她以为已经认同了美国式的价值观——爱情至上，但却不能接受这种不以婚姻为导向的爱情。

由于东西方不同的婚姻观、性爱观、价值观，导致卜琳的困境。她已经不被母国文化所接受：国内的舆论环境还是把个人私事通过组织干涉的状态，卜琳勇敢地爱上美国教授，不仅使方明被"谈话"，而且使馆也很关心这件事。她也无法向前进一步——美国教授认为她拒绝了凯西的示爱，那就是"精神压抑，甚至心理不正常"。这其中显然有双方互相误读的现象。

小楂等的留学生小说同样以一种个人经历的方式凸现出了八十年代中国留美学生的困境。这些留学生个人的困境总是来自个人无法进入美国文化的精神困境，个人总是试图顺应美国文化却又无能为力的人。

是什么造成了这种文化休克体验呢？对于母国文化，这些留学生主人公其实是逃离者——主动地逃避和躲开中国社会的现实，等于摆脱了一种社会现实，留学生们将其解读为：生命的压抑、青春的被吞噬、个人看不到希望和前景，对控制自己的人生之路无能为力。伍珍孜孜以求想要摆脱的正是这样的体验；促使她要千方百计留在美国的动机主要是基于美国的物质丰富和中国的物质困窘；是对美国式个人自由的认同。

由于"左"的思潮影响，小楂们在国内的青春记忆多多少少都具有创伤体验，这使得小楂和叙事人"我"很难认同母国文化，同样不具备清理和了解母国文化的能力，没有建构起真正的人生目标，而迷失在盲目地认同美国文化和追随物质欲望中。

最终，她"找到的已经不是要寻找的"。伍珍终于得以留在美国了，却是付出了屈辱的代价，——最终做可以当父亲的王老板的情人，换取了金钱和绿卡。

这些脱离了中国现实的留学生们，并不能由于主观上的认同，就融入美国文化中去。他们一方面失去了完全回归母国文化的可能性，另一方面又无法从根本上彻底认同那本不属于自己生命的美国文化，从而成为彻底的"边缘人"。正如坚妮在《再见！亲爱的美国佬！》[①] 描述的两栖人状态："两栖人眼睛里看见的是两个世界，她带着创伤从前一个走出来，深知自己再无法回头适应；她想走进另一个世界里头，但她的精神构造和文化构造顽固地拒绝。"

小楂们的误区在于她们创伤性的个人经验，挡住了她们客观评价母国文化的眼光，由于强烈的经验色彩和感情色彩，基本否定了母国文化，从而有失偏颇，一方面是没有看到母国文化的历史性和阶段性，另一方面是完全认同个人主义为中心的价值观，用美国文化的立场和视野来审视和衡量母国文化，从而失去了反思和了解母国文化特质的机会，也就失去了给自己进行生命归属的机会，盲目地从表面上去看待美国文化，缺乏深度，缺乏理性，从而迷失了方向，失去了文化归属感，不被两种文化所接纳，进入不了任何文化的核心。

四、结语

从 80 年代留美文学中，可以发现跨文化交际意识是多么重要，它关系到个体生命的文化归属，也关系到如何客观地看待两种文化差异，才能够自由游走于两种文化经验之间，建构健全人格，实现自我价值。这一点，对于来华留学生也

---

① 《小说界》，1989 年第 1 期。

是至为重要的。

参考文献

［1］傅　铿（1998）《文化：人类的镜子——西方文化理论导引》，上海：上海人民出版社。
［2］毕继万（2009）《跨文化交际与第二语言教学》，北京：北京语言大学出版社。
［3］胡文仲（2012）《跨文化交际概论》，北京：商务印书馆。
［4］关世杰（1995）《跨文化交流学》，北京：北京大学出版社。
［5］梁漱溟（2011）《中国文化要义》，上海：上海人民出版社。

文化教学的独特策略：从"冲突"到"理解"
——对文化教学中三类"冲突"的个案分析

陈 莹

提要 文化教学中的"冲突"源于对异文化的怀疑与成见，这也是国际汉语教学中必须直面的问题。它主要可分为三类，一类是生活方式差异造成的"冲突"，另一类是政治理念造成的"冲突"，还有一类是历史原因造成的"冲突"。本文通过对上述三种不同类型的"冲突"在文化教学中的真实个案进行分析，总结出应该如何应对文化教学中的不同冲突，并在此基础上反思文化教学的更高目标——培养宽容的文化心态与广阔的文化视野。

关键词 文化"冲突" 文化心态 文化视野 换位思考

不同的国家与民族有自己的文化传统与价值观念。生活方式、政治理念与宗教信仰的诸多差异，常常会造成对异文化的怀疑甚至成见。在语言教学中，老师是绝对的权威。但在文化教学中，学生有时会对老师提出质疑。文化教学中的"冲突"是客观存在的事实，也是无法回避的。正视文化的差异，平等宽容地对待差异，不仅是文化教学中的特点也是目标。

一、生活方式的差异造成的"冲突"

"皮蛋"是很多中国人喜欢的食品，但是在一些外国人眼中这简直无法理解，网上甚至出现了"最恶心的中国食物"的负面评论。有的中国人认为这是对中国的歧视与侮辱，非常气愤。在课堂上学生会提出类似的问题，老师应该如何应答呢？下面是文化课中的一个真实案例：

生：我真不能理解，为什么中国人喜欢吃皮蛋这么恶心的食物？
师：我挺喜欢吃皮蛋的，特别是皮蛋瘦肉粥。（表明自己的观点）

中国人也不一定都爱吃皮蛋，不过也不会觉得恶心。皮蛋也叫松花蛋。（表明中国人的一般观点）

你们为什么会觉得恶心呢？（询问学生为什么会这么想）

生：皮蛋的味道太怪了！它的颜色让我想起了屎。

师：是吗？你们国家的人都那么想吗？（询问他们国家人的一般观点）

生：差不多吧。

师：中国人的联想和你们不一样。你知道中国人为什么叫它松花蛋吗？因为它上面有天然的花纹，好像松叶一样，中国人觉得很美。它的颜色有黄有绿，中国人觉得像蜜蜡一样。（介绍中国人的想法）

生：什么是蜜蜡？

师：就是琥珀（Amber）类的东西。藏传佛教把它看成神圣的宝物，常常会做成佛珠。而且蜜蜡还是名贵的中药呢，品质好的蜜蜡有一股淡淡的松香味。所以古代中国人一看到皮蛋上的松花纹和颜色就联想到珍贵的蜜蜡。（进一步介绍中国人想法的由来）

生：真没想到中国人是这么想的。

师：其实皮蛋就是腌制的鸭蛋，只是制作过程中放了茶叶与石灰，没什么特别的。腌制的东西不都会有点特别的味道吗？（介绍制作过程）

生：那倒是，不过我还是不想尝。

师：中国好吃的东西多的是，你可以尝别的。我也吃不惯你们的奶酪，不过葡萄酒还是挺好喝的。今天要不是你告诉我你的想法，我一直不能理解外国人为什么觉得皮蛋"恶心"。（分享类似的经历，对学生的坦率的发言表示鼓励）

生：我也是。下次我要仔细看看皮蛋，真的像琥珀吗？①

在这个对话中，老师直面学生尖锐的问题。首先老师表明自己的观点，让学生觉得是以一种平等的姿态来对话。接下来老师补充了中国人的一般观点，让学生意识到这是一个文化差异的问题。然后老师耐心地询问了学生的想法。这是特别重要的步骤。在评论别人的观点之前，应当先认真地倾听。接下来老师沿着学生的思路，说明了中国人的想法及这个想法背后的文化因素。因为是学生先提到的"联想"，老师的解释让他们觉得是合理的。虽然他们仍然与中国人的观点不同，但是已经可以理解中国人的想法了，最后甚至还有一点好奇。老师特别表明自己也有类似的经历，并对学生的坦率发言表示鼓励。事实上，很多文化的沟通

---

① "皮蛋"的案例源于本人教授的"中国习俗"课中关于中国人饮食的自由讨论。

就是从文化冲突开始的。从冲突到对话再到理解与认同,最后是反思。这个过程是跨文化学习中最有意思的部分。特别要注意的是,老师不是要改变学生的观点,而是要让他们学会倾听不同意见与换位思考。

二、政治理念造成的"冲突"

学生特别喜欢问政治方面的问题,特别是西藏、藏族与达赖喇嘛让他们非常好奇。有的老师认为这是敏感的政治话题,不愿回答。这种回避的态度反而让学生更加怀疑。文化教学正好是转变学生对中国刻板印象的好机会。应该以一种开放的态度来回应他们的质疑,让他们自己去了解真实的中国。

生:西藏是中国的吗?

师:是啊!你看教室里的中国地图,找找西藏在哪儿?其实在人民币上也有很多西藏的元素,比如说有藏语,五十元人民币的后面印的就是西藏拉萨的布达拉宫。

生:达赖喇嘛以前就住在那儿吧?他是西藏人的活佛,为什么要把他赶走?不让他管理自己的地方?

师:以前他是住在那儿,可是后来他自己跑到了国外。西藏人信的宗教叫藏传佛教,它也有很多派别。其实在西藏还有更古老的本土宗教——苯教。藏传佛教有活佛转世的制度,很多寺庙都有自己的活佛。现在影力很大的活佛有班禅大师,如果你们感兴趣的话可以上网查。至于西藏是中国的地方,不是达赖的地方,那儿只是他的家乡。宗教和政治应该是分开的。

生:西藏人还能信自己的宗教吗?

师:当然了,这是受中国法律保护的。玉树(那儿是藏区)地震的时候,救灾的军队还救了好多当地的喇嘛。在别的地方都是先挖银行,在玉树是先挖寺庙里的珍贵经书。因为在当地人的心目中,这是最宝贵的。那些遇难者都是按藏族习俗举行葬礼的,喇嘛还为他们诵经呢。

生:是吗?老师,你认识西藏人吗?

师:我有一个朋友是西藏大学的老师,她是专门研究《格萨尔王》的。她的汉语说得非常好。她房间里摆着佛像,上供的是青稞酒。我问她信佛教吗?她觉得这个问题很奇怪。她说她从小到大就是在那种佛教氛围下长大的,大概成为生活的一部分了。汉族人和藏族人生活的环境不一样,一定要自己去体验。

生:在北京能见到西藏人吗?

师：能啊。北京有西藏中学，还有民族大学，那儿都有藏族的学生。别的大学也有西藏的学生，高考时对他们有特别的加分政策。北京还有藏传佛教的寺庙，最有名的就是雍和宫。那里有不少西藏来的喇嘛，我还听见他们说藏语呢。有机会你们坐地铁去那儿参观，说不定还能跟他们聊聊呢。另外还有西藏餐厅……①

在这个对话中老师对学生关于西藏的问题有问必答。这种就事论事的态度让学生觉得很可信。老师不是外交部的新闻发言人，而是要从文化教学的角度来开阔学生的眼界。比如"西藏是中国的吗？"老师把它视为求知而不是挑衅。回答的都是学生身边的事物，如地图、人民币。这样学生会觉得既亲切又直观。接下来的问题更敏感，但老师始终坚持自己的原则，表达自己的观点。值得注意的是，老师没有批评学生的观点是错误的，没有指责对方的媒体有偏见，而是引导学生从另一个角度来看这个问题。对于学生后面的几个问题，老师没有简单回答，而是用了"玉树地震"的新闻、"身边朋友"的例子与北京的实际情况来详细地说明。这些日常生活中的例子会让学生觉得事实胜于雄辩。最后老师鼓励学生用自己的方式去了解西藏。无论学生之后去了没有，老师这种开放的文化心态一定会感染学生。

三、历史原因造成的"冲突"

当我们接触异文化时，存在猎奇心理是很自然的。奇特的习俗特别能吸引外来者的眼球。在"民族中心主义"的影响下，这种猎奇往往会成为偏见的源头。例如百年来，西方的传教士就将"缠足"视为中国的恶俗之一，并以此来定义中国的落后与野蛮。西方早期的电影与小说也不断渲染缠足的变态。在这种背景之下，留学生对这种传统中国延续了数百年的传统习俗缠足有一种"鄙夷的好奇"，这令中国老师非常不愉快，会觉得这是在揭中国的短。有的老师会直接以"古代的陋习"没什么可讲的，予以拒绝。其实这不是一个好的方法，反映了老师本身文化认识的局限。

在文化教学中，老师应该站得更高些，将文化现象放入历史的语境去诠释，培养学生从历史的多元视角来理解文化。老师不妨将"缠足"作为一个文化题目让学生去研究。比如传教士眼中的缠足，革命党眼中的缠足，女性眼中的缠足

---

① "西藏"的案例源自本人教授的"中国文化"课中关于少数民族的讨论。

等等。说实话，以学生的语言水平他们不一定能完全读懂相关的文献。但是新问题的提出足以令他们从不同的视角来深入思考这个问题。

生：以前中国女人都缠足吗？小脚多么可怕，我看过那样的照片。中国人疯了吗？中国女人太可怜了，好像生活在地狱里一样。

师：缠足从什么时候开始，现在也没有定论。最兴盛的大概是明清时期。大约从上世纪30年代以后，几乎再也没有女人缠足了。中国的年轻人也是从博物馆里了解缠足的。我建议你们读读冯骥才的小说《三寸金莲》。他说"小脚里头藏着一部中国历史，象征着中国'缠与放'的过程。"其实要了解缠足的历史，先要了解缠足是怎么结束的。因为在这之前，中国人并没有意识到缠足有什么特别，正是在外来文化的冲击之下，中国人才把缠足看成是落后愚昧的象征。

生：对，我知道是外国传教士帮助中国人改变这个习惯的。中国男人为什么会觉得女人缠足很美丽？听说他们觉得小脚很性感。

师：看来你还挺了解缠足的历史的。你的问题很有意思。有许多学者也是从这个问题开始研究的，除此之外他们还提出了更多有意思的问题，比如：

· 为什么缠足这种习俗在中国之外的任何国家都没有出现过？

· 缠足是如何从一个审美观念逐渐变为社会行为的？

· 缠足习俗的形成与时尚、礼仪和物质文化的变迁有什么关系？例如，桌椅的出现对身体姿势有什么影响？

· 为什么中国不同的地区对缠足的态度不同？比如北方地区比较狂热，而南方却则不那么明显。特别是在经济发达的江南地区女孩缠足的年龄通常比较晚。

· 缠足反映了男女之间什么样的关系？缠足反映了男性什么样的幻想？缠足反映了女性怎样的欲望？

· 到底是什么力量促使缠足结束？传教士、革命者与女性群体分别扮演了什么角色？"天足"的概念是如何进入中国文化的？

· 现代流行的高跟鞋、整容与古代的"缠足"有相似之处吗？

生：老师，那么多问题我可从来没想过，不过我觉得挺有意思的。

师：如果你有兴趣，可以自己找到问题的答案。除了冯骥才的小说《三寸金莲》，还有日本学者冈本隆山的《缠足史话》、美国学者高彦颐的《步步生莲：绣鞋与缠足文物》和《缠足："金莲崇拜"盛极而衰的演变》等书都值得一读。你可以看到他们从不同的角度来讨论缠足。更有意思的是，著名学者费正清（John k. Fairbank）曾经注意到国外的汉学家们避免谈缠足，是因为他们爱中国，不愿说研究对象的"坏话"。但好莱坞早期的电影和很多传教士的文章却特别喜欢讨论缠足。中国改革开放以后，人们开始关注并反思传统文化。冯骥才的小说是1986年出版的，当时还引起了很大的争议。

生：老师，我看过张艺谋的《大红灯笼高高挂》，那里有捏脚的情节。这和缠足有关系吗？

师：听说那是导演自己设计的，不过确实有某种象征含义，你可以自己去体会。

生：真想不到，缠足还有那么多学问。

师：是啊。要不然为什么历史学、社会学、民俗学、女性研究的学者都要研究这个题目呢。[①]

在这个对话中，老师对学生的问题采取了开放式的回答，或者说老师并没直接给学生答案。老师肯定了学生对文化的好奇与思索，并从学生的问题引出更多的问题。学生也没想到原来自己的小问题可以从这么多角度来分析与思考。老师还向学生推荐了不同风格与不同观点的参考书，希望进一步拓宽学生的眼界。学生也开始试着联想更多，比如他提到了张艺谋的电影。无论学生后来有没有继续研究这个题目，学生至少了解到文化现象的复杂性。学生会对文化越来越敏感与好奇，同时也会慢慢习惯倾听不同的声音。

四、"冲突"对文化教学的启示

不要回避。在文化教学中遇到"冲突"，回避是下策。越是有冲突，越是需要沟通。否则学生会觉得你是默认他们的观点或者是对自己的文化不自信。至于如何应对，则应该视情况而定。对于生活文化的差异，老师主要是解释原因，让学生理解中国人的心理。对于政治理念的差异，老师主要是表明观点，让学生看到事实，尽量多举身边的真实事例。对于有历史原因的偏见，老师主要是给学生提供不同的角度与思路，让他们自己去思考。无论是直接的回答还是开放式的讨论，老师都要直面"冲突"。

宽容的心态。在文化教学中，老师要有宽容的心态。老师既不是只代表自己的网友，也不是代表国家的新闻发言人。老师应该意识到自己是在进行文化交流，而不是辩论或驳斥。老师不要把学生的不同观点视为挑衅，更不要批评与指

[①] "缠足"的个案源自本人教授的"中外文化交流"课中"传教士眼中的中国"自由讨论中学生提出的问题。

责。老师要鼓励学生说出自己为什么这么想，认真倾听他们的意见，然后再与学生分享自己的观点与经历。不强求学生改变自己的想法，无论学生是否接受老师的观点，只要他们愿意听就是进步。

换位思考。所有的"冲突"都是差异造成的。此时是进行文化比较的最佳时机。老师与学生都要学着进行换位思考。老师应当以身作则，比如即使面对尖锐的质疑，也要能心平气和地询问对方的想法，并积极地进行文化的反思。当老师真心对学生的坦率表示欣赏，并尝试从不同的角度来理解文化时，学生也会渐渐试着如此应对"冲突"。在评价别的文化之前，首先要想一想他们为什么这么做，是不是有他们自己的理解方式。然后再想一想，我们的方式是最好的吗，我们的方式是不是适合别的文化。这种换位思考，使国际汉语教师在文化教学中获得更开阔的视野，通过与异文化的对话，老师更深刻地理解了中国文化；同时，这也实现了文化教学的目标：一方面学生了解了中国的文化，慢慢开始用中国文化的框架来理解中国人的想法；另一方面通过中国文化这面镜子，学生逐渐意识到本国文化的独特之处。最终，他们可以用更加开放的文化心态来面对多元的社会，在面对文化冲突时能用协商来代替对抗。

概括来说，国际汉语教学中文化教学的目标是要让语言学习者了解中国人如何理解与看待自己的文化，能够在中国文化环境中得体的交际，并建立一种更加广阔的文化视野，以正面的态度来对待与本国文化不同之处，学会欣赏不同文化的独特之美。文化教学中的"冲突"是实现这一目标的最佳契机。

参考文献

[1] 陈 申（2001）《语言文化教学策略研究》，北京：北京语言文化大学出版社。

[2] 胡文仲、高一虹（1997）《外语教学与文化》，长沙：湖南教育出版社。

[3] ［美国］柯顿、［美国］达尔伯格著，唐睿等译（2011）《语言与儿童：美国中小学外语课堂教学指南第四版》，北京：外语教学与研究出版社。

[4] 亓 华（2003）中国对外汉语教学界文化研究20年述评，《北京师范大学学报（社会科学版）》第6期。

[5] 姚小平主编（2008）《海外汉语四百年管窥》，北京：外语教学与研究出版社。

[6] 竹露茜（2000）全美中小学中文学习目标大纲，《文教新潮》第5期。

[7] 祖晓梅（2003）跨文化能力与文化教学的新目标，《世界汉语教学》第4期。

九州之外复有九州

——以《真腊风土记》《岛夷志略》为代表的元代域外民俗文献研究

陈 莹

提要 从中国民俗学学科发展史上看，域外民俗文献作为专门记录外国民俗的专题文献，具有特殊的认识价值与文化价值。以《真腊风土记》和《岛夷志略》为代表作的元代域外民俗志，具有开创体例树立范本的学术意义，并凸显了中国意识背景下对"异域"形象的构建历程。

关键词 域外民俗文献 《真腊风土记》 《岛夷志略》

元代域外民俗文献一直是海外汉学家与中外交通史学者研究的重要文献，而元代的《真腊风土记》和《岛夷志略》又是其中最受关注的两部文献。20世纪以来，法国的伯希和、费琅、戈岱司，日本的藤田丰八、美国的柔克义、中国的沈曾植、冯承钧、夏鼐、苏继庼等一大批学者都对这两部文献的作者、版本源流以及其所记述的内容做了细致的考证。由此，我们可以看出元代域外民俗文献在学术史上的重要地位。但是，有关元代域外民俗文献的民俗学研究却由于种种原因而始终处于起步阶段。本文试图从民俗学的视角对元代域外民俗文献中所记录的域外民俗、中外民俗交融演变现象及域外民俗观等进行研究，以加深对域外民俗文献发展史及中国民俗学史的认识。概言之，研究以《真腊风土记》和《岛夷志略》为代表的元代域外民俗文献主要有两方面的意义。

一、从中国民俗学学科发展史上看，域外民俗文献作为专门记录外国民俗的民俗文献，具有特殊的认识价值与文化价值

早在1934年，钟敬文就注意到了中国域外民俗文献资料的非凡价值，他指出"仅就民族学、文化史方面来看，除开那几部给外国汉学家或东洋学者所赏识

的《佛国记》、《大唐西域记》、《诸蕃志》等之外,我们还有着多量而且重要的资料,可以贡献于国民的及国际的这一群学问的更伟大的学术建设!(这类宝贵的材料,可惜目下留意到它们的人尚不多;至于把它们充分地利用于研究上的,那更是稀少了。)"[1]

1936年在回顾中国早期民族志的历史时,他又提到了《诸蕃志》、《真腊风土记》、《星槎胜览》等域外民俗文献的重要性。[2]

张紫晨的《中国民俗学史》也将域外民俗作为历史民俗学的研究对象,论述了《大唐西域记》、《真腊风土记》等代表性的域外民俗文献在民俗学史上的特殊价值。所谓特殊认识价值与文化价值主要可以从三个方面来理解:

1.1 记述内容的珍贵性、特异性

首先,域外民俗文献所记录的域外民俗具有珍贵的资料价值。例如《大唐西域记》[3] 与《南海寄归内法传》[4] 中有关提婆达多的信徒不食乳酪和肉习俗的记载,引发了学者对印度佛教史中大乘与小乘关系的新思考。又如《真腊风土记》中对真腊首都吴哥文物风俗的详细记载激发了探险者的兴趣,湮没已久的吴哥古迹才重现天日。其次,域外民俗文献的记述者在记录时都会有意无意地同本土文化进行比较,着重记述那些他们认为是"异"的民俗。通过对这些"异俗"的比较分析,可以考察当时中国社会一般的民俗观与域外民俗观。此外,一些记述者还会对本国民俗在异国的传播格外关注,这些中外民俗交融演变现象是其他文献所罕见的。

1.2 记录方法的特殊性

对域外民俗的记录主要有两种方法,一种是对海外传闻的不断加工整理。如《山海经》中关于"海内"、"海外"、"大荒"之地的记录与《穆天子传》中关于昆仑山的描述,《述异记》中的"奇肱国"、"日林国",唐代《酉阳杂俎》"境异"篇中所记的异国习俗都属此类。这类记述保留了很多神话传说,也反映了中国人对异境、异俗的好奇。另一种是通过实地考察,以耳闻目见的民俗活动作为记述对象。从民俗学的角度而言,后者的记述方法可以视为一种早期的田野

---

[1] 钟敬文(2002)《钟敬文文集·民俗卷》,合肥:安徽教育出版社,第556-557页。
[2] 钟敬文(2002)《钟敬文文集·民俗卷》,合肥:安徽教育出版社,第578页。
[3] 季羡林等校注(2007)《大唐西域记校注》,北京:中华书局,第131-133页。
[4] 王邦维校注(2000)《南海寄归内法传校注》,北京:中华书局,第108-114页。

民俗志。这类域外民俗文献的体例多种多样，有"传"、"记"、"风土记"、"志"等，其中既有对一国风俗的全面记录，如《真腊风土记》的作者周达观在真腊居住了一年多，详细记述了该国的物质民俗、社会组织民俗、岁时节日民俗、人生仪礼、民间信仰；又有对多国风俗的汇编总结，如《岛夷志略》的作者汪大渊前后两下东西洋，记录了九十多个国家的风俗物产；还有对某一特殊组织成员生活习俗的专题调查，如唐代僧人义净游历印度与南海二十多年，在《南海寄归内法传》中对当地佛教徒的生活做了细致入微的记述。上述早期田野民俗志的某些写法与现代田野民俗志有一定相似之处，它对具体民俗事项细节的客观描述，为我们探讨域外民俗观及民俗传播提供了重要的个案。

1.3 记录目的的特殊性

除了中国传统学术对史地之学的热衷之外，中国人记录域外民俗有两大目的：一是好奇，二是实用。这种"好奇"既包括文人学士对异域奇风异俗的玩赏，也包括一种"博物"的求知精神，正所谓"山海有经，博物有志，一物不知，君子所耻"。[①] 同时这种好奇也体现为广大民众对异域知识的渴求。例如，宋元明时期，在民间流行的日用类书中大都设有"诸夷门"，摘录了不少《山海经》、《异域志》中的域外民俗[②]。"实用"与中国观风问俗的传统有关。统治者为了了解"四夷"的民情，要求收集整理域外民俗。以唐代为例，当时著名的僧人从异域求法归来，都要向皇帝献上记述域外风俗的报告，著名的《大唐西域记》与《南海寄归内法传》都是如此。他们的目的不是猎奇，而是旨在"问诸土俗，博观今古，详考见闻"[③]。唐代的鸿胪负责向外国客人咨询当地的风土人情，[④] 而且这种传统一直持续到近代，如黄遵宪因出任驻日参赞一职而撰写了《日本国志》。还有一些域外民俗文献是由管理对外贸易的官员整理的，如《诸蕃志》的撰写者赵汝适就是南宋的"提举福建路市舶兼权泉州市舶"，他"延询诸贾胡，俾列其国名，道其风土，与夫道里之联属，山泽之畜产，译以华言，删

---

① （宋）赵汝适著（2000）、杨博文校释《诸蕃志校释》，赵汝适序，北京：中华书局。
② 在《事林广记》、《三台万用正宗》《五车拔锦》等均有"诸夷门"记载异域风俗，其来源多为《山海经》、《异域志》等书。详见（日）酒井忠夫监修、坂出祥伸、小川阳一《中国日用类书集成》，汲古书院。
③ （唐）玄奘、辨机著，季羡林等校注（2007）《大唐西域记校注》，北京：中华书局。
④ 《唐六典》卷五，兵部："职方郎中员外郎掌天下之地图，及城隍、镇戍、烽候之数，辨其邦国都鄙之远迩，及四夷之归化者。——其外夷每有番客到京委鸿胪训其本人本国山川风土为图以奏焉。"

其秽渫，存其事实，名曰《诸蕃志》"。① 到了明代，由于抵抗倭寇与民间贸易的双重背景，出现了由抗倭将领编写的《日本考》，书中详细介绍了倭船、倭好、寇术、倭刀等完全是为作战而服务的民俗信息。同时书中的很多材料是由去过日本的中国商人记录的，他们的商业视角使得民俗记录更加生动而真实②。到了晚清，黄遵宪的《日本国志》则详今略古，着重记录了明治维新后日本民俗的流变，旨在促进中国汲取西方的先进文化与日本的成功经验，从"移风易俗"开始进行至上而下的变革。

二、《真腊风土记》和《岛夷志略》为代表的域外民俗志具有开创体例，树立范本的学术意义

宋代以来，由于手工业和商业的进步，极大地促进了海上交通的发展。宋朝由于西北边境战事紧张，传统的陆上丝绸之路无法通行，对外贸易主要依靠海运，使得以广州、泉州、明州、杭州为主的一批贸易港空前繁荣。元代继承了宋代的海运贸易政策，其先进的航海技术，又可以远航至东南亚、印度、波斯湾以至非洲等地。同时，通过三次西征建立起来的庞大的元帝国与发达的驿站制度，使得从陆路通往西亚以至欧非的路线也畅通无阻，可以直抵俄罗斯和东欧，到达阿拉伯、土耳其和非洲。总之，元代开创了中外交通的新时代，以至于当时的人认为"中国之往复商贩于殊庭异域之中者，如东西州焉"。③ 元代中外交通的繁荣增强了元代社会的世界观念，出现了《西游录》、《西使记》、《大德南海志》等一大批记载异国风土人情的域外民俗文献。其中《真腊风土记》和《岛夷志略》在继承前人宝贵经验的基础上，采取了实地观察的方法来记述民俗事项，拓展了域外民俗记述的视野。从其著述原则、体例及内容可以总结出域外民俗志撰写的一般法则与中国人的域外民俗观。下面分别从域外民俗志的撰写、域外民俗观这两个不同的层面来加以论述：

2.1 《真腊风土记》与《岛夷志略》开创了新的域外民俗志的记述模式

《真腊风土记》与《岛夷志略》确立了"摆脱我国传统治史志者之抄袭文献

---

① （宋）赵汝适原著，杨博文校释（2000：1）《诸蕃志校释》，赵汝适序，北京：中华书局。
② （明）李言恭、郝杰著，汪向荣、严大中译（2000）《日本考》，北京：中华书局。
③ （元）汪大渊著，苏继庼校释（1981）《岛夷志略校释》，岛夷志后序，北京：中华书局。

的做法，取直接的第一手材料"①来撰写域外民俗志的原则。《真腊风土记》的这些第一手材料直接来源于异域民众的日常生活。该书作者周达观随元使赴真腊居住了一年多，正是由于他长期居住在当地人家中，他可以亲眼目睹民众生活的方方面面。例如他在描述当地独特的生育习俗时，写道："余初闻而诧之，深疑其不然。既而所泊之家，有女育子，备知其事。"②这种独特的经历使他与马林诺夫斯基等早期人类学家具有相似之处，使得他能突破过去对异域民俗程式化的静态记述，开创出新的域外民俗志记述个案。《岛夷志略》的作者汪大渊数次远航，足迹遍及东西洋，书中所记的九十九国风俗也大多数来源于他的实地考察，故《四库全书总目》评价道："诸史外国列传秉笔之人，皆未尝身历其地，即赵汝适《诸蕃志》之类，亦多得于市舶之口，大渊此书，则亲历而手记之，究非空谈无征者比。"③

虽然《真腊风土记》与《岛夷志略》均源自亲身田野考察，但二人实际考察的经历不同。《真腊风土记》的作者在真腊滞留了一年多，他既有机会随大使出入皇宫，又长期住在当地人家中，还与当地华人有一定的来往。可以说，他建立田野关系的条件比较好。而《岛夷志略》的作者虽然去了近百个国家，但均为短暂停留，其田野考察必然要有的放矢，否则可能一无所获。因此二书采用了两种完全不同的体例：《真腊风土记》的作者受到传统的风土记体例的影响，以特定的异域空间为单位，从地理条件、物产资源、谋生方式等多方面来记述异域民俗，其记录的广度、深度都远远超过了早期的游记型域外民俗志走马观花式的感性记录。为了能全面深入地描述异域民俗，他采用了"纪实"的手法。例如在"澡浴"一节，作者先记述当地的气温，然后描述了洗澡的场地，介绍了当地洗澡的规矩，以及在"池"洗与在"河"洗的不同习俗，最后还记述了当地中国人游观的情况。④这种细腻的白描式的手法开创了我国古代域外田野报告式的写作模式。《岛夷志略》对域外民俗事项的记述与取舍受到了传统地方志的影响。南宋是中国地方志定型的重要时期，此时也出现了一些私人编纂的志略型域外民俗志，如《岭外代答》和《诸蕃志》。虽然，二书的作者并没有去过外国，其记述的域外民俗或是从外国人口述材料翻译而来的，或是从历代文献中搜集而来的，但其对域外民俗的记述集中在了"各国人物之丑美，壤俗之异同，与夫土

---

① 张紫晨（1993）《中国民俗学史》，长春：吉林文史出版社。
② （元）周达观原著，夏鼐校注（2000）《真腊风土记校注》，北京：中华书局。
③ 《四库全书总目提要》卷七十一，史部地理类四。
④ （元）周达观原著，夏鼐校注（2000）《真腊风土记校注》，北京：中华书局。

产之差别，疆域之制"。① 这对《岛夷志略》的体例产生了影响。为了将传统的志书体例与第一手资料结合起来，汪大渊总结了以往传统民俗记录中的各个要素，并制定一个"域外版"的写作模式来记录域外的风土人情。例如，书中记载每一国时，都先介绍地形气候，然后用一个词来评价该国的风俗。常见的评价词有"朴"、"义"、"薄"等。之后，作者以当地具体的民俗事项来解释这一评价。这种模式对《瀛涯揽胜》等明代的域外民俗志文献产生了深远的影响。

总之，《真腊风土记》与《岛夷志略》开创了以实地田野考察为基础，实事求是地以合适的体例来呈现域外民俗的域外民俗志记述模式。

2.2 《真腊风土记》与《岛夷志略》所记述的域外民俗集中体现了中国人的域外民俗观

早期的域外民俗志大多是由僧人撰写的，虽然他们的记述也是实录性的，但总是带有浓厚的宗教倾向性。例如《大唐西域记》中所记录的域外传说绝大多数与弘扬佛教有关。《南海寄归内法传》所记录的则完全是僧人的日常习俗。而《真腊风土记》和《岛夷志略》则完全是从平常人的视角来看待域外民俗，通过中外民俗的比较，集中体现了中国人的域外民俗观，增强了对不同文化的理解。

《真腊风土记》与《岛夷志略》在记述域外民俗时，极少出现第一人称，这与同时代的《马可波罗行记》、《伊本白图泰游记》有明显的不同。从中可以看出，《真腊风土记》与《岛夷志略》的作者希望其撰写的域外民俗志不是个人的文本，而是整个中国人群体的表达。

2.2.1 对域外民俗的范围有比较科学的界定

从《真腊风土记》记述的民俗项目中，可以推论出作者有着较为清晰的域外民俗观念。他对域外民俗事项的记录，除了有传统民俗志关注的"城郭、宫室、服饰、官属、人物、正朔时序、出产"等，还特别花费大量篇幅记录了"室女（阵毯习俗）"、"野人"、"争讼"、"取胆"、"异事"等当地特有的习俗。此外，与中外交流有关的"欲得唐货"也是作者关注的内容之一。在记述具体的异域民俗事项时，作者也不同于以往域外民俗志文献静态孤立的描述，而是将其放入一定的民俗环境中加以动态的描述。例如对"阵毯"习俗的记述，作者除了描述当夜民俗活动进行的盛况，还详细记述了先期的准备过程及仪式完毕后的情况。

2.2.2 通过中外民俗的比较，加深对域外民俗的认识

---

① （明）马欢《瀛涯揽胜》序。

夏鼐在校注《真腊风土记》时批评以前的注释者常常将书中的"亦"字删除，他认为"亦"反映了作者将当地的习俗与中国的习俗相比较。① 确实，中外民俗比较意识贯穿了全书。这种比较很多是下意识的，或者说是隐性的。例如在介绍城门时，作者写道"惟东向二门，余向皆一门"，介绍宫室时，又提到"国宫及官舍府第皆面东"。② 作者之所以反复提到"东向"是因为中国人习惯南向开户，与真腊尚东不一样。又如，在记述真腊的"建筑之神"时，作者称之为"鲁班"③，这种习惯性的类比，在异文化的翻译中起到了一定的沟通作用。当然书中也有很多有意识的比较，或者说是显性的。这集中体现在对从中国来的"唐人"与当地"土人"习俗差异的记述。这方面的记述细致入微，甚至连个人卫生习惯的差异作者也如实记录。④ 在如何对待异域民俗上的问题上，作者认同"入乡随俗"，例如与当地妇女通婚，以便于贸易，因为当地由女人做生意。⑤ 同时作者也非常关注中国习俗对当地习俗的影响。例如他发现当地矮桌矮床等新器用的流行均与中国习俗的传播有关。⑥

2.2.3 将域外民俗分为良俗与陋俗，并列举具体的民俗事项加以说明

《岛夷志略》的作者对书中所记的每个国家的习俗都有或正面或负面的评价。例如作者认为"须文答剌"俗薄，具体的例子是该地酋长"每岁必杀十余人，取自然血浴之"。⑦ 而"沙里八丹"俗美，该地"民有犯罪者，以石灰画圈于地，使之立圈内，不令转足，此其极刑也。"⑧ 此习俗在《马可波罗行记》中也有记载，他曾见马尔八的国王欠钱后也依法行事，以身作则。⑨ 但马可波罗并不认为这是美俗，而仅仅视其为对债务人适用的法律。可见《岛夷志略》是用中国传统的民俗观念来考量域外民俗。

总之，《真腊风土记》与《岛夷志略》对域外民俗的理解是相当全面的，其对域外民俗的记述丰富了中国人的文化感受。同时通过与同时代外国人撰写的域外民俗志文献相对照，可从中梳理出中国人看待民俗的特有视角与固有观念。

---

① （元）周达观原著，夏鼐校注（2000）《真腊风土记校注》，北京：中华书局，第166页。
② 分别引自（元）周达观原著，夏鼐校注（2000）《真腊风土记校注》，北京：中华书局，第43-44页。
③ （元）周达观原著，夏鼐校注（2000）《真腊风土记校注》，北京：中华书局，第58页。
④ （元）周达观原著，夏鼐校注（2000）《真腊风土记校注》，北京：中华书局，第137页。
⑤ （元）周达观原著，夏鼐校注（2000）《真腊风土记校注》，北京：中华书局，第146页。
⑥ （元）周达观原著，夏鼐校注（2000）《真腊风土记校注》，北京：中华书局，第165-166页。
⑦ （元）汪大渊著，苏继庼校释（2000）《岛夷志略校释》，北京：中华书局，第240页。
⑧ （元）汪大渊著，苏继庼校释（2000）《岛夷志略校释》，北京：中华书局，第272页。
⑨ （意）马可波罗著，冯承钧译《马可波罗行记》，上海：上海书店出版社，第430页。

参考文献

[1]（意）马可波罗著，冯承钧译（2001）《马可波罗行记》，上海：上海书店出版社。

[2]（元）汪大渊著《岛夷志略校释》，苏继庼校释（2000），中外交通史籍丛刊，北京：中华书局。

[3]（唐）义净原著，王邦维校注（2004）《大唐西域求法高僧传校注》，中外交通史籍丛刊，北京：中华书局 。

[4]（东晋）法显撰，章巽校注（2008），中外交通史籍丛刊，北京：中华书局。

[5] 葛兆光（2002）《域外中国学十论》，上海：复旦大学出版社。

[6] 李金明、廖大珂（1995）《中国古代海外贸易史》，南宁：广西人民出版社。

[7] 高荣盛（1998）《元代海外贸易研究》，成都：四川人民出版社。

[8]（美）柯文著，林同奇译（2002）《在中国发现历史——中国中心观在美国的兴起》，北京：中华书局（世界汉学论丛）。

[9]（唐）慧超原著，张毅笺释《往五天竺国传笺释》；（唐）杜环原著，章一纯笺注（2000）《经行记笺注》，中外交通史籍丛刊，北京：中华书局。

[10]（唐）玄奘、辨机原著《大唐西域记校注》；季羡林等校注（2007），中外交通史籍丛刊，北京：中华书局。

[11]（明）徐弘祖撰，丁文江编《徐霞客游记》（1996），北京：商务印书馆。

[12]（元）周达观原著，夏鼐校注《真腊风土记校注》；（元）耶鲁楚材著《西游录》；向达校注，（元）周致中著《异域志》；陆峻岭校注（2006），中外交通史籍丛刊，北京：中华书局。

[13]（宋）周去非著，杨武泉校注（2006）《岭外代答校注》，中外交通史籍丛刊，北京：中华书局。

[14]（宋）赵汝适原著，杨博文校释《诸番志》；（意）艾儒略原著，谢方校释（2000）《职方外纪校释》，中外交通史籍丛刊，北京：中华书局。

[15]（摩洛哥）伊本·白图泰著，马金鹏译（1985）《伊本·白图泰游记》，银川：宁夏人民出版社。

[16] 钟敬文（2002）《钟敬文文集·民俗学卷》，合肥：安徽教育出版社。

[17] 钟敬文（1995）《建立中国民俗学学派》，哈尔滨：黑龙江教育出版社。

[18] 张紫晨（1993）《国民俗学史》，长春：吉林文史出版社。

[19] 陈得芝（2005）《蒙元史研究丛稿》，北京：人民出版社。

[20]（美）芮乐伟·韩森著；梁侃、邹劲风译（2007）《开放的帝国：1600 年前的中国历史》，南京：江苏人民出版社，（海外中国研究丛书，刘东主编）。

[21] Janet L. Abu – Lughod（1989）Before European Hegemony：The World System,

A. D. 1250 ~ 1350. New York.

［22］ Rose E. Durra (1986) The Adventure of Battuta: A Muslim Traveler of the 14th Century. Berkeley.

［23］ Takeshi Hamashita (1994) The Tribute Trade System and Moderm Asia, in Japannese Industrialization and the Asia Economy, ed. A. J. H. Latham and Heita Kawaktsu. London: Routledge.

汉语习得研究

中高级水平日汉双语者心理词典的表征

郝美玲　庞思思

提要 采用跨语言掩蔽启动条件下的词汇判断实验范式，通过改变启动词和目标词之间的关系，我们研究了中高级日汉双语者两种语言间的词汇通达加工机制。结果发现：两个语言方向上都存在明显的翻译启动效应和语义启动效应；在 L1-L2 方向上，翻译启动效应比语义启动效应更强，但是在 L2-L1 方向上，两者无差异；翻译启动效应在 L1-L2 方向上比在 L2-L1 方向上更强，而语义启动效应则表现出相反的模式，即在 L2-L1 方向上比在 L1-L2 方向上更强。这些结果表明，对于中高级日汉留学生来说，两种语言在词汇表征和概念语义上均建立起了比较稳固的联系，但是两种语言的不对称性依然存在。基于上述研究结果，我们对留学生的汉语词汇学习提出了些许建议。

关键词 双语者　跨语言启动　翻译启动　语义启动

一、文献回顾及问题

双语者的两种语言是如何存储在一个大脑中的，这一问题在过去几十年中一直是双语研究领域的核心问题之一。研究者关心的主要问题是，双语者的两种语言是分别表征的还是共用一个统一的语言系统？早期的研究有的认为双语者拥有两套独立的心理词典（Scarborough, Gerard, & Cortese, 1984），有的认为两种不同语言的词语被整合到一个统一的心理词典中（Kirsner, Smith, Lockhart, King & Jain, 1984）。但后期的研究逐渐将语言系统进一步划分为词汇层和概念层两个不同的子系统，倾向于认为双语者拥有一个共同的概念系统，又拥有两种语言各自独立的词汇表征系统（Kroll & Stewart, 1994; Potter, So, von Eckardt, & Feldman, 1984）。其中最有代表性的是 Kroll 和 Stewart（1994）提出的修正的层级模型（Revised Hierarchical Model，以下简称 RHM 模型）。RHM 模型认为两种语言的词汇既可以在词汇层直接联系，又可以通过共同的概念表征间接发生联系。而且该模型还进一步假设两种语言的词汇层,以及共有的概念层,这三者两两之间的联系强度是不同的,其中存在两种不对称性,即:在词汇层,从第二语言(L2)到第一语言(L1)方向的对应词汇之间的联系强于从 L1 到 L2 方向;L1 与概念表征之间的联系强于 L2 与概念之间的联系。但是,这种联系强度的不对称性会随着 L2 的熟练程度的增加而变弱。

为了探讨与验证双语者的语言系统组织方式,研究者发展了一系列研究范式。其中,跨语言启动范式是最为广泛使用和接受的技术(见综述 Altarriba & Basnight – Brown, 2007)。跨语言启动范式包括两种:一种是翻译启动,也就是用一种语言的词来启动另一种语言中的对译词,比如,启动词是"cat",目标词是"猫";还有一种是语义启动,即用一种语言的词来启动另一种语言中的语义相关词,比如,启动词是"dog",目标词是"猫"。另外,为了便于比较,常常会增加一个无关条件作为参照,比如,启动词是"bus",目标词是"猫"。这样就能通过三个条件下被试的反应时和错误率来分析不同语言方向下的翻译启动效应和语义启动效应的大小,从而来推测双语者两种语言的心理加工过程和存储方式。根据 RHM 模型,由于 L2 和概念之间的联系较弱,故当 L2 作为启动词时,其语义信息被激活较少,因此由 L2 到 L1 的翻译和语义启动效应要比由 L1 到 L2 的效应弱。这一推论,得到了很多研究结果的支持(Basnight – Brown & Altarriba, 2007; Gollan, Forster, & Frost, 1997; Jiang, 1999)。

但是,这类研究的结果也并不完全一致。比如有些研究发现两种语言方向上的启动效应并无明显差异(Chen & Ng, 1989; Keatley & de Gelder, 1992),或者两个方向都没发现有启动效应(Grainger & Beauvillain, 1988),甚至也有研究发现相反的模式,即 L2 到 L1 方向的启动效应强于 L1 到 L2 方向上的(Kirsner 等人, 1984)。为什么不同的研究之间会存在如此差异呢? 研究者们试图来从中发现可能的原因。Altarriba & Basnight – Brown(2007)对之前的研究进行了比较详细的介绍和综述,并提出以往研究可能存在某种或几种研究方法上的缺陷,从而导致了研究结果的混乱。其中包括 L2 的熟练程度、是否包括同源词、是否具有掩蔽、启动词与目标词之间的时间间隔(SOA)、相关词对所占的比例,以及词汇判断任务中非词所占的比例,实验条件之间包括词频、词长等的匹配等等。比如,根据 RHM 模型,不同熟练程度的双语者两种语言之间的联系也会不同,如果选择被试的时候没有进行适当的统一评价,就很难保证实验结果一致。另外,掩蔽与否、SOA 的长短、各类词所占的比例等则会影响被试在完成任务时的策略,从而导致实验结果的偏差。再者,各实验条件之间,包括不同语言方向之间，材料属性上的不匹配将会直接影响实验效应的大小。但是，以往的很多研究，往往只匹配了相关条件（包括翻译和语义相关）和无关条件之间的属性，而忽视了不同语言方向上的差异，或者翻译和语义相关条件之间的差异。

另外，还有些研究只考察了一个语言方向上的效应，要么只考察了 L2－L1（郭桃梅、彭聃龄，2002），要么只考察了 L1－L2（Larsen, Fritsch, & Grava, 1994; Williams, 1994），因此很难全面说清双语者两种语言之间的关系。比如，郭和彭（2002）考察了非熟练中英双语者 L2－L1 方向上的翻译启动和语义启动，结果发现翻译启动效应显著，而语义相关启动不显著。还有些研究只考察了语义启动（Larsen, Fritsch, & Grava, 1994）或者翻译启动（Gollan, Forster, & Frost, 1997; Jiang, 1999; Jiang & Forster, 2001），或者即使两者都操作了，也由于实验设计的原因，不能将两者进行直接比较。盛瑞鑫等（2007）采用四个独立的实验考察了熟练维语-汉语双语者 L1－L2 和 L2－L1 方向上的翻译启动和联想启动（类似于语义启动，但词汇之间没有直接的语义联系，而是基于共现，比如"亮"－"灯"），发现两个方向上都有明显的翻译启动和联想启动效应。但遗憾的是，同样由于实验材料未能在各组条件之间匹配，并不能直接比较各个方向上效应量的大小，以及翻译启动和联想启动效率量的大小，虽然作者认为两种语言方向的启动量相当，从而认为这组双语者 L2 已经足够熟练，以至于两种语言间词汇通达的不对称性已经消失。而实际上，翻译启动和语义启动对于双语者两种语言的加工其心理过程可能存在很大的差异，且已经有研究表明翻译启动的不对称性往往比语义启动更为明显（见综述 Altarriba & Basnight－Brown, 2007）。跨语言的语义启动一般被认为更多地反映概念中介的效应。如果不存在语义启动效应，则推测 L2 的词汇与概念语义之间的联系还未稳固，因此可能被认为主要发生在低水平 L2 的被试身上。而翻译启动则可能存在两种不同的机制：一种是直接发生在词汇层面，尤其是 L2 到 L1 方向，因为 L2 初学者，往往会存在由 L2 到 L1 词汇对译的过程；另外，翻译启动也可能发生在概念语义中介层面，与语义启动不同的是，具有翻译关系的词对两者之间的语义是完全重叠的，因此效应也会更明显。

基于以上考虑，本研究拟采用更为严格的实验控制，考察中高级水平日汉双语者在日语—汉语和汉语—日语两个方向上的翻译启动和语义启动效应，从而分析其心理加工过程及其双语表征机制。

二、实验研究

2.1 被试

26名北京语言大学汉语学院三、四年级日本留学生参加了本实验。他们的年龄范围在19—23岁之间,其中男生10人,女生16人。语言背景问卷调查显示,被试学习汉语的时间均超过3000学时,来到中国的时间在3年以上。HSK水平考试均达到8级或8级以上,为中高级汉语水平。按照教学大纲的要求,他们至少已掌握5000个汉语词汇。

2.2 实验设计

本研究采用3(启动类型)×2(语言方向)两因素被试内实验设计。启动类型包括语义启动、翻译启动与无关启动三种词对材料;语言方向包括日语—汉语和汉语—日语两个方向。

2.3 实验预期

结合RHM模型以及以往文献分析,我们有以下推测:1)如果中高级水平日汉双语者的概念系统和L2词汇系统之间的连接建立起来,则会出现显著的语义启动效应;2)如果L1词汇系统和L2词汇系统之间也建立起直接的联系,那么翻译启动效应也会显著;3)可能依然存在L2-L1和L1-L2之间的不对称性,但如果他们的L2已经达到了比较熟练的程度,则这种不对称性会比较小;4)同时,翻译启动效应应该会比语义启动效应更为明显。

2.4 实验材料

日语词汇均来自商务印书馆依据日本国语国学院编写的《日语常用词搭配辞典》,汉语词汇均选自《汉语水平词汇与汉字等级大纲》(1992)甲级和乙级词汇中的复合词。汉语词均为双字词,日语词的词长为两到三个汉字或两到三个假名。由于同源词与非同源词的启动效应会有差别,本实验所选取的词语均为汉日非同源词。

共有80个目标词,每个目标词分别对应3种实验条件:翻译启动,即启动词与目标词是对译词;语义启动,即启动词与目标词有语义联系;无关启动,即启动词与目标词之间无任何联系。以目标词"办法"为例，语义启动的启动词为"やり方"，翻译启动的启动词为"仕方"，无关启动的启动词为"うえ"。

所有实验材料按照拉丁方分成 3 个版本，每个版本 160 个词对，包括 80 个目标词对应的 3 种条件的词对，每种条件 26 或 27 个词对，另外加入 80 对目标词为假词的词对以构成真假词的词汇判断。在实验中将 3 个版本依次分配给被试，使得每个被试的实验材料性质相同、数量相同，一个被试不会看到同一个目标词两次，但会遇到所有实验条件。这样，实验过程中，每个被试看到的相关（翻译和语义）和无关词对的比例，以及真词和假词的比例均为 1:1。

2.5　实验程序

简单地说，我们采用了后掩蔽范式，SOA 为 300ms，启动词呈现 200ms，掩蔽呈现 100ms。具体程序如下：采用 DMDX 程序来呈现实验材料，并记录被试的反应情况。屏幕分辨率为 1280×800，屏幕背景为白色，呈现的刺激为黑色 48 号宋体。每个被试单独进行测试，被试和屏幕中心的直线距离约为 40cm。实验开始后屏幕上首先出现分别用汉语和日语写就的指导语，然后被试按空格键开始。屏幕中央首先呈现注视点"＋"200ms，然后呈现启动词，200ms 后呈现和启动词长度相当的掩蔽"####"100ms，接着目标词出现。被试的任务是尽可能迅速准确地判断目标词是否为汉语词语或者日语词语，如果是真的存在的词语按右 SHIFT 键，否则按左 SHIFT 键。如果被试在目标词出现 3000ms 内没有做出按键反应，则自动进入下一组。词对呈现顺序是随机的。正式实验开始前有 10 个练习词对，以保证被试真正理解和熟悉实验流程。

实验中语言方向顺序在被试间进行了平衡，一半被试先进行汉语-日语，一半被试先进行日语-汉语。

2.6　实验结果

数据分析只包括被试正确按键反应的数据。反应时小于 300 毫秒或大于 2000 毫秒的数据，以及处于平均反应时 3 个标准差之外的数据均被剔除而不参与分析。剔除的数据不超过总数据的 3%。另有 1 名被试的错误率太高（15%），1 名被试反应模式明显与其他人不同，故将这 2 名被试的数据剔除，最后参与数据统计分析的共 24 名被试。

表1 各实验条件的反应时（ms）、错误率（%）以及效应量

启动类型	日语-汉语 反应时	日语-汉语 错误率	汉语-日语 反应时	汉语-日语 错误率
翻译启动	748（100）	4.67（6.17）	707（123）	6.16（6.81）
语义启动	818（125）	6.25（7.29）	705（119）	7.55（8.64）
无关启动	863（122）	7.49（8.59）	792（141）	6.00（5.91）
翻译效应	115	2.82	85	-0.16
语义效应	45	1.24	87	-1.55

我们对反应时数据进行3（启动类型）×2（语言方向）两因素被试内方差分析，结果显示启动类型主效应显著，F（2,46）= 39.32，p < .001；语言方向主效应显著，F（1,35）= 16.13，p < .001，表明汉语-日语的反应时要短于日语—汉语的反应时；启动类型与语言方向的交互作用显著，F（2,46）= 6.44，p < .01。对交互作用进一步采用Sidak矫正的成对多重比较分析，发现：在日语—汉语方向上，翻译启动条件比无关条件反应时更短（115ms，p < .001），语义启动条件也比无关条件快（45ms，p < .05），且翻译启动条件比语义启动条件快（70ms，p < .001）。在汉语—日语方向上，翻译启动条件比无关条件反应时更短（85ms，p < .01），语义启动条件也比无关条件快（87ms，p < .01），但是翻译启动条件与语义启动条件无差异（2ms，p > .5）。也就是说，在日语—汉语方向上，发现了翻译启动效应和语义启动效应，而且前者效应更强；而在汉语—日语方向上，也发现了翻译启动和语义启动效应，且两者效应相当。

我们进一步直接比较了两种语言方向上的翻译启动效应大小，以及语义启动效应的大小。采用成对t检验发现：日语—汉语方向上的翻译启动效应（115ms）大于汉语—日语方向上的翻译启动效应（85ms），t（23）= 2.00，p = .058；但是日语—汉语方向的语义启动效应（45ms）小于汉语—日语方向的语义启动效应（87ms），t（23）= -1.83，p = .081。

在错误率上，启动类型和语言方向两因素被试内方差分析表明所有效应均不显著（ps > .1）。

三、结果讨论及启示

通过跨语言启动词汇判断任务，我们在中高级日汉双语者被试身上主要观察到以下几点：1）被试对 L2 – L1 的反应时比对 L1 – L2 词汇的反应时要短，表明这些被试的 L2 仍没有达到真正的高水平，两种语言的熟练程度依然存在较大的差距；2）在 L1 – L2 和 L2 – L1 两个语言方向上都存在明显的翻译启动效应和语义启动效应；3）在 L1 – L2 方向上，翻译启动效应比语义启动效应更强，但是在 L2 – L1 方向上，两者无差异；4）翻译启动效应在 L1 – L2 方向上比在 L2 – L1 方向上更强，而语义启动效应则表现出相反的模式，即在 L2 – L1 方向上比在 L1 – L2 方向上更强。

总体来说，本实验的结果与以往很多研究有类似的发现，比如对 L2 – L1 的反应比 L1 – L2 的反应快，翻译启动效应存在明显的不对称性，即 L1 – L2 的效应比 L2 – L1 的效应更明显，这些都是以往研究发现的常见模式，从而在一定程度上与 RHM 模型的预期吻合。但是，我们同时也观察到了一些意料之外的结果，即语义启动效应在 L2 – L1 方向上比 L1 – L2 方向更强，这与 RHM 模型的预期有些相悖。下面我们来分别进行讨论，以及这些双语研究对第二语言词汇教学与习得的启示。

本研究发现，无论是 L1 – L2，还是 L2 – L1，都存在语义启动效应，从而证明了该研究的日汉双语者被试在进行词汇判断任务时，词汇的概念语义被激活了。根据 RHM 模型，L2 词汇与概念之间的联系是随着 L2 熟练程度的增加而加强的，L2 的初学者可能观察不到语义效应（Kroll & Stewart, 1994；又见 Kroll 等人，2010）。可见，本实验所用日汉双语者已经具备了一定的汉语水平，其词汇与概念之间已经建立起了比较稳定的联系。但意外的是，我们观察到的在两个语言方向上的语义启动效应量的模式与以往多数研究是相反的，也与 RHM 模型的预期是相反的。以往大多数研究发现 L1 – L2 方向的语义启动效应比较明显，而 L2 – L1 方向的语义启动效应较弱（Chen & Ng, 1989），或者没有（Keatley, Spinks, & de Gelder, 1994）。根据 RHM 模型，由于 L2 词汇与概念语义之间的联系比较弱，启动词为 L2 时，它比较难激活相应的概念语义，也就不能扩散激活其他语义相关的概念，因此 L2 – L1 方向的语义启动效应会比较弱。本研究中 L1 – L2 方向的语义启动效应为 45ms，而 L2 – L1 方向的语义启动效应为 87ms，两者之间的差异接近统计显著（$0.05 < p < 0.1$），它们都是基于相同的对比条

件,唯一的差异来自于与启动词之间的关系,因此很难说该效应是由于实验材料的不同造成的。

翻译启动的效应模式基本上与前人的研究发现一致,即 L1 - L2 方向的翻译启动效应比 L2 - L1 方向更强(Basnight - Brown & Altarriba, 2007; Gollan 等人, 1997; Jiang, 1999)。文献综述部分已经提到,翻译启动与语义启动所采用的加工机制是不同的。语义启动主要依赖概念语义中介,而翻译启动可能存在两条通路,既可能直接走词汇 - 词汇机制,也可能经过概念语义中介,而且由于翻译词对之间的语义重叠程度比语义相关词对更强。因此,一般来说,翻译启动的效应量会比语义启动效应量更强。这在本实验 L1 - L2 方向上得到了验证,翻译启动效应量为 115ms,而语义启动效应量为 45ms,但是在 L2 - L1 方向上两者的效应量并无差异。虽然 RHM 模型能够解释翻译启动效应量比语义启动效应量强,但是关于翻译启动效应量的不对称性解释起来比较吃力。RHM 模型认为,对于非均衡双语者,L1 - L2 的语义启动效应比较明显,而 L2 - L1 的语义启动效应比较弱;但是在词汇层面,L1 - L2 的联系较弱,而 L2 - L1 的联系较强。如前所述,由于翻译启动很可能是语义和词汇这两者综合的结果,因此很难预期哪个方向上的翻译启动效应更为明显。但是,以往的研究大多数发现的是 L1 - L2 方向的翻译启动效应更为明显。这可能提示 RHM 模型还需要更细致地考虑究竟哪些因素会影响词汇和语义系统之间的交互。比如,Finkberner 等(2004)提出的"意义"模型认为很难存在真正的对译词,许多词都可能拥有其语言特异的意义。比如,英文中的"black"和日语中的"kuroi"(黑色),它们除了共同表示颜色的意义外,英文中的"black"还可以表示"非洲裔美国人"、"非法买卖市场",或者"不加糖和奶油的咖啡"等。由于双语者对 L1 和 L2 的熟悉程度有差异,L1 词汇的各种意义都比较熟悉,而对 L2 词汇的意义可能只了解其中的一部分,因此 L1 - L2 方向的翻译启动是更为充分的。

众所周知,双语学习在当今是非常普遍的现象。它不仅能够带来更多更好的工作机会,同时也会对我们的一般认知功能有提高,研究表明双语者的执行控制能力比单语者更为突出。但是,我们应该如何更有效地学习第二语言呢?与本研究直接相关的是词汇教学方面。首先,第二语言的学习应该尽可能早,因为语言学习存在明显的关键期。本研究所使用被试都是成年后汉语学习者,他们在很多方面很难与早期双语者相比,尤其是发音和句法上。研究表明,L2 的学习年龄以及熟练程度直接影响两种语言在大脑中的表征和加工方式,早期学习者或高熟练程度者两种语言存储非常接近,而晚学习者或低熟练程度者相对较分散

（Kim, Relkin, Lee, & Hirsch, 1997）。再者，对于外国留学生这种晚期学习 L2 者的词汇教学方面，我们应该：一方面，尽可能地让他们在词汇的形音义三者之间建立起有效的联系，通过词汇家族（比如同词形、同语音、同语义类别等）比较与分析逐渐形成和完善 L2 的内部系统；另一方面，可以适当将 L2 词汇与母语 L1 词汇进行联想和对比，以增强两种语言彼此之间的联系，这样才能更有效地掌握第二语言。

四、结论与局限

本研究发现中高级水平的日汉双语者在 L1 - L2 方向和 L2 - L1 方向均存在明显的翻译启动和语义启动效应，表明其两种语言的词汇系统和概念语义系统均已经建立起了比较稳固的联系。但是，两种语言上仍然存在不对称性，翻译启动可能反映了语言概念系统中更为细致的差别。另外，本研究观察到的语义启动效应上反方向的不对称性仍需要进一步研究，本研究中启动词呈现 200 毫秒，SOA 为 300 毫秒，可能有些偏长，从而可能导致了被试的某些策略性反应。后续研究可以采用更短的 SOA，比如 50 毫秒，以观测该效应是否稳定。

参考文献

［1］郭桃梅、彭聃龄（2002）非熟练中—英双语者的第二语言的语义通达机制，《心理学报》第 1 期。

［2］盛瑞鑫、热比古丽·白克力、郭桃梅（2007）熟练维—汉双语者汉语词汇语义的通达机制，《心理学探新》第 1 期。

［3］苏　琦（2006）《日语常用词搭配词典》，北京：商务印书馆。

［4］Altarriba, Jeanette, & Basnight - Brown, M. Dana (2007) Methodological considerations in performing semantic - and translation - priming experiments across languages. *Behavior Research Methods* 39：1 - 18.

［5］Basnight - Brown, M. Dana, & Altarriba, Jeanette (2007) Differences in semantic and translation priming across languages: The role of language direction and language dominance. *Memory & Cognition* 35：953 - 965.

［6］Chen, Hsuan - Chih, & Ng, Man - Lai (1989) Semantic facilitation and translation priming effects in Chinese - English bilinguals. *Memory & Cognition*, 17：454 - 462.

［7］Finkbeiner, Matthew, Forster, Kenneth, Nicol, Janet, & Nakamura, Kumiko (2004) The role of polysemy in masked semantic and translation priming. *Journal of Memory & Language* 51：1 - 22.

[8] Gollan, H. Tamar, Forster, I. Kenneth, & Frost, Ram (1997) Translation priming with different scripts: Masked priming with cognates and noncognates in Hebrew – English bilinguals. *Journal of Experimental Psychology: Learning, Memory, & Cognition* 23: 1122 – 1139.

[9] Grainger, Jonathan & Beauvillain, Cecile (1988) Associative priming in bilinguals: Some limits of interlingual facilitation effects. *Canadian Journal of Psychology* 42: 261 – 273.

[10] Jiang, Nan (1999) Testing processing explanations for the asymmetry in masked cross – language priming. *Bilingualism: Language & Cognition* 2: 59 – 75.

[11] Jiang, Nan & Forster, I. Kenneth (2001) Cross – language priming asymmetries in lexical decision and episodic recognition. *Journal of Memory & Language* 44: 32 – 51.

[12] Keatley, W. Catharine, & de Gelder, Beatrice (1992) The bilingual primed lexical decision task: Cross – language priming disappears with speeded responses. *European Journal of Cognitive Psychology* 4: 273 – 292.

[13] Keatley, W. Catharine, Spinks, A. John, & de Gelder, B Beatrice (1994) Asymmetrical cross – language priming effects. *Memory & Cognition* 22: 70 – 84.

[14] Kim, H. S. Karl, Relkin, R. Norman, Lee, Kyoung – Min, & Hirsch, Joy (1997) Distinct cortical areas associated with native and second languages. *Nature* 388: 171 – 174.

[15] Kirsner, Kim, Smith, C. Marilyn, Lockhart, R. S., King, M. L., & Jain, M. (1984) The bilingual lexicon: Language – specific units in an integrated network. *Journal of Verbal Learning & Verbal Behavior* 23: 519 – 539.

[16] Kroll, F. Judith, & Stewart, Erika (1994) Category interference in translation and picture naming: Evidence for asymmetric connections between bilingual memory representations. *Journal of Memory & Language* 33: 149 – 174.

[17] Kroll, F. Judith, van Hell, G. Janet, Tokowicz, Natasha, & Green, W. David (2010) The revised hierarchical model: A critical review and assessment. *Bilingualism: Language and Cognition* 13: 373 – 381.

[18] Larsen, D. Jane, Fritsch, Thomas, & Grava, Silvia (1994) A semantic priming test of bilingual language storage and the compound vs. coordinate bilingual distinction with Latvian – English bilinguals. *Perceptual & Motor Skills* 79: 459 – 466.

[19] Potter, C. Mary, So, Kwok – Fai, Von Eckardt, Barbara, & Feldman, B. Laurie (1984) Lexical and conceptual representation in beginning and proficient bilinguals. *Journal of Verbal Learning and Verbal Behavior* 23: 23 – 38.

[20] Scarborough, L. Don, Gerard, Linda, & Cortese, Charles (1984) Independence of lexical access in bilingual word recognition. *Journal of Verbal Learning and Verbal Behavior* 23: 84 – 99.

[21] Williams, N. John (1994) The relationship between word meanings in the first and second language: Evidence for a common, but restricted, semantic code. *European Journal of Cognitive Psychology* 6: 195 – 220.

一次不成功的引导性阅读策略实验：关键词引导法
——兼论初级汉语阅读课教学目的

田　靓

提要　文章通过实验研究的方式探讨了"关键词引导法"对初级汉语学习者阅读理解水平的影响。结果显示，与对照组比较而言，实验组在阅读速度和正确率上均未占显著优势。分析认为这一结果很大程度是受到学习者较低的第二语言知识水平的影响。文章进而讨论了初级阶段阅读教学的根本目的与职责所在，即强调对语言本身的学习和训练仍应是培养第二语言初学者阅读能力的核心。

关键词　关键词引导法　阅读理解　汉语作为第二语言教学

一、问题的提出

本文讨论"关键词引导法（keyword‐highlighting）[2]"对初级汉语学习者阅读理解水平的影响。所谓"关键词引导法"，从教学理念上说，是培养学习者在阅读过程中快速抓取文本中重要词汇的阅读技能，养成一种快速阅读的习惯，以适应不断增长的语言学习和表达发展的需求。这种阅读策略鼓励学习者在阅读文本时不必逐字逐句地完成，而是有选择地阅读那些被认为是"关键词"的重要内容，从而快速把握整个文本的主旨所在、基本框架和主要内容，提高阅读效率。（Martinez, Ghatala, & Bell, 1980; Sinclair, Healy, & Bourne, 1989）

从实际教学应用和操作上看，随着多媒体教学的普及和印刷技术进步，针对这种阅读技巧的训练手段变得更加易于实现。目前，在课堂教学中较为流行的操

---

[1] 本研究受北京语言大学校级科研项目（中央高校基本科研业务专项资金）资助，项目编号：12YBG036。
[2] 也有研究将这种阅读策略与"略读法（scanning）"相提并论（William, 1989），但是我们认为两种方法在阅读目的、方法和手段上均存在差别，相关研究另文探讨。此处采用了直译方式命名该种策略。

作方法主要有两种：一种是通过多媒体教学实现。教师们在电子文本（或者PPT）上将所谓的关键词加黑、加粗呈现出来，以提高学习者对这些内容的关注度。另一种是通过教材编排和印刷实现。编辑人员在编辑阅读材料时，将关键词以不同的颜色和字体表现出来，以吸引学习者（或读者）的注意力。

总的看来，上述训练手段和方式都是希望通过改变文本呈现形式，突出关键词，训练学习者将注意力集中于重要（或者新）信息这一阅读技巧，以此逐步培养学习者的阅读习惯，提高阅读效率。据此，我们认为"关键词引导法"建立在如下理论假设之上：

1. 对所谓"关键词"的理解和掌握可在一定程度上提高读者对文本的阅读理解水平；

2. 以某种手段突显"关键词"将显著影响，更确切地说是提高读者的阅读理解效率；

3. 在教学中，如果学习者可以依据突显的关键词汇，增加加工重要信息的时间而减少对不重要信息的加工时间，那么他们应该可以较为容易地抓住文章的要点，而不必把时间浪费在所谓边缘信息上。应用这样的阅读技巧将提高他们的阅读理解效率。

根据上述假设，我们似乎有理由期待，这种阅读技巧将有助于学习者阅读能力发展，至少他们的效率将得到提高。

本研究目的在于，评估作为一种阅读策略训练，"关键词引导法"将给学习者带来什么样的实际阅读效果？即考察以凸显文本中关键词为特点的阅读方法，是否真的有助于学习者对阅读信息的提取和加工，是否有效地提高了他们的理解水平。而我们感兴趣的具体问题是，对于初级汉语学习者来说：

1. 凸显关键词的呈现方式是否提高他们阅读理解效率？

2. 对于难度不同的文本，凸显关键词的呈现方式是否具有同样的效应？

二、实验研究

本研究采用单因素完全随机实验设计方案。

2.1 被试基本情况

实验约定44名（两个自然班）已参加了8个月的汉语强化学习的初级水平学习者参与测试，分为两组，每组22人，标记为实验组、对照组。

根据汉语进修课程设置，对照组与实验组被试每周均需接受 4 课时的汉语阅读训练，且课程安排时间一致，训练使用的阅读材料相同。所有被试至测试时理论上应已接受 32 个小时的阅读教学训练。

2.2　阅读策略教学训练模式：过程和要求

对照组采用一般的、无突显形式的阅读材料，教师无特殊阅读策略指导。

实验组采用有突显形式的阅读材料，教师有阅读策略指导，主要表现为：

1. 要求学习者特别关注突显的文字内容；
2. 要求学习者快速阅读完成材料，并褒扬前五位读完的学习者；
3. 每次阅读练习后，评述学习者阅读策略，尽量使得他们根据教师的策略进行阅读；
4. 每次阅读训练，采用此种训练方式阅读的材料至少为两篇。

2.3　实验最终数据的获取情况说明

在实验测试过程中，有 4 名被试因个人安排放弃测试，另有 5 名被试在测试期间因个人事务（如接电话或者需要中途离开考场等）放弃测试，最终获 35 个有效数据：实验组 18 个，对照组 17 个。

2.4　实验材料说明

本研究的阅读材料有难度之分：A 文本为较易文本，B 文本为较难文本；也有表现形式之分：A_1 和 B_1 以有突显字体的"关键词引导"文本形式呈现，A_2 和 B_2 以没有突显字体的常规文本呈现。需要说明三点：

2.4.1　确定"难度"的办法

我们利用平行班学习者进行了前测，参与前测 10 名被试在 A、B 的阅读题错误率上差异显著（$p<.05$）。也就是说，对于同一个被试来说，B 文本难度较高。此外我们还控制了文本生词量，在 A 文本中不存在被试没有学过的字词；而 B 文本中存在被试没有学过的字词和语法。不过，实验没有将未学过的内容作为关键词处理，试题中也不涉及这些内容。

2.4.2　确定"关键词"的办法

为考察所谓"关键词（语）"与理解水平之间的关系，我们将与阅读测试题相关的核心词汇内容作为"关键词（语）"突显，加黑并设置为大半号的字体。示例如下：

走路是最方便的活动方式，也是老年人**最好的锻炼**。

2.4.3 "测试题"的构成情况

我们将测试题分为三类，"大意类"、"细节类"、"词汇类"，每类2题，共6题。

2.5 实验设备及测试形式说明

本实验准备了型号为JS-307的秒表5只作为计时设备。受设备数限制，实验采用了4-5人一组的集体测验方式，分批次完成测试。以阅读测试试卷答题的形式收集被试数据，测试题与文本分别为独立的试卷页，不呈现于一页之中。主试逐一履行如下告知义务：

1. 告知所有被试，做测试题时不能重新阅读文本，且做题时文本页将被收回；

2. 告知所有被试，尽快阅读文本，这是一次"计时"测试；

3. 向实验组被试重申，文本中"加黑且大半号的词语"是文章的关键内容，是需要重点阅读的内容，且与测试题有关。

2.6 考察指标

本实验将"阅读效率"分解为两个可测查指标：阅读速度S和正确率C。

S＝文本字数/阅读完文本材料的时间。（文本A共544字，文本B共515字）

C＝正确项的数目/测试项目总数。（6）

2.7 数据结果、分析及讨论

本研究获得下表数据：

表1 平均阅读速度S和平均正确率C

项　目	S_a（字/分钟）	C_a（%）	S_b（字/分钟）	C_b（%）
实验组	129.52	86.85	113.18	67.77
对照组	127.06	87.60	124.39	70.43

我们使用SPSS软件对实验数据进行了方差分析（ANOVA），结果表明：

对A文本的分析：实验组与对照组的S_a及C_a差异均不显著。对不同类型测试题的分析显示，实验组与对照组在"大意类"和"词汇类"试题上差异不显著，在"细节类"试题上差异显著（$p<.05$），对照组的正确率显著高于实

验组。

对 B 文本的分析：实验组与对照组的 C_b 差异不显著；S_b 差异显著（$p < .01$），实验组阅读速度显著地快于对照组。分析不同类型测试题的结果表明，实验组和对照组在"词汇类"试题上的差异边缘显著（$p = .056$），实验组的正确率高于对照组。

综上分析，我们看到：

第一，实验组和对照组在阅读难度不同的文本 A 和 B 时，他们理解的正确率差异不显著。也就是说，无论阅读内容的难度如何，比起对照组，突显关键词的呈现方式并没有显著地促进或提高实验组的理解水平。这与前文分析的"关键词引导法"阅读策略依托的理论假设有所不同。

第二，从阅读速度上看，实验组在阅读较难文本上具有显著优势，而在阅读较容易的文本上，与对照组无显著差异。结合正确率情况分析可以认为，实验组用较快的速度获得了与对照组一样的理解正确率。这似乎可以表明，随着文本难度的提高，关键词信息对学习者加工速度产生了一定的积极作用。也就是说，这种结果支持了"突显关键词可以促进学习者加工更多有效信息，而排除一些不重要信息的影响，从而提高其阅读理解效率"这一假设。

不过，我们认为这一结果也可能与测试题的难度有一定关系。根据实验设计，文本中被突显的成分正与测验题中的考点高度相关，这无疑为实验组获得较好理解奠定了基础；而对照组则没有如此优势，他们必须对文本所有内容进行加工，即便是遇到了不认识的词汇和不熟悉的句法结构，也需要进行加工，这使得他们需要花费更多的时间阅读。然而又因为测试题不涉及这些难词、难句，可见在这种情况下，高难度文本也只是降低了对照组的阅读速度，却并没有降低他们的理解水平。试想如果我们改变测验题，提高考题的难度，并将一些难点作为测试的内容（呈现方式仍然不同），两组被试的阅读速度和正确率的表现又将如何呢？这是本实验没有涉及的内容，也是应该继续深入探讨的有趣问题。

第三，从两组被试在不同类型测试题上的表现来看，在阅读低难度文本时，对照组的"细节题"表现更好。我们认为，这与他们对文本中所有的句子进行全面加工有重要关系，而实验组因为被要求"重视关键词"引导，而忽略对一些其他信息加工，表现反而不尽如人意。但在阅读高难度文本时，由于文本本身难度大，且含有被试不知道的词汇和语法，这些都给对照组带来一些不利因素，而实验组在"关键词引导"下，忽略了一些难点（且这些难点并不影响测试题），因此实验组在"词汇类"上的表现略胜。从这一结果可推测，"关键词引导"对帮助学习者跳跃阅读障碍或者难点应该具有一定促进作用。

总起看来，如果以"阅读速度 S"和"正确率 C"作为评价一种阅读技巧（或策略）的主要指标，即应用这种阅读策略后，学习者的阅读速度快，理解正确率高，就被认为是一种好策略，那么"关键词引导法"并没有得到实验数据分析的全面支持。

事实上，对于初学者来说，以突显关键词为呈现形式的"关键词引导法"并不比普通的逐字逐句阅读方法更有优势。至少，在我们的实验环境中，后者并不比前者差，这在一定程度上否定了作为一种阅读技能"关键词引导法"所依赖的部分理论假设。因此，可以说本次评估阅读技巧效果的实验研究并不"成功"。不过我们认为，这一实验尝试的意义在于，它能为目前的阅读教学实践提供进行反思的实证基础。

三、对初级汉语阅读教学目的的再思考

在初级汉语阅读教学中，我们究竟要训练学习者什么样的语言技能？如何开展适当的技能训练？教师在阅读课上是否必定要讲授这样或者那样的"技巧"或"策略"？这些技巧或策略又是否适用于所有的阅读群体？教师该如何评价学习者阅读能力的发展情况？对初学者来说，阅读速度是否真的"越快越好"？这些都是阅读课教学实践给我们提出的问题，也得到不少研究者的关注（周小兵，1997；张惠芬，2000）。我们的实验研究也是对这些问题局部的、浅显的探讨。

基于实验分析的结果，我们认为，就初级阅读教学来说，无论采用什么样的手段和方式，也无论强调什么样的技巧或方法的重要性，最基本的问题仍是"语言"，尤其是对于已经具备了母语阅读能力的成年第二语言学习者来说，多数已经形成了自己的阅读策略（或者说，阅读习惯），在这种条件下，如何有计划、有层次地帮助初学者跨越"第二语言"这一障碍，显然应成为阅读教学最基本的任务，也是第二语言阅读教学的根本目的。因为只有语言（知识）过关了，才能谈"理解"内容；只有理解了语言所表达的内容，才能谈"激发"兴趣；只有对语言产生了兴趣，才能谈如何提高使用"语言"这种工具的技巧和方法。

事实上，近年来有关第二语言阅读能力发展的实证研究也不断证实，语法知识、句法分析能力与理解能力、阅读效率之间存在较强的联系（Fender, 2001），重视提高学习者认读单词的流利度也可以提高他们的阅读理解能力（Segalowitz et al., 1998）。尤其是对语言水平较低的学习者来说，他们受自身词汇、语法知识

的限制，往往会采用自下而上的阅读模式，以语言知识加工为主，因此在这一阶段，再好的阅读技巧和策略也无法施展其功效（戴云茜，2003）。本实验结果也在一定程度上支持这些观点。

当然，上述讨论既不能也无意否定策略指导和技巧训练在阅读中可能发挥的积极作用。虽然很多问题尚待深入研究，也不可否认在第二语言课堂实践中，适当的方法指导和技巧训练不仅能引导学习者形成良好的阅读习惯，而且能够活跃课堂氛围，发挥教师在阅读课堂的指导作用，突出阅读课的课型特点。

但我们认为，需要警惕并防范的是，的确存在另一种教学取向，即十分强调"培养运用某种策略或技巧的能力"，忽略（甚至取消）对可能给学习者带来阅读理解困难的生词、语法及背景知识的讲解和梳理，进而甚至以为传授这些所谓阅读技巧策略才是第二语言阅读课的主旨和核心所在。这显然是不合适的，却逐渐成为近年第二语言阅读教学中不可忽视的一种发展趋势，似乎也得到一些外语研究者的支持（陈丽萍，2006；张晶、王尧美，2012）。

我们认为，既然第二语言习得是一个不断向目的语发展、靠近的过程，那么在不同的学习阶段，学习者的阅读模式，教师的教学方法和教学目的都应有所变化，分阶段有所侧重。就初级阶段来说，以语言知识作为阅读课的基本训练内容，通过随文识字，随文学词，逐步扩大学习者的词汇量；通过读写结合，逐步提高学习者书写及书面表达能力，仍应是这一阶段阅读课最重要的教学内容和教学目的核心所在。虽然看似老生常谈的问题，却也是在教学实践中最容易被忽略，也最需要得到教师关注、思考并落实的基本问题。

在我们看来，如果目前的第二语言阅读教学研究成果还不足以为初学者提供合适的可选策略，那么至少应为他们提供能够逐步提高语言水平的知识训练，这其实也是语言教学的基本职责所在。

四、结语

本研究最初的目的在于，通过引导学习者阅读策略的训练，考察以突显文本关键词为特征的"关键词引导法"是否有利于提高初级水平第二语言学习者的阅读效率。因为在多媒体发展的推动下，这一阅读呈现方式渐成流行趋势，但研究结果却不如预期那么理想。至少对于初学者来说，从整体效果来看，这种策略并不比一般的、无突显内容的呈现方式更有优势。我们认为，这在很大程度上受到第二语言学习者语言知识水平的影响，较低的语言水平很可能抑制了阅读策略可能带来的提高。当然,作为一种结论,它还需要更多其他相关阅读策略实证研究和分析的支持。

不过,就本研究的实验条件和结果来说,我们建议,在初级阶段汉语阅读教学中,应鼓励学习者对所有的阅读内容进行积极认读、理解和加工,进而提高他们的阅读兴趣,增加阅读量,而没有必要以形式手段对所谓的重要词语给予更多关注、帮助和强调。同时,在初级汉语教材和课件中也不必采用涂色或放大的呈现方式,因为它们并非影响学习者阅读效率的主要因素。

参考文献

[1] 陈丽萍(2006)第二语言阅读研究对中国英语教育的启示,《外语界》第6期。

[2] 戴云茜(2003)阅读模式与汉语阅读课教学思考,《云南师范大学学报》第5期。

[3] 张晶、王尧美(2012)来华预科留学生阅读策略调查研究,《语言教学与研究》第2期。

[4] 张惠芬(2000)视知觉、知识图式和快速阅读训练,《汉语学习》第2期。

[5] 周小兵(1997)对外汉语教学中的速度训练,柳英绿、金基石主编《对外汉语教学理论与实践》,吉林:延边大学出版社。

[6] Fender M. (2001) A review of L1 and L2/ESL word integration skills and the nature of L2/ESL word integration development involved in lower-level text processing. *Language Learning*, 51: 319–396.

[7] Martinez, P. R., Ghatala, E. S., & Bell, J. A. (1980) Size of processing unit during reading and retention of prose by good or poor readers. *Journal of Reading Behavior*, 112: 89–95.

[8] Segalowitz S, Segalowitz N & Wood A. (1998) Assessing the development of automaticity in second language word recognition. *Applied Psycholinguistics*, 19: 53–67.

[9] Sinclair, G. P., Healy, A. F., & Bourne, L. E., Jr. (1989) Facilitating text memory with additional processing opportunities in rapid sequential reading. *Journal of Experimental Psychology: Learning, Memory, and Cognition*, 15: 418–431.

初级阶段来华留学生学习风格及其对学习成绩的影响

陈天序

提要 本文以北京语言大学汉语进修学院131名"零起点"留学生为样本，以留学生风格问卷为调查工具，重点讨论初级阶段来华留学生学习风格及对学习成绩的影响，统计数据表明：（1）留学生多倾向于选择活动型和听觉型学习方式；（2）与个体学习相比，在课堂上留学生更喜欢进行小组学习。而不成功学生比成功学生更喜欢小组学习，但在参与小组学习的积极性上前者远远低于后者；（3）成功学生更关心如何"参与"学习，而不太关心学习方式等外部因素。不成功学生反之；（4）成功学生具有利用一定的语言框架类推相关学习内容的能力，而不成功学习在这方面能力相对较弱。

关键词 初级阶段 留学生 学习风格 学习成绩

一、引言

随着来华留学生的日益增多，对学习者个体的研究已成为第二语言习得的热点课题。不同类型的学习者，其学习风格、动机和策略也具有不同特点，这些差异在很大程度上影响着学习效果。本文拟从初级阶段来华留学生的学习风格[①]入手，着重分析其对学习成绩的影响。

所谓学习风格，在第二语言习得领域也被称作习得风格，指学习个体在处理学习材料、与他人和与环境交互时所采用的个性化思维方式和相对稳定的习惯性行为（周卫京，2005），抑或称为个体学习者在学习一种新语言时所运用的总体方法的独特个性（曹世清，2001）。研究者发现：二语习得风格是导致外语学习者个体差异的主要因素之一（Ellis, 1994）。

曹世清（2001）提到学习风格按类型可以分为最具典型性的三类：1. 认知

---

① 有关学习者的学习动机、策略、自主性等个体差异因素，我们将另行研究。

学习风格：场独立性与场依存性；审慎型与冲动型；歧义容忍度的高与低；宽型与窄型。2. 感知学习风格：视觉型、听觉型、触觉型和动觉型。3. 个性学习风格：内向型与外向型；理智型与直觉型。

国内关于学习风格的研究，英语学界关注的比较早，大量的研究集中在中国学生的英语学习方面。而关于来华留学生学习风格的研究，主要集中在关于认知风格的场独立性与场依存性方面，如：杨娟（2006），吴思娜、刘芳芳（2009）等。关于留学生感知学习风格的成果并不多，且大都缺少一定的针对性、具体性，难以给对外汉语课堂教学提供直接的帮助。例如：来华留学生倾向选择哪类感知学习风格？不同学习水平学习者（相对成功者与相对失败者）之间在感知风格上的具体差异是什么？等等。鉴于此，我们计划以大样本调查为基础，系统分析初级阶段来华留学生的总体学习风格情况，并有针对性地对比分析成绩较好学生与成绩较差学生在学习风格上的具体差异，希望为对外汉语教学提供有益的借鉴。

二、研究方法

2.1 样本情况

为了保证调查结果的纯度，我们将研究对象限定为北京语言大学汉语进修学院初级系"零起点"留学生。调查时间为学生来华学习四个月后。由于条件所限，我们的调查只针对熟练掌握英语、西班牙语、日语和韩语的学生，共收回有效问卷共计131份。有效调查对象包括来自世界各地68个国家的留学生，呈现出数量多、分布广的特点。其中男生58人，女生73人。

2.2 实验问卷

目前专为第二语言学习者设计的学习风格测试工具主要有3个，分别是：感知风格倾向问卷（Reid，1984）、学习通道倾向清单（O'Brien，1990）和风格分析调查（Oxford，1993）。其中以 Reid 的问卷应用最为广泛（Wintergerst et al, 2003）。

作为一项基础性前期研究，我们选用 Reid 问卷作为学习风格问卷的基础版本。考虑到学生的汉语水平，我们还将其英语版本翻译成了西班牙语、日语和韩语。这套问卷共计30个问题，采用从"完全不同意"到"完全同意"的李克特五级量表（5-point Likert-Scale）计分，分别从六个方面调查学生的感知学习风格。其中，项目6、10、12、24、29为视觉型学习（Visual learning）风格（例如：通过研读图表，阅读书本、黑板或学习材料上的文字学习），项目1、7、9、17、20为听觉型学习（Auditory learning）风格（例如：通过听报告或录音带，大声朗读，参与课题讨论学习），项目2、8、15、19、26为活动型学习（Kinesthetic learning）风格（例如：通过身体活动或课堂上的角色扮演等行为学习），项目11、14、16、22、25为动手型学习（Tactile learning）风格（例如：通过建立模型或记笔记等方式学习），项目3、4、5、21、23为小组型学习（Group learning）风格（例如：和他人一起学习），项目13、18、27、28、30为个体型学习（Individual learning）风格（例如：独自学习）。

2.3 研究思路

我们首先将问卷分发给来华学习了四个月的"零起点"留学生填写，并统计学生问卷各项的相应得分。然后对有效调查对象的第一学期汉语综合课成绩进行统计。在此基础上，我们使用SPSS13.0作为统计分析工具，分别对学生问卷得分、学期成绩及其相互关系进行各变量的描述性统计、T检验以及相关分析等，以期为对外汉语教师和课堂教学提供相应的参考意见。

三、初级阶段留学生的学习风格

根据陈天序（2010）的研究，北京语言大学汉语进修学院初级阶段的综合课考试成绩，在统计数据上，能够反映学生一个学期的汉语学习水平。因此我们也采用学生综合课的成绩作为判断学生学习效果的标准。在131名完成问卷的学生中，学期综合课成绩85分以上的66人，85分以下的65人。我们将前者称为"学习相对成功者"（以下简称"成功学生"），将后者称为"学习相对不成功者"（以下简称"不成功学生"）。

3.1 不同学习水平的学生在学习风格上的共性

我们对收回的131份问卷进行了分类统计，按照每项得分相加后总和乘以2统计结果如下[①]：

---

① 在Reid的量表中，38-50分属于具有极度倾向性，37-25属于一般倾向性，24-0属于没有倾向性。

	视觉型	听觉型	活动型	动手型	小组型	个体型
成功学生	33.61	36.85	38.97	34.94	31.67	32.06
不成功学生	34.43	36.62	37.82	34.18	34.03	33.44

通过对问卷的具体分析，我们发现成功学生与不成功学生具有以下三点共性。

第一，不论是成功学生还是不成功学生，都倾向于选择活动型和听觉型学习方式。

对于"零起点"的来华留学生来说，"通过身体活动或角色扮演等行为学习"的活动型学习是最受欢迎的（Mean = 38.40）。项目8、项目2分别得到3.94、3.90的第二、第三高分就是最好的说明。

项目2：我喜欢在课堂上通过自己动手活动来学习。

项目8：当我在课堂上通过活动学习时，我学得更好。

对于大部分学生来说，"听录音，大声朗读"等听觉型学习活动也是一种比较容易接受的学习方式（Mean = 36.73）。我们分别比较了成功学生和不成功学生在听觉型活动与视觉型活动间的倾向性。配对样本t检验显示：成功学生对听觉型活动的倾向显著高于视觉型活动，t（65） = 3.51，p = .001；不成功学生听觉型活动的成绩也显著高于视觉型，t（64） = 2.79，p < .01。项目9、项目17分别得到3.64和3.58的高分可以被视为一个佐证。

项目9：在上课时我听到的东西比读到的东西更容易记住。

项目17：当老师在课堂上讲授时，我的学习效果更好。

而大部分学生对于视觉型活动（Mean = 34.02）和动手型活动（Mean = 34.56）的倾向性相对较低，且对于这两种活动形式的倾向差异不显著。

第二，相对而言，成功学生和不成功学生对于在课堂上进行个体学习都不太有兴趣。

虽然大部分学生都比较认同项目13的说法（Mean = 3.77），但项目27、项目28分别得到3.01和2.99的最低平均分，且两类学生在此问题上不存在显著差异（项目27中，独立样本t检验显示t（129） = 1.05，p = .30。项目28中，独立样本t检验显示t（129） = 1.21，p = .23。）由此可以看出，学生们在课堂上更倾向于和他人一起学习。

项目13：我在单独学习时，效率更高。

项目27：在课堂上，我独自工作的效果更好。

项目28：在课堂上，我喜欢单独完成学习任务。

第三，在课堂教学中，几乎所有学生都期望得到教师更为具体的指导，希望教师提出的学习要求和任务具体、明晰。

我们看到，在全部30个问题中，项目1的平均得分最高（Mean = 4.11）。其中，成功学生的平均成绩为4.09，不成功学生的平均成绩为4.12，独立样本t检验显示t（129）= .22，p = .82，两者差异不显著。而项目7（Mean = 3.75）也可以作为一个佐证。这说明无论是对于哪类学生，教师清楚、准确的教学指导都是十分必要的。

项目1：当老师告诉我具体怎么做时，我理解得更好。

项目7：在课堂上，当有人告诉我怎么学习时，我学得更好。

3.2 不同学习水平的学生在学习风格上的差异

除了上文提到的几点共性，成功学生和不成功学生在学习风格上也存在着一定差异。

第一，与成功学生相比，不成功学生更喜欢小组学习的方式。

我们看到，留学生在小组型学习（Mean = 32.85）和个体型学习（Mean = 32.75）上的得分相当，但标准差较大，这说明不同学生对于这两种学习方式的选择存在差异。

通过具体分析，我们发现成功学生与不成功学生在选择小组学习的倾向性上存在差异，前者在小组学习上的成绩为31.67，而后者则是34.03。独立样本t检验显示t（129）= 1.83，p = .07，两者差异边缘显著。即与成功学生相比，不成功学生更喜欢和他人一起学习。

这一点从两者对项目5、项目23的不同态度可以得到证明。在项目5中，成功学生的平均成绩为3.24，不成功学生的平均成绩为3.55，后者的成绩显著高于前者，独立样本t检验显示t（129）= 1.91，p = .05，两者差异显著。项目23中，成功学生的平均成绩为2.95，不成功学生的平均成绩为3.28，后者的成绩依然高于前者，独立样本t检验显示t（129）= 1.76，p = .08，两者差异边缘显著。

项目5：在课堂上，我跟其他人一起学习时我学得更好。

项目23：我喜欢跟其他人一起学习。

第二，在小组活动中，不成功学生没有成功学生表现积极。

项目26中，成功学生的平均成绩为4.00，不成功学生的平均成绩为3.69，前者的成绩显著高于后者，独立样本t检验显示t（129）= 2.24，p < .05，两者

差异显著。

项目 26：当我参与相关的课堂活动时，我学得最好。

第三，成功学生与不成功学生虽然都不太喜欢视觉型学习，但后者比前者更能接受这种学习方式。

项目 29 中，成功学生的平均成绩为 2.71，不成功学生的平均成绩为 3.12，不成功学生的成绩显著高于成功学生，独立样本 t 检验显示 t（129）= 2.10，p < .05。就是说，与成功学生相比，不成功学生更能接受自己阅读的学习方式，而非听老师讲授。

项目 29：自己阅读教材比听老师讲授效果更好。

第四，成功学生可以用一定的语言框架类推相关学习内容。

除了项目 29 外，成功学生和不成功学生在项目 11 中的平均成绩差异最大。前者的平均成绩为 3.86，后者的平均成绩为 3.48，成功学生的成绩显著高于不成功学生，独立样本 t 检验显示 t（129）= 2.44，p < .05。这说明如果学生可以用一定的框架类推相关内容时，他们能够取得更好的学习效果。

项目 11：当我把所学的内容模式化时，能学到更多的东西。

3.3　小结

通过 3.1 和 3.2 的分析，我们似乎看到了一些相互矛盾的内容，即成功学生没有不成功学生喜欢小组活动，但在小组活动中表现更好；不成功学生在自己所更为喜欢的小组活动中，表现却比较一般。

其实，当我们进一步深入分析时我们看到，项目 26 与项目 5、项目 23 最明显的差别在于，前者是"参与"活动，而后者是"一起"活动。换句话说，不成功学生只是喜欢大家在一起，而不是大家在一起做什么。这一点也可以从项目 29 中他们更容易接受自己阅读教材这种学习方式上得到佐证。毕竟，自己阅读不需要"参与"活动。

而成功学生的表现恰恰相反。他们对于小组学习（Mean = 31.67）与个体学习（Mean = 32.06）的倾向性其实都并不明显，总平均分都要低于不成功学生的平均分（34.03 和 33.44）。配对样本 t 检验显示 t（65）= .25，p = .80，差异不显著。换句话说，成功学生在学习方式的选择上没有不成功学生的倾向性那么强。

参考项目 23（Mean = 2.95）和项目 28（Mean = 2.89）看似矛盾的低得分，我们认为事实上，与不成功学生相比，成功学生并不太关心以何种方式学习，或者跟谁一起学习。他们更关心的是如何"参与学习"。这与陈天序（2013）认为"成功学生更专注于学习本身"的看法相一致。

项目23：我喜欢跟其他人一起学习。

项目28：我喜欢单独完成学习任务。

四、教学建议

基于上述调查分析，我们对于针对初级阶段来华留学生的汉语教学建议如下：

首先，应当在对外汉语课堂中坚持并加强活动型学习方式，比如：在讲解趋向补语时，可以让学生自己行动，真实地体验"走出去"或者"跑过来"。应当利用一切条件给学生创造听说机会。比如：在问答练习中，可以增加学生相互问答的比例。

其次，应当增加两人、多人、集体等练习形式在课堂练习中的比例。但在多人分组练习中，应当注意有控制地训练。蒋以亮（1998）曾提到小组活动中，容易出现爱说的多说、不爱说的少说的现象。小组代表发言通常推选的都是言语交际能力较强的学生。这正与我们的调查结果相符合，不成功学生虽然喜欢小组学习的方式，但常常甘愿"隐藏"于小组之中，不愿开口练习。针对这种情况，教师在安排小组练习时，应当有针对地布置任务，鼓励甚至强制汉语水平稍差的学生参与到练习中来。在检查练习效果时，教师应当对于之前特意的安排予以更多地关注。

第三，教师在课堂教学中所发出的每个指令都应当具体、清晰。特别是在安排学生练习时，一定要让学生清楚地知道自己应该做什么、怎么做。

第四，应当逐步建立学生利用句式甚至是语篇模式学习的能力，使学生能够通过一定的语言框架扩展学习。

五、余论

我们一般认为学习者的性别和是否为华裔也是两个影响学习风格选择的重要因素。在本文最后，我们对这两个变量也做了相应的简单统计分析。具体数据如下：

	全部学生（131人）	男学生（58人）	女学生（73人）	华裔学生（17人）
视觉型	34.02	33.17	34.68	30.94
听觉型	36.73	36.17	37.18	33.88
活动型	38.40	38.69	38.16	35.88
动手型	34.56	35.17	34.08	32.70
小组型	32.84	33.79	32.08	30.12
个体型	32.75	31.07	34.08	32.59

我们看到在个体型活动上，男生和女生差异显著，独立样本t检验显示t（129）=2.09，p<.05，即女生比男生更倾向于个体活动。而在四种不同活动类型中，男生与女生的倾向性虽然有所差异，但在统计上并不显著。但是两者在内部仍有所不同，统计上差异显著。男生最不喜欢视觉型活动，单因素方差分析统计显著F（3，231）=8.18，p<.001。女生最不喜欢动手型活动，单因素方差分析统计显著F（3，291）=6.63，p<.001。

本研究共有华裔学生17人，他们除了个体型活动外，其余各项得分都远低于平均水平。其中在视觉型和听觉型上的成绩与平均成绩在统计上都存在差异边缘显著，独立样本t检验分别显示t（146）=1.90，p=.06；t（146）=1.81，p=.07。对于华裔学生普遍的低得分，我们推测可能与他们特殊的学习背景有关，即由于家庭或亲属的关系，他们往往在来华前就已具有自己独特的汉语学习习惯。而这其中的具体特点，也将是我们今后需要进一步研究的一个内容。

参考文献

[1] 曹世清（2001）第二语言习得中学习风格研究评述，《烟台师范学院学报（哲学社会科学版）》第4期。

[2] 陈天序（2010）基于学期测试结果的来华留学生个体差异研究，《语言教学与研究》第4期。

[3] 陈天序（2013）初级阶段来华留学生学习动机及其对学习成绩的影响，《海外华文教育》第4期。

[4] 蒋以亮（1998）课堂交际技能训练的一种方法——谈"分组"，《汉语学习》第1期。

[5] 吴思娜、刘芳芳（2009）不同认知风格留学生的汉语课堂学习需求分析，《语言教学与研究》第4期。

[6] 杨　娟（2006）西非在华留学生学习风格适应性研究，对外经济贸易大学硕士学位

论文。

［7］周卫京（2005）二语习得风格研究五十年回顾,《外语研究》第 5 期。

［8］Ellis（1994）*The Study of Second Language Acquisition.* 上海：上海外语教育出版社。

［9］O'Brien（1990）Learning Channel Preference Checklist（LCPC）. Specific Diagnostic Services, Rockville, MD.

［10］Oxford（1993）*Style Analysis Survey（SAS）*. University of Alabama, Tuscaloosa, AL.

［11］Reid（1984）Perceptual Learning Styles Preference Questionnaire. Copyrighted.

［12］Wintergerst et al（2003）Conceptualizing learning style modalities for ESL/EFL students, System 31: 85–106.

东南亚华裔学生动词"看"的搭配情况考察

雷 朔

提要 本文以词汇语义学理论和中介语理论为基础,对东南亚华裔学生视觉类的甲级动词"看"进行了分析考察和对比研究。借助于华裔学生的语料库,我们全面地对学生使用该类动词的情况进行描写分析,从正确和偏误两个角度分别针对搭配情况和词语混用的情况进行考察对比分析。最后针对学生的使用情况进行了偏误原因的分析,以期为华语词汇教学提供有价值的参考。本文完全从东南亚华裔学生的语料入手,在大量的语料处理基础上选取目标词和辨析词对,得出的结论具有针对性。希望能促进对华裔学生的汉语词汇教学,并为面向华裔的汉语教材编写提供一些依据。

关键词 东南亚华裔 动词 使用情况 偏误 原因

一、引言

在汉语学习的各种偏误中,词汇偏误是最多的一类。虽然,中国也把海外华文教学列入对外汉语教学的行列,但它与一般意义的对外汉语教学有所区别,因为对华人、华侨子女来说华语不仅仅是第二语言,也是本民族的民族语言,有自己的鲜明特点。鉴于华裔学生的背景和特点,许多教学机构都单独开设了华裔班,那么他们在词汇的学习和使用上到底有没有规律?通过这些差异能发现华裔学生何种共性特点?华裔学生在词汇学习中会呈现何种特点?基于以上的问题,本文从第一手的东南亚华裔学生语料入手,从词汇语义学的角度,运用语料库语言学和偏误分析的方法,通过对学生常用动词"看"的使用情况的考察,探讨该群体学生学习汉语动词的特点,以期挖掘出该群体学生词汇语义偏误的原因,可以发现规律、探究原因,从而更加有针对性地进行教学,提高教学效率。

二、本文的研究基础工作

2.1 东南亚华裔为研究对象

为什么我们在全球华裔中选择东南亚华裔作为研究对象呢？有以下几点原因：

（1）在华裔学生中，东南亚学生无疑是最庞大的一支队伍。东南亚地区是世界上华侨、华人最多且最集中的地区，人数占全世界华人华侨总数的82.4%[①]。亚洲华文教育主要集中在东南亚地区。

（2）华人移居东南亚时间最早、历史最久，海外华文教育也起始于东南亚。华人华侨普遍重视中华传统文化的学习和传承。

（3）东南亚华裔大都熟悉方言，不熟悉普通话，尽管方言的语音系统和普通话的差异较大，但他们至少掌握了方言语音系统和普通话系统相同的部分，这对整个汉语学习都有很大的影响。同时对一些与汉文化有关的词语的了解也有利于他们的汉语学习，尤其是词汇学习。

（4）由于各国社会政治、经济、文化、教育等发展极不平衡和个体情况的多样性，在这些国家的华裔留学生的内部存在的较大的国别和个体差异，使得这个群体的华裔留学生和其他地区和国家的华裔留学生存在着很大的不同。

（5）近几年东南亚华裔来华学习汉语人数剧增，而且相对集中，有利于收集资料和进行整体分析。

基于以上的综合考虑，结合语料收集的能力，本文选取了四个有代表性的东南亚国家进行考察——印尼、菲律宾、马来西亚、泰国。

2.2 语料来源和范围

语料是描写中介语的基础，如果语料不完整、不系统或不准确，那么在此基础上描写的中介语就不可靠。因此在语料收集前首先必须慎重考虑搜集谁的语料，制定出选择调查对象的标准。这方面考虑因素主要包括：

（1）母语背景，包括文化背景；
（2）汉语水平；

---

① 引自周南京《世界华侨华人词典》，北京：北京语言大学出版社，1993年版，936-937。

(3) 方言和外语背景。

以上这些因素的确定，是为了便于在分析中介语的形成原因时考虑这些因素所起的作用。当然要使这些因素完全一致是不大可能的，只能尝试把差异降到最低程度。

鉴于目前还没有一个可公开使用的针对华裔学生的中介语语料库，只有郭翠翠（2009）自行采集的华裔学生语料16.0910万字（部分未录入电子版）。在此基础之上，我们继续进行语料扩充，对在北京语言大学、北京华文学院的华裔学生的书面语料（原始作文）进行采集、录入和整理。目前已经将该语料库扩充为25万字。除此之外，为了更好地观察东南亚华裔学生对动词的正确和偏误使用，我们又扩大了语料来源，使用了广州暨南大学华文学院的语料库，从而大大地丰富了华裔学生语料，也使得本文的研究更具有科学性。

三、"看"的使用情况考察

为了全面掌握华裔学生对目标词的掌握情况，我们对动词正确使用情况的考察主要从与之搭配的受事宾语的语义分布的角度观察，从目标词不同义项出发，统计学生使用该词的总频次、正确使用的频次及正确率。通过数据分析总结学生掌握得较好的情况是哪些，以便了解学生在哪些时候对这类动词的学习和掌握情况比较理想；与哪一类宾语的搭配使用的较好。这样更有利于我们对学生动词使用偏误的考察对比。同时，也可以使教师在进行该动词的教学时更加有针对性。

鉴于对正确使用情况的分析主要是从搭配词的角度考察，因此我们对搭配词的提取需要进行一些说明。

（1）我们提取的搭配词是不带任何修饰成分的词。

（2）不易提取中心语的将整个短语视为搭配词。

如："*我们会看职员正在提炼茶叶。"我们将"职员正在提炼茶叶"整个作为"看"的搭配词。

由于汉语词汇等级大纲中对词的等级的划分没有具体到义项，那么就会存在某一个多义词不分义项都被列在同一等级词汇的范围中，这样难免有些不科学。因此我们会根据语料中学生使用该词义项的实际情况进行选择性的考察。

在《现代汉语词典》（第五版）（以下简称《现汉》）中，"看"kàn一共有八个义项。由于华裔学生普遍有汉语家庭背景，汉语词汇水平较高，因此在语料中八个义项出现了七个，分别是：

❶使视线接触人或物❷观察并加以判断❸访问❹对待❺诊治❻照料❼用在表示动作或变化的词或词组前面,表示预见到某种变化趋势,或者提醒对方注意可能发生的某种不好的事情或情况❽用在动词或动词结构后面,表示试一试。

从使用次数上看,"看"作为动词在语料中共出现的频次是 444 次,其中"看"作为助动词出现的次数是 3 次。由于本文是对大纲甲乙级词的考察,"看❹❺❻❼❽"使用频次很少,都是出现两三次左右,因此这里主要考察"看❶❷❸"。

表3 "看"的使用情况统计

目标词义项	出现频次	正确使用次数	正确率	偏误次数	偏误率
看❶	382	292	76.4%	90	23.6%
看❷	51	47	92.1%	4	7.8%
看❸	10	8	80.0%	2	20%

"看❶"出现的频次最高,也就是学生使用的次数最多,在出现的 382 次中,使用正确率是所有义项中最低的,只有 76.4%,出现了 90 次使用偏误,偏误率达 23.6%。因此我们重点考察"看❶"的使用情况。

3.1 "看"的正确使用情况考察

从上表中我们可以看出,使用频次最高的义项是"看"的第一个义项,同时它的正确率却是所有义项使用中最低的。由于看❶是"看"的基本义项,因此它表述的概念较为广泛,"看"的具体内容在不同的上下文不同的语境中有不同语义侧重的情况。如:

(1) 我们每天看电视的时候都是关于地震的消息。(收看传播媒体的内容)
(2) 这个周末我们一起去长城看风景。(欣赏风景)
(3) 这个时候,所有的人都看我。(眼睛直视我)
(4) 我一想妈妈的时候就看她的照片。(欣赏、回味)
(5) 我建议你先看看说明书。(阅读)

因此,学生使用次数最多,出现的问题也最多的"看❶"是我们重点分析的对象。为了更加细致地分析"看❶"的正确使用的情况,我们将把语料中所有"看"的正确搭配的宾语按照语义进行分类考察。

根据语料的实际情况,我们将与"看❶"搭配的宾语归纳为六大类:具体事物名词;传播媒体、书籍;比赛、节目、表演;风景名胜、地方环境;某事件、动作过程以及表人的词。

表4 "看"的正确搭配情况

义项	语义分布	搭配对象	总数	正确使用次数	该义类搭配正确率
看❶	具体事物名词	衣服、雕像、照片、红叶、建筑、蚂蚁、作品、介绍、地球、闹钟、手表、樱花、灯、雪、花……	132	101	76.51%
	传播媒体、书籍	电视、电影、信息、韩剧、新闻、书、节目、广告、报纸、小说、卡通、短信、信……	109	105	96.33%
	比赛、节目、表演	比赛、京剧、歌剧、戏、奥运会、残奥会、表演……	22	20	90.90%
	风景名胜、地方环境、处所	上海、兵马俑、风景、地方、景色、风光……	68	44	64.71%
	小句宾语	~你哭我很难过、~自己的亲人痛苦地活着、~他发短信的时候……	23	8	34.78%
	表人名词	我、母亲……	23	9	39.13%
看❷	表示经过思考得出判断	我~…、从…~…、	42	38	90.47%
	探讨、观察某件事物	先~…方面、按次序看这些问题…、事物不能只~一方面…	9	9	100%
看❸	表人名词	母亲、父母、我	10	8	80%

从上表中不难看出，在使用"看❶"时，学生最常搭配的语义类分别是：具体事物名词类和传播媒体、书籍类，使用次数均在一百次以上，各占该义项使用率的30%左右。在与"看❶"搭配的六类语义类中，学生正确使用率最高的两类分别是：传播媒体、书籍类和比赛、节目表演类，正确率达到了96.33%和90.90%，学生普遍掌握得比较好。"看❶"大多与这两类词直接搭配。"看"和"电视"、"比赛"等对象搭配时常表"观看"义。和"报纸""小说"等对象搭配时表示"阅读"义，这类搭配词具有［信息源］［传播媒介］等语义特征，搭配较为固定，因此学生掌握起来比较容易。如：

（6）每天晚上，我一边看书一边看电影。
（7）我昨天看新闻知道了中国四川发生了大地震。
（8）看广告可以帮助我们买东西。
（9）我没看过中国京剧，所以想看。
（10）我自己最喜欢看羽毛球比赛。
（11）奥运会的时候，所有的人坐在家里的沙发上看奥运会。

其次是与具体事物名称的搭配，正确率为 76.51%。由于这类词数量最大，所以情况比较复杂，一般是看到或者看过某种具体事物，所以学生会将几乎所有"视线接触到的事物"用作"看"的宾语。这类词在语义搭配上的问题不明显，往往是用法上存在问题。如：

（12）我看了闹钟一眼，都快两点半了。
（13）沿着西湖可以看红叶。
（14）我能想象到在那边看满月时应该特别浪漫。

与表示风景名胜、地方环境的搭配，正确率为 64.71%。这类词与"看❶"搭配问题较多，除了存在语义关系的问题以外还存在用法的问题。但是，在搭配"风景""景色"或者"形容词+风景/景色"的时候正确率较高。如：

（15）跟朋友一起去玩儿，开玩笑，看看风景而且可以互相认识。
（16）我们一边走一边聊天一边看美丽的风景。
（17）我很想看北京的景色。
（18）我们在公园里玩了一个上午，看了那么漂亮的风景。

与某事件、动作过程和表示人的词搭配时，使用的次数不多，正确率也最低。往往是因为这类词的搭配较难掌握，结构比较复杂，"看❶"后面的结构一般不是直接加宾语，而是搭配一个完整的短语或句子成分来表达某个事件过程，不和名词直接搭配。对于成分较简单的短语和句子学生可以掌握。在与表示人的词搭配时，语料中学生的正确使用一般是"看+具体人名/人称代词"。如：

（19）这是我第一次看她哭。
（20）在苏州我喜欢丝绸厂，因为我想看丝怎么做。
（21）看着席伟华不由得因为我们玩得一个小小的游戏而笑了一场。
（22）这个时候，其他的顾客都看我。

在使用"看❷""看❸"时，分别是"表示自己的判断、看法"和"看望"

的意思，适用的语义对象比较明确，用法比较固定，因此正确率较高。如：

(23) 我们先看小家庭的优点吧。
(24) 我看，在自己的国家学习比留学好。
(25) 在上海生活环境完全不一样，我看我们旅行最有意思的地方是上海。
(26) 二月别忘了来看我，好吗？
(27) 不管老家多远，也应该找点时间看看父母。

3.2 "看"的偏误情况考察

我们将根据实际语料中的偏误情况，从当用词与误用词的语义关系以及与动词受事宾语搭配关系等几个方面来进行考察。五官活动类动词的偏误类型以动词混用最为典型。与该类动词发生混用的词基本全部是动词，只有一例是动词与介词的混用。所以这里基本是动词与动词之间的混用。

"看"的义项较多，情况复杂，所以我们还是分义项来进行考察。从表1可以看出，学生最常使用出现错误也最多的是"看❶"，占"看"的总偏误数的93.8%，因此"看❶"是我们主要分析的对象。

3.2.1 "看"的偏误搭配情况考察

张志公先生曾指出："在任何语言里，词语搭配都是一个重要问题，在汉语，尤其突出。"汉语中的很多词语，它们的搭配范围很广泛，很自由，然而搭配出来的结果很丰富、很复杂，留学生往往难以掌握汉语的词语搭配规律。因此，词语搭配问题在汉语教学中至关重要。

表5 "看"的偏误搭配情况

义项	语义分布	偏误搭配的对象①	该类偏误的当用词	偏误数	偏误率②
看❶	具体事物名词	(1) 我看了很多骨在地下。 (2) 在路上我看了小卖部很有趣。 (3) 在那儿我也看了中国人清明节的习惯。 (4) 到现在我没有看过更贵更倒霉的苹果。	看到/看见 见	26	30.2%
	传播媒体、书籍	无语义偏误		0	0
	比赛节目、表演	无语义偏误		0	0
	风景名胜、地方环境、处所	(1) 到上海的时候导游带我们去看豫园。 (2) 看看天坛公园以后,我们班只有三个人回学校。 (3) 我们看了啤酒厂,然后我想要我是啤酒厂的老板。 (4) 可是那个时候为了奥运会,天坛正在修,看得不太满意。 (5) 他也很喜欢旅行,假日我要陪他看看泰国。 (6) 但是在电视塔上面我们能看上海的全景。 (7) 除了学习以外,我当然也想看中国的山山水水。 (8) 在这儿我会看别的城市另外北京。	游览/参观 参观 逛 欣赏 欣赏/游览 看到	25	29%
	小句宾语	(1) 我们会看一个职员正在提炼茶叶。 (2) 我看了很多人失去了生命。 (3) 我觉得这个地方特别有意思因为我还没看过工厂到处都是机器。 (4) 为了学现代人不好的方面,就去名胜看游人的动作。	看见、看到 见 观察	15	17.4%
	表人名词	(1) 大家一看我,高兴的要命。 (2) 在路上我看了很多警察。	见 看见、看到	14	16.2%
看❷	表示经过思考得出判断	(1) 从我可以看中国文化的影响。 (2) 从我的时间你可以看我没有时间轻松。	看出	4	4.7%
看❸	表人名词	我想他,不过现在不能看他。	看望	2	2.3%

① 在偏误的搭配对象中,我们没有像正确使用情况的分析那样提取不带任何修饰成分的宾语,而是将学生偏误的原貌整体呈现,这样可以清楚地了解目标词在语境中的使用情况,避免提取后对偏误呈现的干扰。

② 这里偏误率是指该类偏误搭配占该被考察义项总偏误搭配的比例。

从偏误搭配对象的语义分布来看，偏误率较高的集中在"看❶"与具体事物名词和风景名胜、地方环境这两类上，两类的偏误共占到了总偏误的近60%。学生在使用"看"的时候往往认为它是可以适用于一切存在的事物的，都表示使视线接触人或物，而忽略了搭配的语义关系。

在与具体事物名词搭配的时候，"看"搭配的对象往往是有可观性的事物，如：照片、衣服、红叶、樱花、建筑、作品等等，表示欣赏、考察之义。但是在偏误中，学生容易与不具有可观特性的事物搭配，如：

*我看了很多骨在地下。

首先学生对"骨"的使用存在偏误，"骨"一般作为语素，现在大多不单独作宾语。这里的"骨"不具有考察和可观特性，应当是指"骨头"。又如：

（28）*在路上我看了小卖部很有趣。

（29）*在那儿我也看了中国人清明节的习俗。

（30）*到现在我没有看过更贵更倒霉的苹果。

（31）*可是你们可以看他的书法字和书法的流畅。

这一语义类的受事宾语中的普遍出现的偏误是当用"看到"时学生误用为"看"。

"看"与风景名胜、地方环境这类宾语搭配时，学生用具体的景点和地点名称作为搭配对象情况较为突出。在搭配风景名胜、地方环境这类宾语时，不只是视线上的接触，根据宾语性质的不同，搭配词应各有侧重，对于名胜古迹类宾语应搭配"参观"，对于风景类宾语应搭配"游览"或者"欣赏"侧重"看"的心理感受。在搭配地名类宾语时，学生一般是想表达在此地随意逛逛，了解风土人情，这里侧重"看"的轻松心态，并且时间较长。如：

（32）*到上海的时候导游带我们去看豫园。（当用词：参观/游览）

（33）*他也很喜欢旅行，假日我要陪他看看泰国。（当用词：逛逛）

（34）*我们看了啤酒厂，然后我想要我是啤酒厂的老板。（当用词：参观）

（35）*看看完天坛公园以后，我们班只有三个人回学校。（当用词：游览/逛）

3.2.2 "看"的混用情况考察

"看"多与同语义类词发生混用，但也与跨语义类的词发生混淆，如："看——游览""看——参观"属于和表示事物性活动、社会活动、交际活动的动词跨类混淆；"看——逛"属于和表示位移的动词混淆。从表5可以看出，"看"

在搭配不同的宾语时，混用的情况不同。在与具体事物名词和某事件、动作过程搭配时，多与"看见/看到、见"混用。而与表示风景名胜、地方环境、处所的宾语搭配时多与"游览、参观、逛、欣赏"等词混用。这说明在与宾语搭配时，不同语义类的宾语学生易混淆的词不同，混淆词与搭配对象的语义类有密切的关系。

表6 "看"的混用偏误情况

	偏误语例	同类混用偏误数①	当用词	混用词对
1	乌镇我看老的村屯不过很好奇我坐船	42	看见	看—看见 看—看到②
2	我看了啤酒厂然后我想要是我是啤酒厂的老板。	11	参观	看—参观
3	到上海的时候导游带我们去看豫园。	10	游览	看—游览
4	我很想他，不过现在我不能看他。	9	见	看—见
5	因为这次的旅游我不但看了非常好的景色，而且也征服了世界有名的长城。	4	欣赏	看—欣赏
6	虽然我想上课，但是我应该陪他看看③北京。	4	逛逛	看—逛
7	为了学现代人不好的方面，就去名胜看游人的动作。	2	观察	看—观察
8	我家里的习惯可以看中国文化的一点儿影响。	2	看出	看—看出

"看"与这些混用词的混用率不同，其中混用率最高的是与"看见/看到"混淆，同类偏误有42例，其次是与"游览"、"参观"混用，这两类偏误共有21例。"看"与"观察"、"看出"也发生混淆，但是几率很小，因此我们只将这六个词做与"看"混用的词。

1. 当用词与混用词语义关系的远近

语义关系较近的词是指意义上有同义关系的词。本文中对目标词同义关系的

---

① 由于学生的母语背景不同，语料来源中的作者不同，因此这里的偏误数说明的是不同学生在使用中存在的偏误，所以即便有的数量较少我们也予以保留，以便全面考察。
② 在《现汉》中，"看到"未被收录，因此它不能被视为一个词，但是在语料中我们认为很多学生用了"看"的地方应该改为"看到"更加合适。它与"看见"的意义基本相同，大多能互用，但是使用时还是有细微差别，我们将在辨析中进一步展开。
③ "看看"是"看"一词的形式变化，这里我们将两者看做同一个词的不同形式。"逛逛"同上。

标准确定源于《现汉》和四本标准比较严格、比较有代表性的同义词词典① 4 个目标词所有的同义词②。"看❶"与以上这几个词（见、看见、观察、欣赏）的意义联系较近，属于意义关联较近的词互相混用。而"看"与"逛""参观""游览"的意义虽有一定的联系，但是意义联系却较远。这样的偏误率却也很高。例如：

(36) *这假日她陪我<u>看看</u>北京。（当用词：逛逛）

(37) *到上海的时候导游带我们去<u>看</u>豫园。（当用词：游览/参观）

(38) *因为在这个城市我还要<u>看</u>别的地方。（当用词：游览）

(39) *<u>看看</u>天坛公园以后。（当用词：参观）

2. 当用词与用混用词的表达重点

出现偏误往往是因为当用词与误用词语义表达重点或轻重上存在差别。华裔学生往往只注意到他们之间有一个相同语素或某种义素，或者由于其他原因将它们混用造成偏误。例如：

(40) *乌镇我<u>看</u>老的村屯。（当用词：看见）

(41) *我没<u>看</u>过好像 PARTY 的厕所那么干净。（当用词：见）

(42) *我特别喜欢<u>看</u>中国人在日常的生活。（当用词：观察）

"看"与"看见"、"见"、"观察"虽然意义相近，都是表示眼睛的动作，但是却并不完全相同。"看"的语义重点是视线接触的过程；"看见"和"见"的意义是视线接触到了人或物，表示"通过视觉得知某种情况或获得某些信息"等，语义重点是看的结果。二者都表示通过视觉获得信息，但侧重的方面不同。"观察"的意义是"仔细查看（事物或现象）"，语义表达的重点是"仔细地看"，语义上侧重过程。

四、小结

通过以上的统计分析，文章得出结论如下：

1. 东南亚华裔学生使用的"看"的义项义较全面。不同义项义都在语料中

---

① 刘书新（1987）《现代汉语同义词词典》，天津：天津人民出版社。佟慧君、梅立崇（2002）《汉语同义词词典》，北京：商务印书馆国际有限公司。张清源主编（1994）《同义词词典》，成都：四川人民出版社。张志毅（1981）《简明同义词词典》，上海：上海辞书出版社。

② 具体的处理步骤我们采用张妍（2006）《欧美学生汉语中介语易混行为动词和心理动词考察》，北京语言大学硕士学位论文中的处理方式，这里不再赘述。

有所呈现，虽然并不是每个义项义都掌握得很好，但是说明学生对于该词义项义的认识不是单一的，是比较丰富的。

2. 从搭配上看，东南亚华裔学生使用单音动词时正确搭配和偏误搭配都可聚集成类，学生偏误较高的一般集中在与个别语义类宾语的搭配中。这样的偏误除了因为学生对该词的义项义不够明确以外，对该类宾语的语义特征也没有完全了解。学生在动词搭配中存在泛化现象，用同一动词去搭配不同义类的宾语。

3. 从混淆倾向上看，"看"的混淆是一对多的混淆，都是单向混淆。也就是"看"会和"参观"、"游览"、"逛"、"欣赏"、"看见"发生混淆，应该用这些词的时候学生会误用成"看"，混用方向比较固定，这说明了学生在动词使用中存在泛化的问题，跨语义类的混淆较少，但也存在，如"看——参观"。

4. 从混用词看，混用词中有单音词也有双音词。混用词与目标词的义项义相关，义项义越多，混用词越多。混用词中大部分与目标词语义关系较近，少数与目标词的语言关系较远，如"看——游览"等；此外，混用词分散于不同等级的词语中，只是混用率高低不同。混用词与词典释义也有一定关系，词典中用同义词释义的模式也为学生对动词的选择带来了干扰，学生容易与释义中的同义词相混淆。在与同级词语发生混淆时，往往是当用词为双音节词时被误用为单音节词。这说明学生在对词语把握不准确时会本着"经济原则"，习惯地使用常用的单音节词来替代。

5. 从易产生混淆的角度看，东南亚华裔学生在学习单音动词时容易产生混淆的情况有：语义侧重点有差异的单音动词和双音动词，单音词和它的义项上的同义词，单音动词内部不同义项之间，单音词与跟它同义但搭配关系不同的词之间，以上都是语义上的混淆；另外单音动词及物不及物以及与介词的搭配是在用法上产生的偏误。除此之外，学生对动词的重叠形式掌握得也不好，四个词中均出现了该用重叠形式不用，或者不该用重叠形式的时候却误用的情况，这其中有语法问题也有语义问题。

6. 从偏误产生的原因来看，语言内部的原因有搭配关系不同造成混淆、词语的语义侧重点不同引起混淆、单音词的义项多且关系复杂引起混淆，其中搭配关系不同造成的混淆最多；通过考察语言外部的原因发现英语对东南亚华裔学生学习汉语的影响最大，其次是学习者的母语和方言。而方言对学习者的影响也因人而异，具有同样方言背景的人在学习时的表现也不一样。

参考文献

[1] 国家汉语水平考试委员会办公室考试中心（2001）《汉语水平词汇与汉字等级大纲》（修订本），北京：经济科学出版社。

[2] 刘叔新（1987）《现代汉语同义词词典》，天津：南开大学出版社。

[3] 卢福波（2000）《对外汉语常用词语对比例释》，北京：北京语言文化大学出版社。

[4] 鲁健骥、吕文华（2006）《商务馆学习汉语词典》，北京：商务印书馆。

[5] 吕叔湘（1999）《汉代汉语八百词》（增订本），北京：商务印书馆。

[6] 杨寄洲、贾永芬（2005）《1700对近义词语用法对比》，北京：北京语言大学出版社。

[7] 中国社会科学院语言研究所词典编辑室（2005）《现代汉语词典》（第5版），北京：商务印书馆。

[8] 周南京（1993）《世界华侨华人词典》，北京：北京语言大学出版社。

[9] 朱宁、赵菁（2006）《HSK初中等词汇手册》，商务印书馆。

[10] 符淮青（1996）《词义的分析和描写》，北京：语文出版社。

[11] 刘叔新（2005）《汉语描写词汇学》（重排本），北京：商务印书馆。

[12] 李如龙（1999）《东南亚华人语言研究》，北京语言大学出版社。

[13] 吕必松（1992）《华语教学讲习》，北京语言大学出版社。

[14] 朱志平（2005）《汉语双音复合词属性研究》，北京：北京大学出版社。

[15] 詹人凤（1997）《现代汉语语义学》，北京：商务印书馆。

[16] 张博等著（2008）《基于中介语语料库的汉语词汇专题研究》，北京：北京大学出版社。

[17] 张博主编（2008）《北京语言大学汉语言文字学论丛·词汇卷》，北京：北京语言大学出版社。

[18] 张博（2007）对外汉语学习词典"同（近）义词"处理模式分析及建议，郑定欧主编《对外汉语学习词典学国际研讨会论文集》，香港城市大学出版社。

[19] 张志毅 张庆云（2005）《词汇语义学》，北京：商务印书馆。

[20] 陈若凡（2002）留学生使用"能"、"会"的偏误及教学对策，《语言教学与研究》，第1期。

[21] 程娟、许晓华（2004）HSK单双音动词同义词研究，《世界汉语教学》第4期。

[22] 戴国华（2000）日本留学生汉语动词常见偏误分析，《汉语学习》第6期。

[23] 戴炜栋、束定芳（1994）对比分析、错误分析和中介语研究中的若干问题，《外国语》第5期。

[24] 董政、郑艳群（2007）《汉语中介语语料库》中欧美学生量词使用情况考察分析，

《国际汉语教学动态与研究》第 3 期。

[25] 董琳莉（1997）印尼华裔学生学习普通话语音的难点及其克服办法，《汕头大学学报》第 2 期。

[26] 杜艳青（2007）韩国学生汉语词语偏误分析，《安阳师范学院学报》第 1 期。

[27] 樊青杰、白欣艳（2007）中高级阶段留学生汉语写作偏误分析，《语言教学研究》第 9 期。

语言本体研究

谓词性宾语的动性研究

王俊毅

提要 动词带谓词性宾语一直是语法学界关注的问题。本文在前人研究的基础上,对《动词用法词典》中501个谓宾动词进行定量考察,将其所带谓词宾语按结构分为小句宾语、主谓宾语、动宾宾语、疑问式宾语、动词宾语五个类型,分析各类谓宾的动性程度,进而提出动词与谓宾动性共变的三种模式。

关键词 谓宾动词　谓词性宾语　动性　共变

汉语的句子中一般由名词充当宾语,但同时,作为一个"特殊"现象,动词带谓词性宾语一直是语法学界关注的问题。其实对汉语来说,动词带谓词性宾语是大量存在的。我们对《动词用法词典》[①] 中收录的2117个动词[②]进行了统计,《词典》中能带动宾、形宾、小句宾的动词共计501个[③],占到了23%。对于谓词性宾语的语法地位,始终存在很大的争议,有人认为作宾语的谓词"名物化"了,有人认为谓词本身具有充当宾语的功能。从汉语的词类划分和词类功能的系统性出发,语法学家们进行了很多尝试。比如朱德熙(1980:214)提出"概括词"和"个体词"的概念,陆丙甫(2009)分别称为"词项"和"词例",认为存在动名兼类(陆文称为"名动词")的是词项而不是词例,也就是说,在不同的句子中,名动词分别落实为"动词性"或"名词性";沈家煊(2009)则提出"汉语实词类的包含模式",认为动词是名词的一个次类,本身

[①] 以下简称《词典》。
[②] 以义项计,为方便表述,我们将每一个义项作为一个独立的动词。
[③] 根据我们的统计,词典中的标注为动宾、形宾、小句宾的共有576个,其中有一些动词我们认为词典分类有误,如"适应"一词,词典中动宾一项所举的例子是"适应需要、适应要求",而在《现代汉语词典(第6版)》中"需要"、"要求"均标有名、动两个义项,因而"适应"后的"需要"、"要求"均为名词宾语。此类动词共32例;还有一些动词和它们所能带的谓词性宾语组合相对固定,如"打"、"认"二词所举的例子是"打赌、认输"等,扩展能力较弱,结合紧密,《现汉》中收录为词条,此类动词共36条。我们在做统计时将两种动词(共68个)剔除。

就具有充当主宾语的功能。

不论理论上如何解释，不可否认的一个事实是，谓词性成分充当宾语时在动性上存在差异。如陆丙甫（2009）认为，"从连续统的角度看，（动词作宾语）有不同程度的指称化"；王冬梅（2001）讨论了动词的控制度和谓宾的名物化之间的共变关系，认为"动词的控制度较强，谓宾的名物化程度较弱，反之，动词的控制度较弱，谓宾的名物化程度较强"。

本文拟对谓词性宾语从形式方面进行分类描述，讨论各类谓宾的动性差异，进而考察动词和谓宾的搭配情况，从连续统的角度对谓宾的动性强弱程度进行讨论。

一、谓词性宾语的类型

《词典》中的谓词性宾语分为三大类：动宾、形宾、小句宾。从形式上看，这个分类可以涵盖所有谓词性宾语，但从深层结构以及语义因素来看，这个分类就显得粗糙，无法显示谓词性宾语以及谓宾动词内部的差异。如：

(1) a. 进行讨论　　　　　　b. *进行讨论环境问题
　　 c. *进行他们讨论　　　 d. 进行一次讨论
(2) a. 建议讨论　　　　　　b. 建议讨论环境问题
　　 c. 建议他们讨论　　　　d. *建议一次讨论
(3) a. 参加讨论　　　　　　c. 参加讨论环境问题
　　 c* 参加他们讨论　　　　d. 参加一次讨论

三例中的 a 宾语均是词典中的"动宾"类，但从 b、c、d 来看，其中的谓词性宾词在语法、语义上显然存在很大的不同。因此，要说明其语法特点和语义特征，必须进行更为细致的分类。如蔡文兰（1986）就将宾语动词的扩展形式分为六个小类。

从讨论动性的需要出发，我们将谓宾分为五个类型：主谓宾语、小句宾语、动宾宾语、疑问式宾语和动词宾语。

1.1 主谓宾语

主谓短语充当宾语，包括以下两种情况：

1.1.1 以主谓短语形式出现，如：

(4) 我看他们下棋呢。

(5) 他怕狗叫。

(6) 老师鼓励他写完。

1.1.2 以省略主语的形式出现，如：

(7) 我看下棋呢。（看他们下棋）

(8) 这台彩色电视机值得买。（这台彩色电视机值得我们买）

(9) 小王指挥唱歌。（小王指挥大家唱歌）

例（7）-（9）在《词典》均列入"动宾"。但是很显然，这些"动宾"均是由主谓短语省略主语而来，也就是说，宾语中省略了动作行为的主体，而在理解时，这些动作行为的主体是必须补出的。

1.2 小句宾语

我们所说的小句宾语与《词典》有所不同。《词典》中所有主谓形式的短语都划入小句宾语一类，而我们所说的小句宾语是能够独立成句的宾语，包括那些省略了主语的小句形式。如：

(10) 小李说他们俩和好了。

(11) 我觉得很热。

(12) 他指责我把事情办砸了。

例（10）中的宾语"他们俩和好了"，例（11）中的"（我）很热"，例（12）中的"我把事情办砸了"，可以独立成句，因此是小句形式，与主谓宾语不同，如例（7）中的"（别人）下棋"只是短语，不能独立成句。

1.3 疑问式宾语

这类宾语以疑问句形式出现，但在出现于宾语位置时没有疑问语气。可分为两类：

1.3.1 正反问句形式：

(13) 他们在讨论这事对还是错。

(14) 你回忆一下他那天来没来。

(15) 你计算一下这些钱够不够。

1.3.2 特指问句形式：

(16) 他们在讨论什么时候去上海。

(17) 你回忆一下他那天干什么了。

(18) 你计算一下需要多少钱。

疑问式宾语从形式上看似乎属于小句宾语，如例（13）"（他们）去不去上海"，例（16）"什么时候去上海"都可以作为独立的小句，但是，与作为独立小句不同，它们在充当宾语时失去了疑问语气，在语义上不表示疑问，因此我们将其单划为一类。

1.4　动宾宾语

以动宾形式出现的宾语，不能补出主语。如：

(19) 他逃避做作业。

(20) 他讨厌看球赛。

1.5　动词宾语

《词典》中"动宾"的范围取大，按书中标记，501个带谓宾的动词中共有456个可带动词宾语。但是《词典》中的"动宾"与小句宾语、主谓宾语存在交叉，因为小句宾语、主谓宾语往往可以省略主语，显示出"动宾"的形式，这样会对讨论谓宾动词造成混乱，因此我们对动词宾语的范围进行了限制，将其限定为光杆动词（不能补出宾语）、形容词，以及以动词、形容词为中心的偏正短语。如：

(21) 我们对这个问题进行了讨论。（宾语为光杆动词）

(22) 她爱干净。（宾语为光杆形容词）

(23) 我们对这个问题进行了认真的讨论。（宾语为偏正式短语）

二、谓词性宾语的动性分析

朱德熙（1982：124）提出用"什么"和"怎么样"指代宾语的方法来区分指称性宾语和陈述性宾语，这种方法被石定栩（2009）否定，石文证明用"什么"和"怎么样"来区分各种谓词性宾语之间的差别"不能得到可靠的结果"。

关于谓词宾语的陈述和指称，王冬梅（2001：30）打了个通俗的比方，指出"陈述和指称的差别有如扫描仪和复印机工作原理的差别，陈述好比对一个过程进行逐行扫描，随时间而进展，而指称好比复印，是一下子把过程作为一个整体复制下来。"我们可以这样理解，陈述是在时间系统中来叙述一个事件、状态、关系；而指称则是将动作行为或关系抽象为一个概念。

由于"指称、陈述"是语用平面的概念，而我们将要讨论的是句法层面的问题，所以我们不采用一般所说的"指称性、陈述性"这一对名称，而用"名性、动性"来称述谓宾所表现出的名词性特征和谓词性特征。

2.1 小句宾语的动性

我们将小句宾语与主谓宾语分开，是因为小句宾语能够独立能句，具有完整的陈述功能，具有外在时间性。所谓外在时间性，按照郭锐（1997）的解释，就是"陈述性成分与外部时间过程的关系"，外在时间性或表现为过程（事件），或表现为非过程（状态、关系），但无论过程还是非过程，都是置于时间系统中来观察的。如例（10）的小句宾语"他们俩和好了"中含有表示时间的成分"了"，表示"他们俩和好"这个事件在时间系统中显示为已实现；例（11）的小句宾语"（他）很热"虽然没有外在的时间成分，但"很热"是目前时间段所呈现的状态，同样是在时间系统中所作的观察。

带有独立时间特征的小句宾语是所有谓宾中呈现出最强动性的一类，因为它拥有独立于谓语动词之外的时态标记。

2.2 主谓宾语的动性

与小句宾语不同，主谓宾语不能独立成句，而之所以不能独立成句，是因为它不具有时状特征，也不能独立陈述事件。如例（4）中的宾语"他们下棋"是对行为动作的概括，只有加上时间性成分才能成为句子，如"他们下棋呢"、"他们下完棋了"。

虽然不具有时间特征，但是因为其所表行为与其行为主体相关联（如"他们——下棋"），因而我们认为主谓宾语仍具较强的动性。

2.3 动宾宾语的陈述性

与小句宾语相比，动宾宾语不具有时状特征；与主谓宾语相比，动作行为的主体也被忽视。如例（19）中的宾语"做作业"不是陈述置于时间系统中观察的事件，而是将事件抽象成为某种活动，在抽象化过程中，活动的主体也被背景化，从而变得模糊起来，这使得动宾宾语的动性进一步被弱化。

2.4 疑问式宾语的动性

温锁林（2004）将"真谓宾动词带疑问句形式宾语"分为两个类型：表疑问的和不表疑问的。如①：

(24) 觉得哪一种好？
(25) 害怕谁挨骂？
(26) 询问我在哪个单位工作。
(27) 登记有多少人参加。

例（24）、(25) 有疑问语气，而例（26）、(27) 不表疑问。我们认为，表疑问的疑问式宾语属于小句宾语，而不表疑问的疑问式宾语不应归入小句宾语中，因为这类疑问形式不能成句，只是短语。如例（26）的宾语"在哪个单位工作"如果成句的话，就要加个问号，而一旦加上问号，语义上便发生了变化，不是原来的意思了。

事实上，特指疑问式宾语的动性较弱，它更倾向于表现名性。

(28) a. 我知道他叫什么名字。 b. 我知道他的名字。
(29) a. 我没决定什么时候走。 b. 我没决定走的时间。

这两例中，a 句和 b 句在语义上完全一致，我们没有理由认为 a 句的宾语是动性的而 b 句的宾语是名性的。

除了特指疑问式宾语，谓词性宾语中还有正反问形式的。不表疑问的正反问式宾语动性也较弱。

(30) a. 我们讨论了去不去上海。 b. 我们讨论了去不去上海的事情。
(31) a. 我想知道他来没来上课。 b. 我想知道他来没来上课的情况。

通过添加名词性中心语，我们可以看出来，a 式中"去不去上海"、"来没来上课"是讨论、知道的内容，不具有动作性。

2.5 动词宾语的动性

我们将光杆动词作宾语和偏正式动词性短语作宾语统归为动词宾语，是因为偏正式结构与其中心语的语法性质一致。但同时，这样划分带来的麻烦是，定中短语和状中短语的动性显然不同，而单纯从形式上可能两者又无法区分，故而只

---

① 例（24）、(25)、(26)、(27) 为温锁林（2004）所举例句。

能权且归为一类。如：

(32) a. 进行学习　　b. 进行认真学习　　c. 进行认真的学习
(33) a. 打算学习　　b. 打算认真学习　　c. 打算认真地学习

例（32）a 和（33）a 中动词宾语同为"学习"，在 b 列中加上了修饰语"认真"，但从形式上无法将两者区分开来。c 列中分别加上了结构助词"de"，表明例（32）中的"学习"显示出名性，而例（33）中的"学习"显示出动性。但问题是，应该加结构助词"的"还是"地"，是在搞清"学习"的名性与动性的基础上才能加以选择的，我们先判定例（32）的"学习"是名性的，而（33）的"学习"是动性的，然后才能选择使用不同的"de"。因此，"de"是分清名性、动性以后的结果，不能作为判定名性、动性的依据。动词宾语的动性究竟如何，单纯从宾语来看是无法考察的，必须将其与谓语动词联系起来加以考察。

三、动词与谓宾语的动性强弱

上一节中，我们对谓词性宾语进行分类，探讨其动性强弱。然而单从宾语本身来考察动性是不够的。因此本节中我们将谓宾动词与谓词性宾语结合起来，进一步进行讨论。

3.1 动词与宾语动性的共变关系

对一个句子的谓语来说，谓语动词和宾语部分共同完成其陈述功能，如果认为宾语部分存在"名性—动性"连续统，按照"共变"的原则，谓语动词的动性也应该存在动性上的强弱差异。因此我们可以这样假设，如果将谓语部分的陈述性数值为 1 的话，那么就有可能存在下面的共变模式：

模式 a：动词的动性（x→1）　　+宾语的动性（x→0）　　=谓语陈述性（1）
模式 b：动词的动性（x→0）　　+宾语的动性（x→1）　　=谓语陈述性（1）
模式 c：动词的动性（x→0.5）+宾语的动性（x→0.5）=谓语陈述性（1）

当宾语的动性趋近于 0，动词的动性就表现得最充分（a 式）；宾语的动性特征保留得越充分，谓语动词的动性特征就表现得越不自由（b 式）；还可能存在另一种情况，就是谓语动词和谓词性宾语结合，共同表现出完整的动性（c 式）。

3.2 时状特征与动性

3.2.1 共变模式 a

最能直观反映一个成分动性强弱的是该成分所能附加的时状特征，比如典型的时体标记"了、过"①。带名宾时，动词能够附加时体标记标示其在时间系统中的进行状况，而带动宾时，动词加时体标记不自由。最典型情况是带小句宾语的谓宾动词。如例（10）、（11）、（12）中的动词"说"、"觉得"、"指责"后边都不能加上时体标记。

方梅（2005）在讨论认证义谓宾动词时，认为认证义谓宾动词有明显的去范畴化倾向，语义泛化或抽象化，句法形态上失去范畴的某些典型性分布特征。从共变的角度来看，因为小句宾语具有独立的时状特征，表现出较高的动性，与之相应的谓宾动词在动性上就表现出弱化，甚至呈现出虚化倾向。

3.2.2 共变模式 b

如果把小句宾语的动性作为强的一极，那么另一极就是通常所说的"名动词"。无论是认为它"名物化"、"名词化"，还是认为它仍然是动词，这些词在语法特征上所呈现出的强名性都是客观事实。与之相对应，能带名动词作宾语的动词动性也表现得最强，其典型特征就是这些谓宾动词可以附加时体标记。如：

（34）我们对这件事进行了（过）调查。

（35）他为这件事耽误了学习。

除了名动词，疑问式宾语也呈现出较强的名性，这可以从它前面的动词表现出较强的动性来印证，如：

（36）刚才我们讨论了下一步该怎么做。

（37）我问过他去不去。

3.3.3 共变模式 c

还有另外一种情况，谓语动词和谓词性宾语本身都不附加时状特征，时状标记只能附加于"动词+谓宾"组合。如：

（38）我决定回国了。

（39）他已经拒绝参加了。

---

① 时态标记"着"功能比较复杂，可用于连动式的第一个动词后，如"急着赶火车"等（刘月华2001：394），为免复杂化，本文讨论时状标记时将其排除。

这两个例子中的时体标记"了"既不是附加于动词,也不是附加于宾语,而是附加于"动+宾",也就是我们在3.1中提出的共变模式c。

四、从共变模式看"动词+谓宾"

下面我们在共变模式下对动词与谓宾的搭配情况进行考察。

4.1 动词+小句宾语

根据我们的统计,501个谓宾动词中,有74个能带小句宾语,占14.8%。能带小句宾语的动词从意义上可以分为两类,一类是表示转述,一类表示感知。这类动词对宾语的控制度最低,宾语的独立性最强。换言之,谓语动词的动性最弱,而谓宾的动性则最强。

4.1.1 转述类动词

转述类谓宾动词,比如"说、表示、揭发、埋怨、声明、透露、证明、责备、坦白"等,这些动词的宾语是一般所说的间接引语(石定栩,2009)。其宾语为小句宾语形式,有时状特征,表示一个完整的陈述。这些谓宾动词和它们的宾语构成我们所说的模式a,动词后不能加时体标记"了"、"过",如要加"了"、"过",需将宾语转为名词性短语。如:

(40) a. 他说他去了上海。(小句宾)　　b. 他说了他去上海的事。(名宾)

4.1.2 感知判断类动词

感知判断类谓宾动词表示主观的感受或判断。如"认为、觉得、估计、怀疑、后悔、知道"等。这类动词与后边的谓词性宾语构成模式a。如:

(41) 我觉得他老了。

(42) 他后悔学了历史。

4.2 动词+主谓宾语

能带主谓宾语的动词共162个,占32.3%。这些动词带主谓宾语时,动词前的主语与宾语中的小主语可能是不同的,因此动词对宾语的控制度较低,动词显示出的动性相对较弱,而宾语显示出的动性较强。从语义上看,能带主谓宾语的动词大多表示对某种行为的态度,如"支持、反对、值得、影响、体谅、羡慕"等。

（43）妈妈支持他去中国留学。

（44）我们要警惕坏人捣乱。

还有一些主谓宾语表示一种活动，"动词+主谓宾语"表示对这一活动的观察或参与。常见的动词如"观察、拍摄、看、碰见、欣赏、纪念"等。

（45）我在旁边观察他写作业。

（46）我欣赏他们表演京剧呢。

4.3 动词+动宾宾语

能带动宾宾语的动词共74个，占14.8%。这类动词中最典型的是能愿动词，如"想、愿意、肯、敢、应该、能够、得"等，能愿动词只能带谓词性宾语，其意义相对较虚，与谓词性宾语共同完成陈述功能，我们将这种结合看作共变模式 c。如：

（47）他愿意回国。

（48）他愿意回国了。

动词"愿意"和宾语"回国"都不附带独立的时状标记，例（48）中的"了"只能附加于"愿意回国"。

除了能愿动词，表示心理活动的动词也大多可带动宾宾语。如"讨论、喜欢、害怕、嫌、贪图、拒绝"等。

4.4 动词+疑问式宾语

能带疑问式宾语的动词共有103个，占20.6%，以商讨、思考、问询义为代表。疑问式宾语更多地表现出名性，这一点我们在3.2.2中已有论述。

4.5 动词+动词宾语

这是"动词+谓宾"中最复杂的一类，共有295个动词可带动词宾语，占58.9%。

由于我们对动词宾语的界定是光杆动词（不能补出宾语）、形容词和偏正式短语，导致动词宾语分为两类，一类是呈现名性的（记作 A 类动词宾语），一类是呈现动性的（记作 B 类动词宾语）。区分这两个类型最简便的标准是：

甲：谓语动词与宾语间加"了、过"；

乙：宾语能重叠，或加"一下"、"起来"等时体标记。

符合甲或不符合乙时，宾语呈名性；不符合甲而符合乙时，宾语呈动性。如：

（49）这个问题我们进行过研究。

（50）对这些弊端要加以纠正。

例（49）符合甲但不符合乙，例（50）不符合甲同时也不符合乙，两例中的宾语都呈现名性，属于 A 类动词宾语。

（51）我想走走。

（52）我要出去一下。

例（51）、（52）不符合甲而符合乙，宾语表现出动性，属于 B 类动词宾语。能带 A 类宾语的动词数量很多，很难给出一个语义分类，但其中最典型的是形式动词。能带 B 类宾语的动词与带动宾宾语的动词范围基本一致，主要是能愿动词和表示心理活动的动词。

五、结语

通过对谓词性宾语及"动词+谓宾"结构的分类描述，我们认为动词与谓宾间的共变情况可以概括为三种模式，我们将这三种模式及带谓宾的情况图示如下：

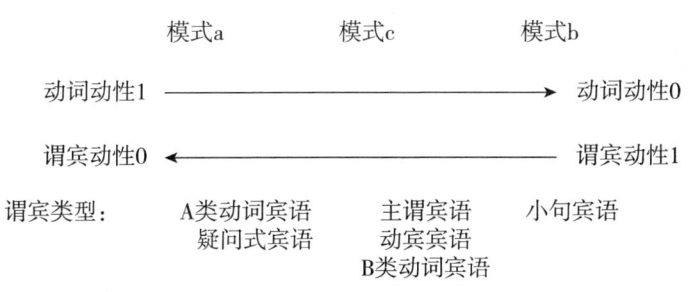

	模式a	模式c	模式b
动词动性1	———————————————→		动词动性0
谓宾动性0	←———————————————		谓宾动性1
谓宾类型：	A类动词宾语 疑问式宾语	主谓宾语 动宾宾语 B类动词宾语	小句宾语

参考文献

[1] 蔡文兰（1986）带非名词性宾语的动词，《中国语文》第4期。

[2] 蔡文兰、孟庆、海孟琮、郑怀德（1999）《汉语动词用法词典》，北京：商务印书馆。

[3] 方 梅（2005）认证义谓宾动词的虚化——从谓宾动词到语用标记，《中国语文》第6期。

［4］郭　锐（1997）过程和非过程——汉语谓词性成分的两种外在时间类型,《中国语文》第3期。

［5］故铧、刘月华、潘文娱（2001）《实用现代汉语语法（增订版）》,北京：商务印书馆。

［6］陆丙甫（2009）基于宾语指称性强弱的及物动词分类,《外国语》第6期。

［7］沈家煊（2009）我看汉语的词类,《语言科学》第1期。

［8］石定栩（2009）谓词性宾语的句法地位,《语言科学》第5期。

［9］王冬梅（2001）现代汉语动名互转的认知研究,中国社会科学院研究生院博士学位论文。

［10］王冬梅（2003）动词的控制度和谓宾的名物化之间的共变关系,《中国语文》第4期。

［11］温锁林（2004）真谓宾动词带疑问句形式宾语的语气问题,《语文研究》,第2期。

［12］朱德熙（1982）《语法讲义》,北京：商务印书馆。

现代汉语"男"、"女"构词不对称研究

孟艳华

摘要 本文试分析现代汉语中存在的"美女——＊美男""美男子——＊美女子"等不对称现象。文章主要采用认知语言学的理论方法，从框架语义学、构词模式、有无标记、语法化程度等方面来分析这一语言现象的成因，最后简论在对外汉语教学中应广泛应用认知语言学研究法。

关键词 "男""女"不对称 有标记 无标记 构词模式 语法化 框架语义学 认知语言学

一、引言

我们生活的客观世界中广泛存在着对称现象，如：左——右、上——下、黑——白、买——卖、男——女，等。在客观世界的对称性基础上，形成了人类概念系统的对称性。语言反映概念，因此，这种概念系统的对称性，反映到语言系统中，就在语言系统中也存在着相应的对称性。在我们的语言中，语素、词汇、语法、语用层面上都广泛存在着对称现象，如，教——学、主语——宾语、话题——焦点等对称现象。但是，由于人类认知心理不同，对称的客观世界反映在语言中，也存在着种种不对称现象，"男"、"女"即为其中之一。"男、女"构词时，广泛存在着对称性表现，如下例：

(1) 男人——女人　　男子——女子　　男友——女友
　　 男排——女排　　男方——女方　　少男——少女
　　 男士——女士　　男性——女性　　男生——女生
　　 男孩——女孩　　男队——女队　　男低音——女低音

可是，尽管"男女"构词时的对称性广为存在，但是现代汉语普通话中也存在着以下不对称现象。如下例：

(2) 美女——＊美男　　＊美女子——美男子

(3) 妇女——＊妇男　　烈女——＊烈男　　仕女——＊仕男

(4) 神——女神　　　　王——女王　　　　总统——女总统
　　教授——女教授　　弟子——女弟子　　飞行员——女飞行员

(5) 外孙——外孙女　　外甥——外甥女　　神仙——仙女

(6) 侍女——男侍

(7) 淑女——君子/绅士 ＊绅男　美女——帅哥 ＊美男
　　修女——修士　　　孙女——孙子　　　织女——牛郎

(8) 女儿——男儿？　　儿女——儿男？

如何系统地看待这种种不对称现象？它们何以形成？除了"约定俗成"以外，是否存在更深层面上的动因？本文拟以研究例（2）"美女——＊美男"为主线，系统回答这些不对称问题。

二、框架语义学与"男、女"的不同认知语义框架基础

框架语义学是解释语言意义理解的语义学。它认为，一个词汇或概念只有在相应的知识框架的背景——语义框架中，才能得到理解。框架是理解的模式，词汇是激起框架的工具。例如，读到"玫瑰"想到的往往是"爱情"和"求爱"，而不是它的同义词、上义词，不是它属于什么语义场，具有哪些语义成分等。语义框架提供词语的意义在语言中存在以及在话语中使用的背景和动因。框架语义学假设，词语可以通过它所在的语言结构，选择和突出基本的语义框架的某些方面或某些实例。

我们需要描述的语义框架经常指不能以精确的形式化方式给出的实体或经验。这包括某些非常普遍的经验，跟环境的交互以及文化普遍性等等。

我们认为，"男"、"女"构词时选择不同的词语搭配，是由于"男、女"的语义框架不同。

根据我们普遍的生活经验，形容"男、女"外貌典型的形容词不同：形容男性外貌的词语，凸显高大、潇洒、强健等方面的男性特征；而形容女性的词语则凸显美丽、娇媚、婀娜等方面的女性特征。如下例（语料来源于百度搜索引擎）：

(9) 玉树临风　英俊潇洒　昂藏七尺　相貌堂堂　浓眉大眼　目若朗星
　　风度翩翩　仪表堂堂　气宇轩昂

(10) 倾国倾城　国色天香　秀色可餐　花颜月貌　沉鱼落雁　羞花闭月
　　　粉妆玉琢　明眸善睐　艳如桃李　千娇百媚　如花似玉　闭月羞花
　　　皓齿明眸　明眸善睐　冰肌玉骨　软玉温香　燕语莺声　仙姿玉貌
　　　亭亭玉立　妩媚动人　婀娜多姿　螓首蛾眉　惊鸿艳影　初发芙蓉
　　　步步莲花

形容"男""女"品性的典型的形容词也不同。男性凸显博学多识、英勇侠义等男性品格，而女性则凸显文静贤惠、贞洁知礼等女性品格。如下例：

(11) 温文尔雅　顶天立地　血性男儿　才高八斗　学富五车　博学多才
　　　谈吐不凡　雄韬伟略　气贯长虹　壮志凌云　威风凛凛　文质彬彬
　　　神勇威武　英勇无比　有胆有色　侠中豪杰　叱咤风云　英雄气质
　　　血性男儿　处世精练　明察秋毫　文武双全　口若悬河　志在四方
　　　侠义非凡

(12) 冰清玉洁　蕙心兰质　贤惠善良　举止娴雅　知书达理　贞洁刚烈

由上面四组例子可知：美貌在女性的语义框架中，占有凸显地位。女人之美，如花似玉，多半是由外表来决定的。美色——外表的美丽，几乎完全等同于女色，如所谓选美，基本以女性之美为主。"美"作为女性特征，与"女"形成自然搭配，组成常用词"美女"。其他与女子的典型外貌和品性相关的词有丑女、静女、淑女、烈女等。

而在汉文化中，男人最需要具备的是侠义、刚强、博大成熟的气质。才识和志向在男性的语义框架中占有凸显地位。男性之美貌，仅体现在与女性美相照应的词语"俊男靓女"之中。

正是人们的认知心理不同，造成了"男、女"激活的是"郎才女貌"这一语义框架。

但是，这一分析仍然不能解释这样的问题：侠义、刚强、博学的男性气质语素为何不能与"男"构成这样的词语：*侠男　*勇男　*壮男　*才男？我们由此推断："男"、"女"的构词模式存在着差异。下面我们将展开具体论述。

三、"男"、"女"构词的不同模式及其对不对称现象的解释

通过语料分析，我们发现，"女"的使用频率远远高于"男"。

根据北京语言大学汉语研究中心语料库，"男"作为形容词和名词使用的词频分别为161.4及22.0，而"女"作为形容词和名词使用的词频分别为371.6及

28.1。"男"的词频仅为"女"的46%。具体如下表1：

表1

	形容词词频	名词词频	总计
"男"	161.4	22.0	183.4
"女"	371.6	28.1	399.7

根据COSH例句检索系统，"男"字与"女"字分别出现3136次及8000次。两者出现的频率之比为2：5。

通过进一步具体分析，我们发现，在"男"、"女"构成的词语中，使用频率最高的有8个词，这8个词的总体使用频率在"男"、"女"构词中，分别占70%和52%。这表明，"男"、"女"构词时，基本上是对称的。具体分析如下。

3.1 "男"、"女"基本处于对称性地位

据语料统计，"男"、"女"构成的词语中，使用频率最高的8个词是：

男人　男孩　男的　男子
女人　女孩　女的　女子

这八个词中，"男"、"女"都是居于词首，表示性别。它们在构词成分及出现比例两方面，都表现出相似性和对称性。

在"男"、"女"构成的词语中，使用最多的分别是"男人"和"女人"，它们是在基本概念范畴对"人"的区别性分类，使用比例远远超出其他词汇，处于绝对优势地位。使用居于第二位的是，"男孩"和"女孩"，是对未成年人从基本概念范畴进行的区别性分类。其次依次为"男的"、"女的"、"男子"、"女子"。这两对词语的使用比例相差不多，也是从性别上对"人"进行分类。其具体出现次数和比例详见下表2：

表2

"男-"	次数	比例	"-女-"	次数	比例
"男"	3136		"女"	8000	
男人	1309	41.7%	女人	2299	28%
男孩	376	11.98%	女孩	784	9.8%
男的	250	7.97%	女的	308	3.85%
男子	248	7.91%	女子	292	3.65%
总计		70%			52%

这种"男"、"女"位于词首、表示性别分类的用法，我们称之为"区别词"用法。"男"、"女"的区别词用法占所有用法的半数以上（男70%；女52%）。因此，我们可以说：区别词用法是"男"、"女"构词的基本用法和典型用法，在位于词首时，"男"、"女"构词具有成系统的对称性。

3.2 词尾位置上，"男"、"女"构词处于不对称地位

通过统计"男"、"女"构成的词语数目和使用频率，我们发现，"男"、"女"位于词尾位置时，表现出极大的不对称性："女"构词时，词首和词尾位置的词数和频率相差不多，可以说，"女"的构词位置比较自由；而"男"构词时，出现在词尾的词仅有2例（少男、儿男），使用频率为1.63%，因此，"男"出现在词尾是不自由的，不具有能产性。"男"、"女"构词的词首/尾词数和频率统计具体如下表3、表4所示：

表3

	词首词数	词尾词数	词首/尾词数比例
男	31	2	31：2
女	49	35	7：5

表4

	词首频率	词尾频率	词首/尾频率比例
男	182	1.63	112：1
女	713.7	484.4	3：2

由统计结果可知，由语素"女"构成的词中，使用频率达40%以上的居于词尾；而"男"在词尾的比例还不到0.09%，而由于这近40%的差异存在，使"男"、"女"构词时呈现出上文例（4）、（5）、（6）所表现出的不对称性。可以说，"男"、"女"构词的不对称性主要体现在词尾位置。

词尾位置的"男"、"女"用法是名词用法，使用的是"男"、"女"作为基本名词时的概念意义——男人、女人。其前的语素成分是对"男"、"女"进行限定或描写。如，"少男/女"指"年轻的男子/女子"，"织女"是描写其职业，"船家女"是描写其家庭背景。因此，可以说，"男"、"女"构词时，在表示基本概念义的名词用法上，表现出极大的不对称性。

3.3 "男"、"女"的不同构词模式及其语义特点

至此，我们可以看出"男"、"女"具有不同的构词模式。"男"的基本构词

模式是：位于词首，表示性别区别性语义，即，"男——"，【性别】。而"女"的构词模式是位于词首和词尾。用在词首，表示性别区别性语义；用在词尾，表示"女人"这一基本名词的概念语义。即，"女——"，【性别】；"——女"，【名词"女"的概念义】

"男"、"女"的不同构词模式，可通过下表5来进行阐明：

表5

	区别词用法	名词用法
男	男——，【性别】	不具有能产性
女	女——，【性别】	——女，【名词"女"的概念义】
对称与否	对称性	不对称性

从另一个角度来看，对于一些可以进行性别分类的基本范畴名词而言，如，人、（篮球）队、朋友等，与"男"、"女"搭配时，其构词模式为"男/女+名词"。如，男人——女人、男篮——女篮、男队——女队、男朋友——女朋友等。"男/女"是对其后的名词进行性别分类，体现的是区别词的用法。

对于描写或限定性的名词或形容词而言，他们一般仅可以与"女"搭配使用，其构词模式为"限定或描写性名词/形容词+女"，词义为对"女"的某一方面的特征进行描写。这里的"女"体现的是名词用法。

现代汉语中存在着一些表面上不对称事例来支持我们的这一观点，例如：

(13) 妓女——男妓　　侍女——男侍
(14) 烈女——*烈男　　仕女——*仕男
　　 侠女——*侠男　　才女——*才男
　　 美女——*美男

根据构词模式，对于描写性的词语"美"，可以直接构词"美女"。而对于"男"，在构词时，只能位于词首表示性别，因此，语言中，先使用词语"男子"，再以"美"对"男子"进行描写，构成"单音节形容词+双音节名词"组合，即"美男子"。

至此，我们仍有一个疑问没有完全解决：为何语言中存在着"美男子"，却不存在"美女子"？我们将从标记性方面来分析这一问题。

四、从基本概念范畴层次上看"男、女"的无标记与有标记

所谓基本概念范畴，是指人类范畴化认知的基本层次，在人类感知、功能、

言语交际以及知识组织等方面，具有清晰、离散的特点，具有很强的原型性。（张敏，1998），如桌子、鸟、老师、学生、男人、女人等，属于基本概念范畴。本节将从基本概念范畴，即从"男"、"女"构词以后所形成的基本词汇的整体上来观察"男"、"女"在现代汉语中的使用情况。

有无标记是认知功能语言学中的一个常用概念，如英语名词单数是无标记的，复数是有标记形式，在单数名词后加 S；一般位移句是无标记的，而把字句表示位移有标记的。一般来说，无标记的是人类认知上更具有基础地位的概念范畴，有标记现象的语法化程度比无标记现象的更高。

4.1 "男"、"女"的标记性

根据判别有标记项和无标记项的频率和分布标准：无标记项的使用频率不低于有标记项；无标记项可以出现的句法环境不少于有标记项（沈家煊，1999）。由于"女"的使用频率远远高于"男"，我们是否可以得出结论："女"属于无标记项，"男"属于有标记项？但是进一步的研究结果似乎与这一结论相矛盾。下面将具体分析。

4.1.1 意义兼指与"男""女"的标记性表现

在汉语中，存在着这样一种现象，即有些并没有"男"标记的词语，其指称意义为男女兼职或者单指男性，而在指称女性时，要加一个"女"字，我们把这种现象称为"意义兼指"。从语法形式和语义上看，意义兼指可分为三小类：

1. 不加"女"时可以兼指男女，通常默认为男性；"女"加在词首，用来特指女性。例如上文例（4）：

（4）神——女神　　　王——女王　　　总统——女总统
　　　教授——女教授　弟子——女弟子　飞行员——女飞行员

2. 不加"女"时，指男性或者兼指男女；指称女性时，把"女"加在词尾。例如上文例（5）：

（5）外孙——外孙女　外甥——外甥女　神仙——仙女

3. 以表示男性词语兼职或泛指两性，无与之相应的女性构词，例如：

（15）儿孙/子孙：泛指子孙后代　　弟子：泛指学生、徒弟

根据判别有标记项和无标记项的组合标准和意义标准：一个语法范畴中用来组合成有标记项的语素数目不少于无标记项；无标记项的意义一般比有标记项的意义宽泛（沈家煊，1999）。在意义兼指时，若指称女性，要使用前缀和后缀语

素"女",这属于一种语法标记。同时,例(15)也表明,男性意义更加宽泛。按照这样的分析,"男"为无标记项,"女"为有标记项。

4.1.2 "男"、"女"对举在语言中的表现

所谓"男"、"女"对举,指的是"男"、"女"出现在同一个词语(词组)中。汉语中有些词语同时出现"男"、"女":

(16) 俊男美女　　红男绿女　　善男信女　　男女老少　　少男少女
　　 男欢女爱　　男男女女　　男女有别　　男/女排　　 男女混双

这些对举性的词语有一个共同的特点:"男"出现在"女"之前。当前现代汉语普通话中,还不存在对举时"女"出现在"男"之前的词语(参考语料库及《现代汉语词典》,2006)。从概念范畴化的角度来看,这种具有规约性的构词方式,反映出在我们的认知系统中,"男"处于比"女"更基础的地位,即"男"、"女"虽然同为基本概念范畴,但"男"比"女"更基本、更容易认知。因此,相对于"女"来说,"男"属于无标记项。

4.1.3 "男"、"女"在其他语言中的表现

在英语中,表示"男"、"女"时存在着以下现象:

1. "man—woman"分别指"男人"和"女人"。但 man 这个词可以男女兼指,而 woman 只指女人。英文中很多表示职业的词用 man 作后缀,用以指代从事这种工作的男女,而 woman 则无此用法:

(17) chairman(主席)　　 mailman(邮递员)　　 fireman(消防队员)
　　 policeman(警察)　　 sportsman(运动员)　　 craftsman(手工艺人)

这就是所谓的"对立中和"现象,即在原本对立的位置上,对立中和消失。在这些地方,"man"能包括"woman"的意义。按照标记论理论,在对立消失的中和位置上出现的总是无标记项。这样来看,man 为无标记项,woman 为有标记项。

2. 有些女性名词是以男性相应名词为词根加后缀 -ess 而来。例如:

(18) goddess(女神)　　 empress(女皇)　　　 hostess(女主人)
　　 princess(公主)　　 actress(女演员)　　 heiress(女继承人)

3. 许多表示人的身份和职业的词汇本身并没有属性,但习惯上都指男人,要强调具有身份或从事某种职业的人是女性时,就要需要在该词前面加上 woman,female 或 madam:

(19) woman minister(女部长)　　　　female/woman lawyer(女律师)

· 172 ·

female engineer（女工程师）　　female/woman professor（女教授）
madam chairman（女主席，现在有 chairwoman）

以上语言现象表明，在英语中，"男"属于无标记词，"女"属于有标记词。在日语、法语、德语、俄语等语言中，也广泛存在着相似性质的语言现象。通过以上各方面的分析，我们基本可以断定：在人类的认知上，"男"属于无标记词，"女"属于有标记词。

4.2 以"男"、"女"的标记性解释"美女"、"美男子"现象

由上文分析可知："男"是无标记形式，其发展为标记性构词语素的能力也就相对较弱，而"女"具有标记性，其语法化程度高于"男"，因此，"女"的构词能力强于"男"。在构词时，"女"可以用在词首或词尾，属于自由语素；而"男"一般用在词首（详见本文第二部分分析）。有无标记性是"男"、"女"构词模式不同的深层次原因。

"男子——女子"为相对称的词语。与表示外貌的双音节词和单音节词"美"搭配时，形成下面同中有异的配对：

（11）男——男子　　英俊男子　　美男子——*美男
　　　女——女子　　美丽女子　　*美女子——美女

"年轻男子/女子"为四字词组，"美男子"为三字词组。由于"男"属于无标记项，语法化程度较低，所以，"美男子"不能进一步语法化为双音节词"美男"；另一方面，由于"女"的语法化程度较高，词组"美女子"中词语"女子"可由语法标记"女"来承担，鉴于语言的经济原则以及汉语词语的双音节化趋势，"美女"凝固为词。可以说，"美女"是在"美男子"构词方式的基础上，进一步语法化而成的，即"美女"的语法化程度高于"美男子"。这也就是形成"美女、美男子"的根本原因。

五、有标记"女"使用频率高于无标记"男"的原因分析

按照判别有标记项和无标记项的频率和分布标准：无标记项的使用频率不低于有标记项；无标记项可以出现的句法环境不少于有标记项（沈家煊，1999）。那么，如何来看2.1中，有标记"女"的使用频率反而远远高于无标记"男"呢？我们认为原因有以下几个：

5.1 自由语素"女"的构词能力远远高于不自由语素"男"

我们认为,恰恰是由于"男"作为基本概念范畴,是默认形式的无标记词,其构词能力也就相对较弱,而"女"具有标记性,其语法化程度高于"男",语素"女"的构词能力远远强于"男",这就存在着"女"构成的词语多于"男"构成的词语的可能性,语言事实也是如此。通过北京语言大学汉语研究中心的语料库分析,由"男"构成的词或固定词组共33个,其中"男"位于词首的共31个,词频为282。例如:

(12) 男人　　男子汉　　男子　　男性　　男儿
　　　男排　　男单　　　男低音　男朋友　男孩儿

"男"处于构词词尾的仅2个,总词频为1.63:

(13) 儿男　　少男

与之相对应的,由"女"构成的词或固定词组共84个,其中位于词首的49个,总词频为713.7。例如:

(14) 女人　　女子　　女性　　女儿　　女王
　　　女排　　女单　　女郎　　女朋友　女孩儿

"女"处于构词词尾的35个,总词频为484.4。例如:

(15) 母女　　闺女　　妇女　　少女　　美女
　　　淑女　　白毛女　织女　　民女　　修女

5.2 "男"所表示的语义被其他近义语素分化

从上文统计结果可知,语素"男"几乎不出现在词尾。这是因为汉语中存在一批其他语素用在词尾来表示"男性"意义。这些语素通常具有一定的感情色彩。如,"—子"表示男子尊称或子辈;"－士"表示威猛的男子;"－郎"表年轻男子,富有淳朴的乡土气息;"－哥"指兄辈,富有亲切感;"－君"是对有社会地位的男子的尊称。如下例:

(16) 闺女——儿子　　　　孙女——孙子　　　母女——母子
　　　淑女——绅士　　　　修女——修士　　　织女——牛郎
　　　侄女——侄儿/侄子　美女——帅/酷哥　　淑女——君子

语言中还存在一些居于词尾表示"男性"义的语素,但并不是与相应的

"女"词完全相对。常见的语素有"生"、"汉",如:

(17) 董生——？　　小生——？　　老生——？
　　　壮汉——弱女子　好汉——？　　男子汉——？

不管有无"女"与之完全相对称,我们都可以得出结论:汉语中,有一批与"男"近义的语素,分化了"男"的意义,造成了"男"在构词时,作为词尾语素,受到很大的限制。

这也说明,根据不同的语言环境,存在着不同的指称男子的专有名词。这是否可以反映某些汉族人的认知特点和规律,有待进一步研究。

5.3　女性及其特征是被观察与描写的主要对象

即使排除掉"男"、"女"出现在词尾的情况,仅仅观察它们用在词首的用例,我们依然发现,"女"的使用频率近714,而"男"仅有182,"女"为"男"的近4倍。从总体上来看,"男"与"女"字分别出现3136次及8000次。两者出现的频率之比为2:5。如何来看这种现象呢?

我们认为,这反映了在历史及社会上,"男人"通常扮演"观察者"与"描写者"的角色,而"女人"通常为被观察和被描写的对象。

1. 作为被观察者,在男女比例相当的日常生活中,以至在以男人为主体的很多领域里,"女人"形象被凸显出来,成为文章或话语的主体,因此造成下列两小类词语使用频率相对很高,a类是指称女性的词语,一般用来表示区别于男性,存在与之相应的"男"性词;b类特指某一以男性为默认主体的领域中的女性。这两小类词语如下例:

(18) a. 女人　　女子　　妇女　　少女　　女性
　　　b. 女工　　女王　　女神　　女主人　　女将

2. 作为被描写的对象,很多女性特征被细化、概念化,关于女性特征的范畴成员更丰富。如"贤惠"、"安静"、"美貌"、"贞节"、"刚烈"、"勤劳"等特征被认为是典型的女性特征,从而形成了大量词语。

六、从语法化角度分析网络新词"美男"

"美"通常被认为是重要的女性特征,而对于男性,并不如此重要。但随着人们审美观念的转变,在面对"美色"的问题时,女性也开始欣赏美男子。"美

男子"在网络中,使用频率不断上升,同时,"美男"一词也被频繁使用。例如(语料来自 www.baidu.com):

(19)爱江山更爱美男　绝世美男　狩猎美男　美男厨房　冰山美男　妖娆美男

(20)人要走红势不可挡,花美男李俊基就是最好的例证。长了一副天生丽质的好外表,让他刚进入演艺圈便如鱼得水,每天都成为各大不同媒体的头条或热点。(http://ent.sina.com.cn,2006年06月22日)

(21)女人眼中的花样美男,消费时代美男新定义——以前,面目清秀的男人常会被人嘲笑为"奶油"、"娘娘腔"、"脂粉气"。可是,仿佛一夜之间,面目柔和、线条清晰、略带女性化特征的男人引领了最新的"美男"潮流。最新的科学研究为目前的"花样美男"的流行找到了一些依据。(www.scol.com.cn,2005年7月13日)

除了追求标新立异、推陈出新的表达效果,出现"美男"一词还有什么原因呢?

6.1　语言的经济原则以及汉语的基本词汇模式

汉语的最基本词汇模式为双音节模式。"美男子"作为三音节词,虽然也属于汉语的词汇模式之一,但是,"美男"更经济简单,并且符合双音节化的要求。在网络时代,信息更新极快,对语言的简约性要求相对较高。因此,"美男"首先出现在网络语言中。

6.2　类推的作用

"美女"作为普通话标准词汇使用,按照简单类推,与之相对应的是"美男",来描写一种男性的特征:美丽的男人。通常居于词尾的"男"的同义语素"-子/儿、-生、-郎、-汉、-士"等,与"女"的对称关系不如"男"更直接,所以,产生了"美男"一词。在网络中,我们还看到由"女色"类推来的"男色"一词,足见"男"、"女"之间类推力量的强大。

其他由于类推还出现了下列网络词语:

(22)男才女貌　帅男　酷男　猛男　绯闻男　Q男　男色

6.3　语义框架的变化

随着社会发展,人们开始欣赏男性的外貌,特别是对影视界男性外貌的品评越来越多。"美"这一女性特点也开始进入男性的特征之中,在网络世界,"美"在"男"的语义框架中所扮演的角色越来越重。

七、结语

本文以认知语言学的理论分析了"美女、美男子"现象,在汉语中其他同类词是否存在着类似的构词模式,以及在语言类型学中,"男"、"女"的构词及使用频率情况,都有待于进一步研究。

认知语言学从人类认知的角度研究语言现象,并对之进行解释。在对外汉语教学中,引入认知语言学的研究方法,有利于提高教学的科学性与趣味性,并可以在潜移默化中使学生受到中国文化的熏陶。

当前,在汉字教学、词汇教学、语法教学等各方面,如何系统地引入认知语言学理论及成果来指导教学,都是值得研究的课题。

参考文献

[1] 余玖鹏、覃玖英(2006)英汉语言中的性别歧视现象与根源,《外语研究》2月号上旬刊。

[1] 李福印(2006)《语义学概论》,北京:北京大学出版社。

[3] 姜燕令(2006)英语语言中的性别歧视面面观,《山东省农业管理干部学院学报》第4期。

[4] 张 敏(1998)《认知语言学与汉语名词短语》,北京:中国社会科学出版社。

[5] 沈家煊(1999)《不对称和标记论》,江西:江西教育出版社。

汉语普通话双音节句中语调对第三声的影响

王 瑞

提要 第三声是汉语普通话语音教学的难点，第三声的变调形式较多是重要原因之一。本文主要考察第三声受重音、语气等语调因素影响所发生的调形和调值的变化。本文以双音节句为实验句，考察第三声音节在前焦和后焦两种重音模式，陈述和疑问两种语气下的韵律表现以及音质表现。在分析、总结出第三声调形调值变化规律的基础上，进一步提出对汉语普通话语音教学的建议。

关键词 汉语普通话 第三声 双音节句 语调 影响

一、引言

余蔼芹（1986）提出的外国人学习汉语声调的难度顺序是阴平最容易掌握，其次是去声和阳平，上声最难。尽管有学者提出过不同于余蔼芹的难度顺序，但是第三声是对外汉语语音教学中的难点，是教学界和学术界普遍的看法（陈明远等，1983；王韫佳，1995）。第三声之所以难以掌握，不仅在于其调域低，调形曲折，还有一个重要的原因，就是第三声的变调形式较多。第三声的变调可以分为两个层次，一是两个音节组合的连读变调，二是受语调影响的变调（石佩雯等，1988）。关于连读变调，学者们的普遍观点是：第三声与第一声、第二声、第四声连读时，五度调值是21或211，即"半上"；两个第三声连读时，前一个第三声的五度调值是35或235，近似于阳平（吴宗济，1982）。本文考察的是第二个层次，即第三声受焦点重音和语气等语调因素的影响而发生的变调规则。本文研究范围：（1）双音节句；（2）前焦和后焦两种重音模式；（3）陈述和疑问两种语气。

二、实验

2.1 发音人

本实验共有 5 位发音人（女性）。她们都是北京语言大学的学生，年龄在 21~25 岁，本科或本科以上学历，普通话测试成绩都在一级乙等以上。

2.2 实验材料

本实验设计的目标句都是双音节短句。句中的两个单音节词分别充当句子的动语和宾语。原因如下：首先，本实验没有选用双音节词，可以避免词重音的干扰；其次，选用动宾结构的短句，便于控制目标句的焦点，实现"同文异焦"。所谓"同文异焦"，指的是一些句子由相同的词语构成，具有相同的语序、语法结构以及语法关系，但是在叙述时，核心重音的位置不同，突出了不同的信息焦点。

在四个声调的两两组合中，有 7 组含上声的组合：T_1T_3、T_2T_3、T_3T_3、T_4T_3、T_3T_1、T_3T_2、T_3T_4。本实验按照这 7 种组合设计了 7 组双音节短句。每一组短句中，分陈述和疑问两种语气，每种语气各包含两种"同文异焦"句：前焦句——动词作为信息焦点，后焦句——宾语作为信息焦点。

对于每种"同文异焦"句，本实验都设计了 3 组短句——共得到 420 个样本句（7 种组合 × 2 种语气 × 2 种焦点 × 3 种内容 × 5 位发音人）。

实验以对话的形式获得样本，通过对话内容控制句子的焦点 - 重音，让发音人在朗读对话过程中自发地读出焦点 - 重音，录音前不提供焦点提示。目标句的内容力求语义明确，语言通俗。目标句的文本中不出现"儿"词缀，以免影响发音人的自然发音。

2.3 录音

将设计好的目标句对话标号后随机排列。文本以打印稿的形式呈现给发音人，由 5 位发音人分 A、B 角用自然语速轮流朗读。录音前，发音人有充分的时间熟悉文本。

录音在北京语言大学语音实验室进行，录音设备有 SHURE – SM58 话筒、台式电脑、外接声卡和调音台。

录音软件使用 Cool Edit 试用版，采样频率22kHz，量化精度16b，单声道录音。

2.4 数据测量与处理

将对话中的样本句全部提取出来，另存为波形文件（*.wav），然后用语音分析与合成软件 Praat 进行分析和测量。

1. 测量的项目：（1）韵母稳定段起、中、末 3 点基频值（f_0）；（2）音节时长。

2. 数据处理：（1）音高半音值转换。将测量得到的基频音高值（Hz）转换成半音值（st）。转换公式如下：$St = 12\log_2(f_0/f_{ref})$，$f_{ref}$表示参考频率。（2）计算相对时长。用各音节的时长除以该音节所在句子的句长，得到该音节在全句时长所占的比例，该比例为该音节的相对时长，计算公式如下：相对时长 =（音节时长／句长）×100%。

3. 检验方法：组内 t 检验。

三、实验结果与讨论

3.1 实验结果

通过测量和统计的数据，我们得出了 7 个组合的音高走势图。图中的纵轴单位是半音（semitone）；横轴可以看作是不管时长的音高测量点——每个音节韵母的调型段都有三个均分点。图上所显示的每根调形曲线都根据 5 个人的平均数画出。

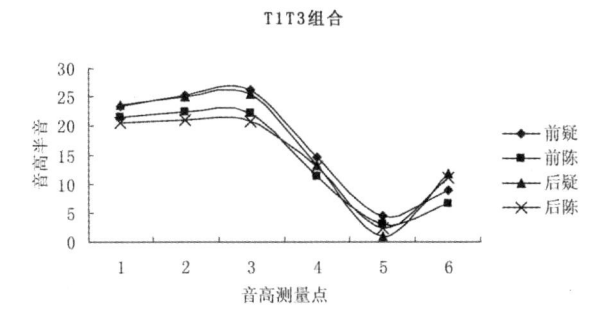

T2T3组合

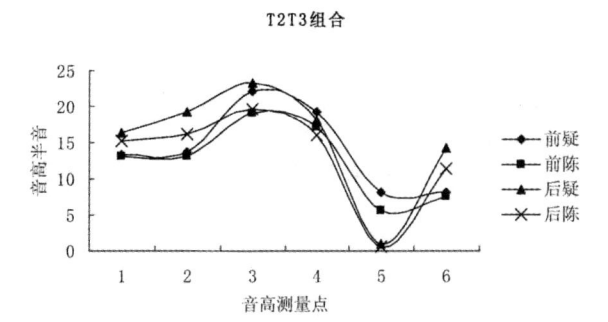

T3T3组合

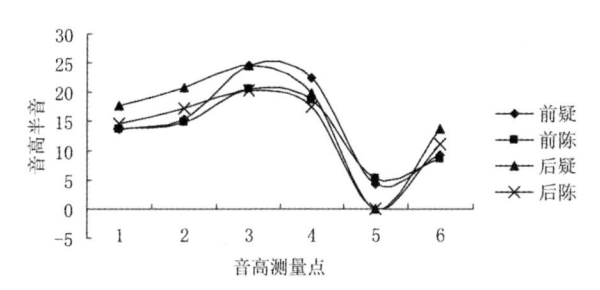

T4T3组合

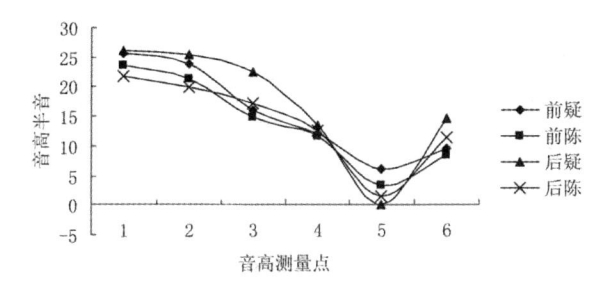

T3T1组合

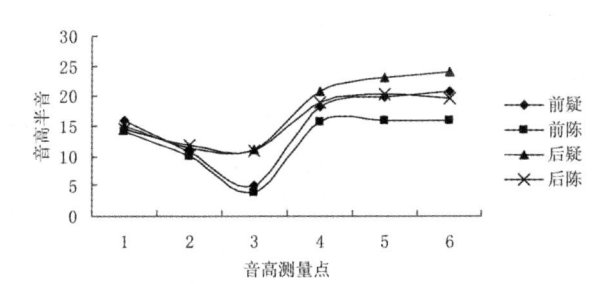

T3T2组合

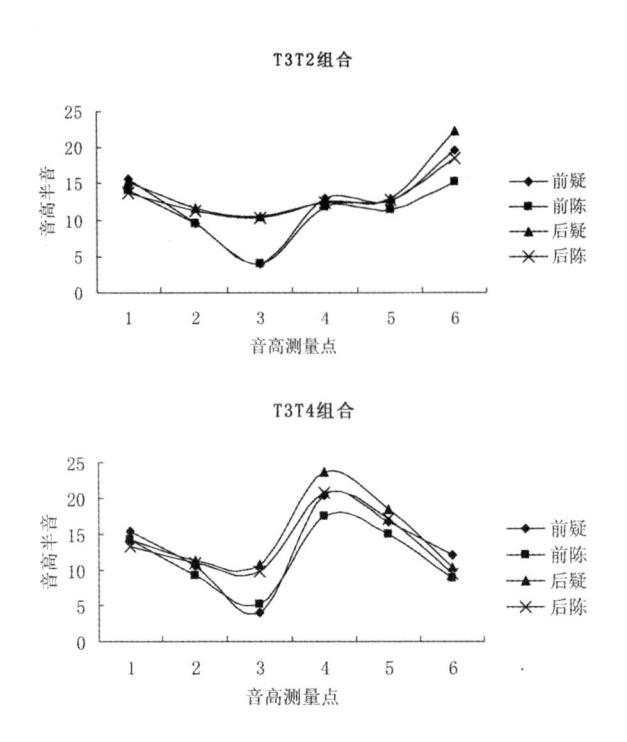

T3T4组合

3.2 讨论

3.2.1 焦点重音对第三声的影响

先讨论 T_3 在句首的情况。T_3 在句首时会发生两种连读变调，在 T_1、T_2、T_4 前变半上声，在 T_3 前变阳平。实验结果表明，T_3T_3 在调形和音高上与 T_2T_3 相比，几乎没有差异，我们可以将 T_3T_3 与 T_2T_3 合并。因此，只需考察 T_3T_1、T_3T_2、T_3T_4 三个组合。

一般来说，半上声的起点是最高点，末点降至最低。在起点上，前焦句中和后焦句中的音高没有显著差异；在末点上，前焦句低于后焦句，且统计差异显著。简单地说，句首 T_3 聚焦时末点降得更低。由于 T_3 在聚焦时降得很低，有时出现吱嘎声（creaky voice），而不聚焦时，则没有吱嘎声现象发生。

再讨论 T_3 在句末的情况。T_3 在句末时，不会受到后接音节的影响，不发生连读变调。但是在不同的焦点模式中，T_3 的调形和调域也发生了变化。

先考察 T_3 的末尾上升幅度。一般来说全上声音节的中点是低音点，末点是高音点，因此我们用末点和中点的差值来表示末尾的升幅。在后焦句中，T_3 聚焦。从调形上看，TxT_3 四个组合中的 T_3 均有明显的升尾，T_3 的末点和中点的音高差异显著。在前焦句中，T_3 为非焦点音节。从调形上看，T_3 末尾的升幅没有在后焦句中明显。测量结果显示，前焦句中 T_3 末尾的升幅与后焦句中的升幅相比，除了 T_1T_3 的陈述句以外，其余组合的前焦句都显著小于后焦句。

此外，在后焦句中，T_3 的中点降得很低，并常常带有吱嘎声（creaky voice）；而前焦句中 T_3 的中点平均音高高于后焦句。

总的来说，T_3 在句首时，由于连读音变的原因，无论聚焦与否都被发为半上声。T_3 聚焦时，降幅较大，有时出现吱嘎声；非聚焦时，降幅较小，无吱嘎声。T_3 在句末时，如果 T_3 聚焦，则被发为饱满的全上声，末尾上扬明显，常出现吱嘎声；如果不聚焦，末尾升幅较小，有时甚至没有升尾，被发为半上声。

3.2.2 语气对第三声的影响

语气对第三声的影响也与第三声的位置有关。

T_3 在句首时，我们需要考察 T_3T_1、T_3T_2、T_3T_4 三个组合。通过比较发现，各组合中 T_3 的调形在陈述和疑问语气中基本一致。我们又比较了各测量点在陈述和疑问两种语气中的音高，结果发现，只有 T_3T_2 中，疑问语气在起点上高于陈述语气，其余组合中的各测量点都没有发现明显差异。由此可以说，句首 T_3 不表现语气信息，也就是说语气的变化对句首 T_3 没有显著影响。

T_3 在句末时，我们考察的是 TxT_3 四个组合。分析发现，当 T_3 聚焦时，在 T_3 末点上，疑问语气高于陈述语气，在 T_2T_3、T_4T_3 中统计差异显著，在 T_1T_3、T_3T_3 中统计差异不显著，但是疑问语气的平均值高于陈述语气，因此可以说有这样的趋势。T_3 不聚焦时，两种语气下的调形和音高都没有明显差异。

由于 T_3 只有在句末聚焦时才能稳定地表现为全上声，因此，我们可以这样认为：语气的变化对全上声有影响，在疑问语气中，全上声的末点升高；语气的变化对半上声则没有影响。

四、对教学的意义

第三声的调形和音高，不仅受连读变调规则影响而发生变化，在语流中还受到焦点和语气的影响。将第三声发成全上声还是半上声，不仅与句中的位置有关，而且与是否聚焦有关。因此笔者认为，在对外汉语语音教学中，既要练习全上声，也要练习半上声。在学习者掌握了单音节声调后，还应该进一步练习语调。只有通过科学的语调训练，才能从根本上解决非母语者的"洋腔洋调"问题。

本文的研究发现，第三声在聚焦时，低音点更低，常常带有吱嘎声。这种吱嘎声只有在频率很低的时候才会出现。因此，在教学中可以让学习者模仿吱嘎声，这样有助于解决"三声不够低"的问题。这种吱嘎声，也可以作为全上声和第二声区别标志，让学习者更好地辨别这两个声调。

在第三声作焦点时，为了突现这个音节，非母语者往往会增大音强，或者提高音调。而本实验结果表明，凸显第三声的手段在于低音点更低。第三声在句首时应发成半上声，末点降得更低；在句末时则需发成饱满的全上声，既要降低中点，也要抬高末点。这些发音要点，都可以通过图示或听后模仿的方法让学习者了解和掌握，从而改善学习者的语音面貌。

本文还发现，第三声受语气的影响并不明显。有的学习者受母语影响，在疑问句时，习惯将句末音高上扬。本实验的结果证实了这种表达疑问的方法是不正确的。对于第三声来说，只有在句末并且聚焦时，疑问句中才会出现末点抬高的趋势。而其他情况下，疑问句和陈述句在第三声上并没有区别，疑问的语气信息只能通过别的方式来表达。

参考文献

[1] 陈明远、朱竹、刘骥（1983）第三声的性质及其教学，《对外汉语教学论文集》，中国教育学会对外汉语教学研究会。

[2] 石佩雯、李明（1988）全三声的使用和语调对第三声的影响，《第二届国际汉语教学讨论会论文选》，北京：北京语言学院出版社。

[3] 王韫佳（1995）也谈美国人学习汉语声调，《语言教学与研究》第3期。

[4] 吴宗济（1982）普通话语句中的声调变化，《中国语文》第6期。

[5] 余蔼芹（1988）声调教法的商榷，《第一届国际汉语教学讨论会论文选》，北京：北京语言大学出版社。

汉字形体发展中的正俗相谐共变

徐秀兵

提要 本文分别用正体与俗体、正字与俗字指称处于正俗对立地位的汉字字体和构形现象，并借用社会语言学中的"共变"术语，阐释汉字形体发展过程中，在字体风格和字形结构两个方面，正俗形体之间发生的相互制约和影响并共同变化的现象。隶变、楷化均是汉字史上的重大变革，汉字形体发展中的正俗相谐共变现象在隶变、楷化阶段表现得尤为显著。通过相关问题的论析，本文强调：要提高全民汉字文化素养，"把书写教育纳入义务教育是完全必要的"，对汉字研究和教学来说，"构建书写汉字学的基础理论体系，是当前重要的任务"。

关键词 字体 构形 正俗 共变

汉字是记录汉语的视觉符号，形体是汉字的本体，具体包括字体和构形两端，前者是指形体的外在风格，后者指的是形体的内部组织构造。在汉字形体发展过程中，特别是在汉字进入铅火时代以前，识别与书写是一对制约汉字形体发展的突出矛盾。字体风格更多取决于书写属性，而构形属性则与汉字识别的相关度更为紧密。

汉字字体的演进序列并不是单一线性的，而是呈现出多元多向的特点（张会，2007），并且字体的命名角度纷繁复杂。许慎《说文解字》序曰："自尔秦书有八体：一曰大篆；二曰小篆；三曰刻符；四曰虫书；五曰摹印；六曰署书；七曰殳书；八曰隶书。"可以看出，秦书八体的命名角度有形体特征、使用场合等诸多不同。汉字字体在名与实、体与用等方面存在多种纠葛。

在汉字字体发展序列中，最基本的风格区别是正体和俗体的对立互补（启功，1964；裘锡圭，1988）。正体又叫主流字体，俗体主要指速写字体[①]。这两大类字体在风格特征和使用场合方面形成了显著的区别。甲、金、篆、隶、楷都

---

① 启功指出秦代的篆书是"正体"，或称"主流"。详见启功（1964：9）。

属于主流字体，与之并行的速写字体行书、草书则为俗体。正体的字形更易于辨识，俗体在书写属性上更优于正体。主流字体具有庄严郑重的特点，因此在昭告、碑版中成为广泛应用的字体。速写字体具有省变连带等特点，一般不得入碑。如有特例出现则其背后定有其特殊原因，如唐武则天《升仙太子碑》，唐李邕《李思训碑》等。

在构形方面，汉字形体也表现为正、俗地位的对立（参见张涌泉，2010）。《干禄字书》对同属楷体并记录同一语词的字形，根据其使用场合的不同，分立了正、俗、通三种不同的地位。正、俗、通字的判断主要以是否符合《说文》字理为标准（符渝，2002），后世部分字书也每以"隶省"、"经典相承隶变"等程式化用语指称通字或俗字。

从理论上说，字体和构形属于不同的范畴。在认识和表述上，我们应当严格区别这两种概念。具有形体传承关系的同一汉字，在历史上可以呈现出甲、金、篆、隶、楷、行、草等不同的字体风格。同一字体风格并具有相同记词职能的一组汉字，根据它们组织构造的不同，可分为异写、异构等诸多字际关系。

书体也是与汉字形体有关的概念，指的是书家的个人风格。历史上许多权威书家对字体风格的成熟确曾起过重要作用，例如欧阳询、颜真卿等，但微观书法风格的雅俗品评属于艺术审美范畴，不在文字学探讨范围之内。

汉字学界对汉字形体进行"正"与"俗"的指称，一般是立足于整理研究及权威规范的角度。"正"主要体现为经过权威规范、得到官方认可并由政府机构强制推行，"俗"则主要体现为未经权威规范或官方准许，但在民间具有较广的流通度。前文说过字体和构形是不同范畴的概念，为了便于区分和指称，我们把外在风格上处于对立状态的字体分别称为正体和俗体，把在组织构造方面处于对立状态的字形叫做正字和俗字。

"共变"是美国语言学家布赖特（W. Bright）于1964年首先提出来的社会语言学术语。"共变"理论认为，语言和社会都是不同的变数，这两个变数相互影响、相互作用，语言和社会存在着共变的关系。本文借用此术语来阐释汉字形体发展过程中，在字体风格和字形结构两个方面，处于正、俗对立关系的汉字形体之间发生的相互制约和影响并共同变化的现象。

隶变是古今汉字的分水岭。楷化是隶变的继续和深入，最终形成了通行时间最久并沿用至今的主流字体——楷书。隶变、楷化均是汉字史上的重大变革，汉字形体的正俗相谐共变现象在隶变、楷化阶段表现得尤为显著，故本文主要据隶变和楷化现象立论。

一、字体风格发展中的正俗相谐共变

字体风格发展中的正俗相谐共变有着诸多表现。

首先，在一定条件下，俗体的地位可以转化为正体。汉字字体方面正俗地位的转化相应带来了一些字体名称的广义与狭义之别。经过隶变，隶书由俗体转变为正体。原来处于正体地位的秦系小篆转变为古体，使用范围仅局限于篆额等特殊场合。在汉字形体演化史上，隶书的名实问题颇为复杂。楷书未成主流字体以前，曾一度被诨称为隶书，为与八分隶书相区别曾又名"今隶"①，后来则专指主流字体的楷书。

其次，正体与俗体在并行过程中，在字体风格方面有着相互制约和影响。八分隶书作为主流字体对与之并行的行草书具有示范作用，行草书在识别方面对八分隶书具有很大的依附性。极力追求书写速度的行草书对字理的否定性远远强于隶书，对隶书具有离心作用，是对主流字体的反动。但是行草书既受到主流字体的限制，同时又对主流字体产生反作用——对隶书、楷书风格的形成和定型具有促进和催化作用。

隶变的发生和隶书的成熟与行草书的横向影响有着密切关系。隶书乃"篆之捷也"，其源头为秦系小篆，早期的古隶（即秦篆的草写体）经过隶变的自然演化和权威文字学家的规范，最终形成八分隶书。秦文字篆书已经出现"草化"倾向，对汉代草书产生导源意义（杨宗兵，2006），而汉代草书对隶变的最终完成具有促进作用（李洪智，2004）。草书使转笔形、独特的笔顺规则以及大量替代"符号"的形成，都为追求"趋直反逆"的隶变提供可以吸取的书写元素，最终使八分隶书基本形成了汉字的笔形系统。

汉隶并非汉字形体所追求的最优化造型，"隶变"的完成绝不是汉字形体自然演化的终点。其实，汉隶的最大功绩在于孕育了楷书。隶变结束之后，"楷化"的过程接踵而来。"楷书继承了汉隶的结构系统和笔画系统，它对汉隶的完善，主要在笔画形态上。"（陈淑梅，2005：128）行草书诸多快速便捷的书写属性，对汉字"楷化"过程继续发生着深刻的影响，对楷书笔形系统的成熟、笔顺规则的确立起到了推动作用。"隶变以后，新笔形的产生和原笔形的演变，考虑的主要是笔势关系，即笔画的走向与笔画是否出锋，笔画之间的笔势关系形成

---

① "八分"名称具有标示正体地位的作用。启功（1964）指出，"八分"得名之由为"八分的古体或雅体"，是与当时的流俗字体行草书、新隶体（楷书的前身）比较而言的。

了笔顺。这种笔势关系在行书、草书中体现得最明确,从这种意义上来说,没有行书、草书,就没有楷书。行书在楷书笔形、笔顺的形成中起了关键作用。"(刘延玲,2004:87)

行草书对隶变、楷化的横向影响体现在如下层面:

1. 笔形。隶变使汉字形成了极富提按感的"蚕头雁尾"波磔笔形;楷书笔形系统的完善主要表现在变异笔形(如点、提、钩等)的丰富和成熟上,上述隶变、楷化过程中笔形层面的变化均受到行草书的横向影响。再如楷书中的反捺明显是受行草书便于与下一字连写所致。

2. 笔顺。行草书也横向影响了隶书、楷书的笔顺。如下表所示,安、此、当、无四字笔顺的改变也相应带来了笔形的变异。

字头	隶书字形	行书字形	楷书字形
安	礼器碑	兰亭序	魏碑
此	天文杂占	兰亭序	魏碑
当	赵君碑	兰亭序	魏碑
无	史晨碑	兰亭序	魏碑

3. 体势。隶书趋扁取横势,强调横向笔形;楷书取纵势强化纵向笔形。隶变、楷化带来汉字体势的变化与行草书的横向影响密不可分。

另外,汉字史上出现的过渡字体、杂糅字体(如隶楷杂糅的魏曹真残碑等)则是正俗二体相谐共变的有力证据。

二、字形结构发展中的正俗相谐共变

北齐颜之推《颜氏家训·杂艺》已指出了楷书字形方面正俗并存的现象:"晋、宋以来,多能书者。故其时俗,递相染尚,所有部帙,楷正可观,不无俗字,非为大损。至梁天监之间,斯风未变;大同之末,讹替滋生。萧子云改易字体,邵陵王颇行伪字;朝野翕然,以为楷式,画虎不成,多所伤败。至为一字,唯见数点,或妄斟酌,逐便转移。尔后坟籍,略不可看。北朝丧乱之余,书迹鄙陋,加以专辄造字,猥拙甚于江南。乃以百念为忧,言反为变,不用为罢,追来为归,更生为苏,先人为老,如此非一,遍满经传。"齐元涛在进行隋唐碑志楷书研究时,已经指出了汉字构形属性的"相谐共变"现象:"汉字是一个系统,它的构成是各构形属性共同作用的结果，它的发展就是各构形属性的能量传递和能量转换过程。各构形属性的相互作用，表现为一个要素的改变带来所有属性的链条式改变——相谐共变。"[1] 我们认为，汉字形体发展过程中，在组织构造方面的正俗相谐共变，主要表现为正体对俗体在字形结构上的示范性，俗体的书写属性渗透到正体而引起构形属性的变化，并带来了汉字记录功能的变化，具体表现为：

1. 行草书在识别上对隶、楷书具有依附性。汉代草书构形的特点是相对于正体的隶书发生了大量的省变，但省变的底线是尽可能保留主要义符以标识义类。因此，东汉赵壹的《非草书》针对"匆匆不暇草书"的现象，对破坏汉字理据的草书进行大肆指责。

2. 行草书对隶、楷书的字形结构具有反作用，对字理有所削弱或否定。隶变、楷化造成了汉字形体的大量形近或混同。具体包括全字混同（如迎字与匝字、兑字与完字等），构件混同（如手部与木部、艹部与竹部等），以及汉字发展中的构件粘合、构件分离和构件重组等跨结构变化（如隶变中秦、奉、泰、奏等字经过粘合而形成"春字头"）等等。

3. 字形结构变化引发的汉字记录职能的变化。具体包括同字异写（如侯与俟、珍与珍等），异字同形（如揩与揩，企与佥等），源于书写的理据重构（如觅与覔、析与拆等），同形或形近字的职能合并（如辞与辤、并与竝等），利用一字异形分别记录不同的词语（如句与勾、著与着等）等。

三、相关问题论析

　　社会与语言存在着共变关系，社会的兴衰决定语言文字的进退。汉字发展与诸多来自外部的社会因素有着密切的关系，如正体一般在政权统一时趋向风格的定型和成熟，字形结构也相对规范和稳定，而在政权分裂和时局动荡时，各类俗体（包括杂糅字体）和俗字表现更为活跃。

　　语言文字内部的诸要素之间也存在共变关系。世界文字的发展分为两种趋势，即表音趋势和表意趋势。汉字是一种自源的并持续使用至今的表意文字体系。先秦时期是汉语单音词的孳乳推动大量造字的阶段。汉魏以来，复音合成造词成为主流，不再主要倚赖大规模造字解决记录汉语的问题，提高汉字书写速度

---

[1] 见全国哲学社会科学规划办公室网页，http://www.npopss-cn.gov.cn/GB/219506/219508/219527/14640257.html

的要求日益突出,汉字形体的发展进入今文字阶段。汉魏以降,继简帛、碑刻之后,纸张成为主要书写载体,汉字的使用频度逐步提高,汉字的应用逐渐走出宫廷,大量进入民间。汉字形体的演化亦符合"用进废退"的生物进化规律,为解决识别和书写的矛盾,那些高频字和高频部件的正俗形体在相互制约和影响之下发生演变是势在必然的。

正如上、中、下三个层面的文化之间相互吸收和渗透一样,在汉字形体发展中,同属一个汉字体系的不同字体和字形,既相互对立和区别,又相互制约和影响,带来了诸多有关形体正俗的体与用、名与实的纠葛。在进行汉字史的研究时,我们要注意形体正俗的具体所指,是字体抑或字形,是在什么时代的正俗关系。如唐韩愈《石鼓歌》诗中有"羲之俗书趁姿媚"之句,清人沈德潜《唐诗别裁》对此作如下解释:"隶书风俗通行,别于古篆,故云俗书,无贬右军意。"沈氏所言"隶书"是包含今称"楷书"的诨称,他将古篆视为正体,隶书及以后的新兴字体楷行草书皆视为俗体。

对汉字形体发展进行动态研究,探究正俗相谐共变的现象及规律,可以弥补仅作构形分析的静态研究之不足,使汉字风格递嬗的渐变性得到合理的解释,并能为近代汉字的考释整理、当代汉字的标准规范及面向海内外的汉字教学丰富思路。汉字整体上是一个"牵一发而动全身"的表意文字系统,拥有经过权威规范而走向造型繁简适度并且系统性优化的必然逻辑。现行简化字中的"草书楷化"字曾饱受诟病,主要是因为部分"草书楷化"字没有照顾到系统性,出现了许多无法解释的"记号"。而且各家判定记号字采用了不同的尺度和标准,致使字理的可说解程度不尽相同。因此,记号字教学成为一个教学难点。其实,汉字的记号化是从汉字起源到现在都在发生的现象。在今文字阶段,汉字表意出现音义化倾向,原本个体象形的独立表意,变为整体的系统表意,甚至沦为不表意的记号(王贵元,2010)。部分因行草书楷化而成的记号字或记号部件可以通过溯源找到原始理据(如"为""断"等字),不可随意胡乱拆分、生造理据。

汉字形体正俗相谐共变的现象表明:字是写出来的,字体风格和字形结构都会在动态的书写过程中发生变化。因此,"字只有书写才可以亲切",只是作为一个视觉接受者去看字是不足取的。要提高全民汉字文化素养,"把书写教育纳入义务教育是完全必要的",对汉字研究和教学来说,"构建书写汉字学的基础理论体系,是当前重要的任务"(王宁,2012)。

参考文献

[1] 陈淑梅（2005）《东汉碑隶构形系统研究》，上海：上海教育出版社。

[2] 符　渝（2002）《干禄字书》的正字观及现实意义，《北京师范大学学报》（人文社会科学版）第 4 期。

[3] 李洪智（2004）汉代草书研究，北京师范大学博士学位论文。

[4] 刘延玲（2004）《魏晋行书构形研究》，上海：上海教育出版社。

[5] 启　功（1964）《古代字体论稿》，北京：文物出版社。

[6] 裘锡圭（1988）《文字学概要》，北京：商务印书馆。

[7] 王贵元（2010）汉字形体演化的动因与机制，《语文研究》第 3 期。

[8] 王　宁（2012）书写规则与书法艺术——纪念启功先生 100 周年诞辰，《清华大学学报》（哲学社会科学版）第 6 期。

[9] 杨宗兵（2006）秦文字"草化"论析，《中国历史文物》第 2 期。

[10] 张　会（2007）汉字字体发展源流辨正，《内蒙古师范大学学报》（哲学社会科学版）第 5 期。

[11] 张涌泉（2010）《汉语俗字研究》（增订本），北京：商务印书馆。

语义的量子特征

隋 岩

提要 本文借鉴了量子力学中量子叠加态原理和退相干历史解释的相关概念和方法，探讨了语言中语义空间的构成以及"演化"过程。提出了"细粒语义历史"在交际主体和交际环境的主导下向"粗粒语义历史"转化的观点，并给出了关于"整体性"的解释。

关键词 量子叠加态 退相干 语义本征态 语义空间

一、引言

自德国物理学家马克斯·普朗克（Max K. Planck）1900年提出黑体辐射解释开始，人们渐渐认识到隐藏在经典世界下的量子世界；而量子理论出现之后，其影响很快就超出了物理学的范畴，逐渐成为一种新的科学世界观和思维方式。几十年前，美国量子物理学家戴维·玻姆（DavidJ. Bohm）指出，人脑的思维过程和量子过程行为之间存在某些令人吃惊的相似性。例如，思维过程和量子体系在它们不能被过度分析为分离元素这一点上相类似。因为，每一个元素的"内在"性质不是一种在与其他元素分离和独立的情况下存在的属性，相反，是一种部分地起源于它与其他元素关系的属性。语言是人脑的产物，语言交际也是思维过程的一种，而语义更是人脑认知所要处理的直接对象之一。因此，我们认为，语义也拥有类似的属性，我们将它称之为"语义的量子特征"。

任何语言的外在形式——无论是发音还是书写——都是具体的、分立的，而与之相关联的语义却又都是抽象的、连续的，这种现象同量子"波粒二象性"

（也叫"量子相干性"）① 以及量子系统的叠加态非常相似。由此我们得到启示：可否运用量子力学的有关原理和方法来分析研究语言问题？本文即是一种初步尝试。

二、量子叠加态和退相干历史解释

2.1

为了理解量子叠加的基本含义，我们把大家都熟悉的宏观经典物理世界看成是"非此即彼"的地方。换句话说，当你的两只手分开的时候，一只苹果不可能同时既在你的左手又在你的右手上，只能是或者在左手或者在右手上或者在其他什么地方，其概率之和为100%，这就是所谓的"经典物理概率"；与之相对应的是，微观量子世界却是一个"模棱两可"的地方。在那里，某个微观粒子可以同时处在空间中任何一个点上，其具体位置无法被明确指出，可以说它既在A处又在B处又在C处……，并且处于各处的概率之和不等于100%。对于这种情况，物理学家们将其称为"叠加态"。

量子叠加态体现了量子物理与经典物理的本质差别。在某一时刻，微观粒子的存在方式是各种"本征态"也就是各种可能性的叠加。量子物理学家们都认为量子叠加是由微观粒子波粒二象性引起的（或曰"量子叠加反映了微观粒子的波粒二象性"），这种叠加可以解释微观粒子的干涉现象。日常生活中有不少干涉现象，例如两列水波相遇时会产生干涉条纹。在量子力学领域，光子、电子以及其他微观粒子都也可以产生干涉现象。

2.2

量子力学中有一个著名的实验即"电子双缝干涉实验"，后来被人称为"20世纪隐藏得最深的秘密之一"。如下图：

当两条狭缝（缝1、缝2）都打开时，电子在屏幕上显示出了确定分布的干涉图样，就像两列水波相遇时产生干涉一样，这或许可以理解为无数电子互相影响造成的；但当发射规模小到每次只有一个电子的时候，干涉条纹仍然会出现，

---

① 量子层面的运动既具有干涉和衍射的波动行为，又可以用粒子特征（位置和动量）在一定的精度内加以描述。可以说波粒二象性是量子物理学观念的核心。不过，微观粒子的波粒二象性既不是经典意义上的粒子，也不是经典意义上的波动。

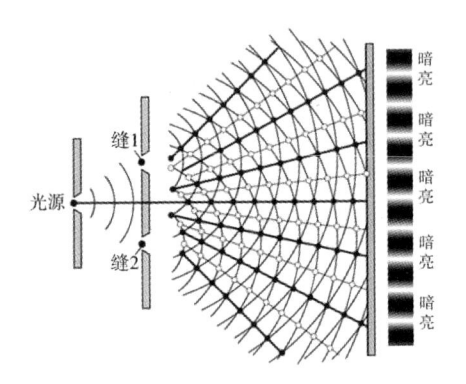

这显然不是电子之间互相影响的结果，而必须说电子"同时"穿过两条缝并与自身发生了干涉。这意味着，微观粒子可以在同一时刻同时处在空间的不同位置。这种"叠加"与宏观世界中的叠加不同，它代表的是各种潜在"可能性"的纠缠和叠加，至于哪种可能性会变成确定"现实性"，完全是随机的，不确定的。

2.3

量子由叠加态转变到确定态的过程叫"退相干（decohered）"，也就是潜在可能性之间的相互纠缠发生"消退"。那么，这一过程是如何实现的呢？这个问题在量子力学领域有着多种不同的理论阐释。最早的正统理论"哥本哈根阐释"认为是人的观察行为导致了量子波函数（量子态叠加概率）的"坍缩"，叠加现象消失。不过，这种解释又宣称人脑的意识在其中起着关键作用，在人们观察之前，世界的一切都是没有实在意义的，都是虚无的。这引起很大争议，以至于爱因斯坦提出疑问："难道月亮在我们不观察的时候就不存在吗？"这也成为量子力学至今仍悬而未决的一大哲学难题。

2.4

与爱因斯坦一样，很多物理学家无法接受将意识引入物理学的做法，于是试图寻找新的解释，退相干历史理论即是其中之一。

20世纪末，技术的进步使得过去无法操作的实验成为了可能。1984年穆雷·盖尔曼（Murray Gell-Mann）、詹姆斯·哈特（James Hartle）与罗伯特·格里菲斯（Robert Griffiths）提出了"一致性历史解释"，认为："一个量子物理学系统，由于与其环境不可避免的相互作用，使得系统所处的、由某个观察量的多个本征态相干叠加而成的状态，不可逆地消去了各个干涉项，使系统的行为表现得就像经典物理学系统一样,从而实现了从量子到经典的过渡"。

2.5

该理论认为,量子叠加态可以理解为一种"细粒历史(fine-grained history)":在一个量子系统中,一段时间内所有组成此系统的基本元素(或者称组成部分)的叠加状态之集合就是此系统的细粒历史。退相干历史理论的一个重要的前提是,观察者无法真正观察到系统的任何细粒历史,尽管这些细粒历史都是同时发生了的,或者说是处于纠缠叠加状态的。比如双缝实验中,电子"通过左缝"和"通过右缝"这两种历史不是独立自主的,而是相互纠缠在一起的,他们之间有干涉项[①]。当我们计算"电子通过左缝或者通过右缝"这样一种情况的时候,我们得到的并不是一个"非此即彼"传统的概率,干脆地说,这样一个"联合历史"是没有经典概率的!这也就表明为什么在双缝实验中,我们不能说"电子要么通过左缝,要么通过右缝",因为这两种历史(潜在可能性)是相互纠缠在一起的。

2.6

而我们可以观察到的是"粗粒历史(coarse-grained history)",即有了观察者的缘故,也就是量子系统与环境发生相互作用而退相干,细粒历史进行了简并成为粗粒历史,其中的某些事件可以使用经典的概率公式进行加减运算,因为这些粗粒事件已经退相干了,即他们已经不像细粒历史下的事件是相互纠结在一起的了。在细粒历史中无法使用经典概率公式计算,而在粗粒历史下,就可以使用经典的概率公式进行计算。比如,粗粒历史中"电子通过左缝或者通过右缝"的概率之和是100%,在细粒历史下任意时间点上,所有基本粒子本征态之间关系复杂,因此要计算某些概率是不可能的。

需要明确的是,经典物理中也有叠加原理,但那只是物理量的累计相加,而量子态叠加则是同一体系的两个或多个同时可能的运动状态,它们实际上是处于

---

① 设电子通过左缝的概率为 φ_1,通过右缝的概率为 φ_2,则电子通过双缝的概率不是经典物理意义上的 $\varphi = \varphi_1 + \varphi_2$,而是 $\varphi = c_1\varphi_1 + c_2\varphi_2$,其中的 "$c$",就是所谓的 "干涉项"。

不同的低维空间①，那些可能的运动状态之间存在着纠缠和干涉。

三、语形和语义空间

3.1

文字是记录语言的书写符号，跟音节一样，都是语言的外在形式，我们可以称之为"语形"。但不同语言之间又有所区别。比如书面汉语中，一个汉字基本上就代表一个语素；汉语口语中的一个音节，写下来就是一个汉字。汉语音节的单一性和汉字的语素性特点，使得汉字不仅仅是记录汉语的书写符号，而且是集字形、字音、字义三位为一体的、空间尺度大小相当（方块字）的语形单位，我们也可以将汉字视为汉语中最小的标识语义的形式单位。

3.2

这里所说的"语义"，不是词典中某一词条之下列出的义项，而是该语形所指称的关于真实世界的内涵。语形，无论文字还是音节，都是离散的、分立的、非连续的；而语义则是连续的、无明显界限的。这个方面很像量子力学中波粒二象性：当微观粒子表现为粒子时，是离散的，海森堡用"矩阵力学"来描述它；当微观粒子表现为波动时，是连续的，薛定谔用"波动力学②"来表述它。我们认为，语言中的语形和它所标识的语义也有类似的性质。

为了准确描述语义的量子特征，我们在此引入量子物理"态"的概念，并将其应用于语义。同量子体系拥有若干"态（运动状态或状态）"一样，连续的语义也包含若干种"态"，称之为"语义本征态"；每个语形（比如汉字）都标

---

① 例如，二维空间中的一个点可以用两个变量 x、y 来表示，代表该点在两个互相垂直的维度方向的投影，在直角坐标系中，对于二维空间来说，任意画两条直线 a、b 作为"两个世界"，如果二者相互垂直，那么他们之间就没有投影，这意味着对 a 来说，b 不存在；对 b 来说 a 不存在，二者是"不相干的"。但是，二维空间里任意两条直线相互不垂直的可能性更大，因此一条线就可能在另一条线上产生投影，它们之间互相能"感觉到"对方的存在，这就叫"相干"。理论上讲，维度越高，空间互相垂直的可能性就越大，以至于高维度空间互相之间都是垂直的，也就是"不相干"的，因此不会相互叠加和影响。数学意义上的"高维空间"是虚构的，n 维空间中的一个点可以用 n 个变量来表示，代表该点在 n 个相互垂直的维度方向的投影。之所以这样虚构，是因为用 n 个变量去描述一个点要比用少数变量去描述 n 个点更便利。参见曹天元《上帝掷骰子吗：量子物理史话》，辽宁教育出版社，2008，P238~244。

② 参见张和平《矩阵力学与波动力学的建立及其启示》，载于《合肥工业大学学报》，1987.5。

识着一个由若干"语义本征态"构成的"语义空间"。处在低维希尔伯特空间范畴之内,这些语义本征态以叠加方式存在,并且互相之间是相干的,因而整个语义空间显示出一种量子叠加态的不确定性,因为是相干的,各"语义本征态"就无法使用经典概率进行描述,即不能进行简单概率相加,我们也就无法指出具体哪个"语义本征态"会变成确定的现实语义表象。

3.3

相对于"语形"而言,语义空间是抽象的,从二者关系的本质来讲,前者仅是指称后者的标示符号。语义空间是现实世界各种对象、关系、过程的映射,所有这些内容并不能够从语形中推导出来。换句话说,人们的语言交际过程是借助于语形完成的,但是语形本身并不包含语义空间。打个比方,同所有物质一样,人的大脑是由原子等基本粒子构成的,但是人脑的意识却跟这些基本粒子没有直接联系,即使将这些粒子切分到极限,也不可能在其中找到意识。

3.4

语义空间是一个低维度空间,其中的"语义本征态"都是高维现实世界的各类事物的"投影",它们行为方式虽然遵从现实世界的规律,但是因空间维度较低,各"语义本征态"互相之间发生了"相干性",因而叠加纠缠。我们可以通过形式化方法对它进行描述。

设:语义空间为M,语形为S,S所标识的语义空间可以表示为:M(S)

语义空间中的"语义本征态"表示为:m_1、m_2……m_n

干涉项为:C

则有:M(S) = [m_1、m_2……m_n]

语义空间概率描述为:$\varphi M = c_1 \varphi m_1 + c_2 \varphi m_2 + …… + c_n \varphi m_n$

四、细粒语义历史和粗粒语义历史

4.1

语义空间中的"语义本征态"类似于量子"细粒历史"系统中的基本元素,从量子力学的角度来看,每一个语义本征态都代表了语义的"细粒发展历史",而且,因为所有的本征态都是纠缠存在的,也就可以认为它们都是同时发生同时演变的，构成了具有强烈相干性的"细粒语义历史"集合。以现代汉语为例，4000-6000千汉字所标识的语义空间中的"语义本征态"相干的结果表现为无数的可能性，在这样的"历史轨迹"中，可能包含着过去、现在和将来每一个母语为汉语的人已经说出的和将要说出的全部话语，也包含着白话文问世以来全部的已经写出的和将要写出的文字作品。

不过，由于"细粒语义历史"呈现为类似量子叠加态，我们无法直接去操作和使用它们。对宏观世界来说，它们不是现实的语义表象，我们在语言使用过程中，也不会直接接触到它们。

量子力学研究已经证明，我们的经典物理世界植根于微观量子叠加世界，尽管量子退相干使得我们无法在物质宏观层面上观察到任何叠加状态[①]。同样，我们认为，"细粒语义历史"纠缠的产生来源于现实世界，是外部世界的整体性在语义空间的映射。

4.2

量子"退相干历史"理论告诉我们，大量存在的"细粒历史"是人们察觉不到的，但由于环境的影响，也就是观察者（宏观规模的仪器设备）的作用，退相干效应使得细粒历史约化成"粗粒历史"，叠加态消失了，经典概率登场，世界由"模棱两可"转化为"非此即彼"。

"粗粒语义历史"与此类似。人们的语言交际活动相当于一个巨大的外部环境，由于语言使用者（等同量子观察者和仪器）的介入，使得上述"细粒语义历史"系统中的"语义本征态"与外部环境不可避免地产生相互作用，因而发生了类似量子退相干现象，语义本征态之间的叠加纠缠性减弱，也就是多种潜在可能性被削弱，取而代之的是符合经典概率的语义选项。从形式上看，就是"语形"以组合形式整体出现在交际语流中。这样一来，语用过程实际上就是低维语义空间与高维环境相互作用的过程，语义本征态的不确定态经过这种相互作用而变为现实确定语义内涵（义项）参与语言交际活动。

我们可以用"语义历史树"来形象地描述这一过程。如下图：

---

① "宏观性质和微观性质不是彼此无关的，而是实际上有着极密切的内在联系。因为如前所述，量子力学的潜在可能性只有借助精确确定的经典事件才能实现。而且，这种内在的依赖关系是相互的，因为只有通过构成一个系统的分子的量子理论，我们才能充分理解这一系统的宏观行为。因此，为了描述一个更为基本的不可分的单位（即整个系统）之种种并协方面，宏观性质和微观性质二者都是需要的。"——参见戴维·玻姆《量子理论》中文版，P757。

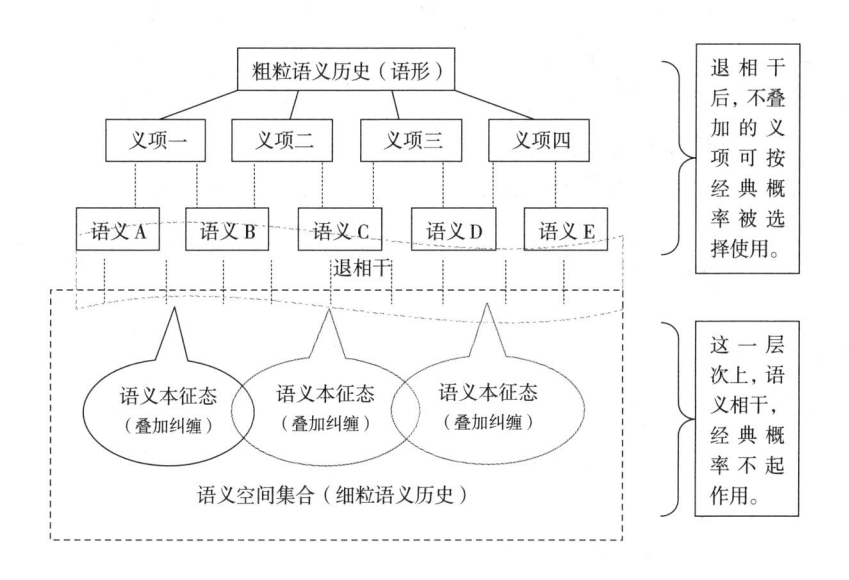

```
                    粗粒语义历史（语形）
                ┌────┬────┬────┐                    ┐ 退相干
              义项一 义项二 义项三 义项四              │ 后，不叠
              ┆    ┆    ┆    ┆                    │ 加的义
           ┌────┬────┬────┬────┬────┐              ├ 项可按
          语义A 语义B 语义C 语义D 语义E              │ 经典概
                    退相干                          │ 率被选
         ┌─────────────────────────┐               ┘ 择使用。
         │  ╭──╮    ╭──╮    ╭──╮  │
         │ 语义本征态 语义本征态 语义本征态 │             ┐ 这一
         │ (叠加纠缠)(叠加纠缠)(叠加纠缠) │             │ 次上，语
         │  ╰──╯    ╰──╯    ╰──╯  │             │ 义相干，
         │    语义空间集合（细粒语义历史）  │             ├ 经典概
         └─────────────────────────┘             │ 率不起
                                                   ┘ 作用。
```

这是一株树根在上的"倒置树"。"树叶"部分是叠加的、相干的，经过中间"树干"阶段的"退相干"过程之后，到了"树根"位置，各义项之间已经没有叠加特征了，它们合在一起构成了语形的义项集合，其中任何一个义项都可以按照一定的概率进入语用过程之中。

五、语义历史和语境

5.1

"细粒语义历史"虽然是看不见摸不着的，但它却是整个语义大厦的基础，而"粗粒语义历史"仅仅是其冰山一角。前者包含着规模巨大的可能性，正是在这种强大后盾的支撑之下，后者才得以完成对现实世界的描述。

与量子退相干一样，"细粒语义历史"到"粗粒语义历史"的退相干也离不开环境的作用，也就是交际语境。正是交际语境的需求，使得"细粒语义历史"发生了退相干，不同的语形由于交际的需要内组合在了一起，从而引起语义空间维度的升高，语义空间中的量子化"语义本征态"迅速"演化"，脱离原来的空间。打一个形象的比方：这些原本在渺小的希尔伯特空间（低维空间）中曾经相互"认识"的各个"本征态"，由于跟交际环境发生了相互作用而被强行拉扯到一个维数极其恐怖的巨大希尔伯特空间（现实交际语境）中，就好像一群从

来没到过大城市的人们进城之后全都迅速地迷了路,相互之间很快失去了联系。这种情况就是各个"语义本征态"之间发生了退相干。交际主体和交际环境是这种退相干方式的决定性因素,二者主导着"语义本征态"的退相干选择方式,在量子力学中,也被称为"环境诱导下的超选择"(environmentally-induced-superselection)。语义本征态叠加退相干的结果是,"粗粒语义历史"出现了,并且同语形一起构成了意义更加明确的整体性表达形式,为现实世界中的语言交际活动做好了充分准备。

5.2

戴维·玻姆在谈到整体性时认为,这种(量子整体性)作为后现代思想核心的整体论是在批判传统理性和经验认识的线性决定论原则意义上建立起来的,它强调了测量对象与其测量境遇的相关性,从形式上消除了本体论的还原性,突出了意义的实现就在于相互关联性。同时,在语境(环境)界定的范围内,整体与测量对象、测量对象之间的关系不再是机械性的,测量对象的性质与其同整体及其他测量对象的关联作用都存在着密切关系。

"粗粒语义历史"范畴内的语言"形—义结合体"所表现出的整体性,正符合玻姆所倡导的观念。任何交际语境与语言形式之间都存在着这种相互作用相互影响的关系,两者不是互不相关的,而是同一个不可分割的整体的有机组成部分。由此可见,交际语境与语言是一个不可分割的整体,而语义空间正是在这样的一个整体范围内发生着由量子叠加态到现实确定态的动态转化。

六、汉字标识的"语义空间"

6.1

将量子力学的有关原理和思维方法应用于语言研究,乍看起来似乎有些虚无缥缈不着边际,但实际上可操作性却很强,并且能够从本质上解释语言"整体性"使用的根本原因:因为语境和说话者的影响(在量子力学中这相当于宏观世界的观察者和测量仪器),语义空间发生了被选择的结合,维度也迅速升高,其中的语义本征态由于这种"扰动"而迅速失去"相干性",粗粒语义历史出现(在量子力学中这相当于微观粒子由于受到维数规模巨大的宏观测量设备的影响而退相干,从叠加态变成经典态)。

6.2

以汉语为例，我们知道，现代汉语常用汉字数目并不是很大，据统计，从现代汉语汉字使用情况来看，大约4000个汉字就能达到99.99%以上的覆盖率，而且数据表明高频字并不会随语料规模或字种的增加而增多，而是趋于保持稳态。从量子力学的角度来看，这个结论也是站得住脚的。上述这些常用汉字中的每个字都是一个语义空间的"标示符"，每个空间内部的若干"语义本征态"之间相互叠加和干涉，各语义空间之间也存在叠加和干涉，这样一来，其规模就是相当可观了，它所体现出来的"细粒语义历史"，显然能够完全包含过去现在以至于将来汉语使用和表达的全部。

例如，"高"这个汉字，它所标识的"语义空间"实际上是各种尺度的表示"高度"语义本征态的叠加，这些本征态在低维语义空间中相互干涉，在任何相同的某一时刻都是发生着的"细粒语义历史"，究竟哪个"本征态"会退相干进较高维度的语义空间以至于最终进入实际的语言交际过程中，取决于叠加态与交际环境的相互作用，也就是交际主体和语境的需求。

当"高"的语义空间与其他汉字标识的语义空间相互发生扰动（字与字相结合构成复合词语）之后，语义空间的维度上升（量子力学中，单独的粒子与其他粒子相结合构成更大的系统，因为希尔伯特空间维数增加，系统的叠加态会被削弱），语义本征态的叠加纠缠程度降低，语义的确定性上升。"细粒语义"向"粗粒语义"进了一步。字与字的结合越多，"粗粒语义"就越明显，语义空间的叠加特性就越不明显，到了一定的程度，"粗粒语义"完全形成，复合词语的各个义项以经典概率方式做好进入语用过程的准备。这也从根本上解释了语言表达的整体性："形－义结合体"来自于语义交际主体和交际环境的"互动"，与外部环境有着千丝万缕的联系。

6.3

由此我们可以清楚地看到，词典中的所谓"义项[①]"，实际上是语义本征态叠加退相干之后的准"粗粒语义"，还没有完全脱离不确定性，根本无法反映语义从叠加态退相干到确定态的丰富多彩。语形组合（词汇、短语、熟语等）产生于"语义历史树"的树根部位，获得了"粗粒语义"，能够进入语用交际过程

---

① 参见《现代汉语词典》。其中对所收录单字的义项处理实际上都是"粗粒语义单位"而不是语义本身。

中，我们称这类组合为"有效字符串"。

如下图：

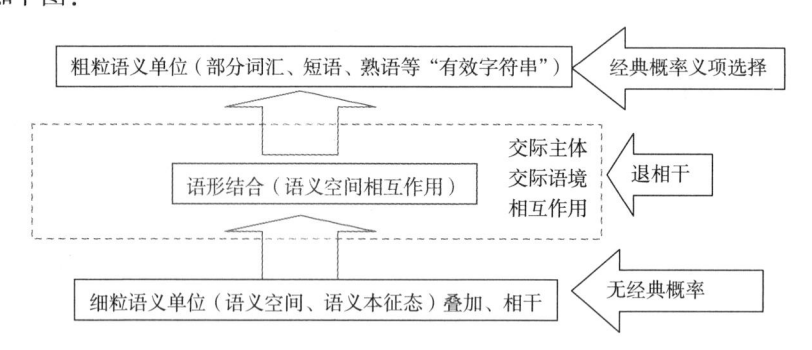

```
粗粒语义单位（部分词汇、短语、熟语等"有效字符串"）  ⬅ 经典概率义项选择
            ↑↓
    语形结合（语义空间相互作用）     交际主体
                                交际语境  ⬅ 退相干
                                相互作用
            ↑↓
细粒语义单位（语义空间、语义本征态）叠加、相干  ⬅ 无经典概率
```

"粗粒语义单位（义项）"表明，语义分析时不能将语形组合切分得太细，因为叠加效应的存在，过细的成分分析得不到确切的结果；也不能切分太粗，尽管理论上讲，语篇层面完全观察不到语义的"量子叠加"效应，但这样去分析效率显然过低。因此，找到最粗和最细之间的恰当结合点，才能够事半功倍。而这个结合点，正是部分词汇、短语、熟语等"有效字符串"。

七、结语

应该看到，时至今日，量子力学的基本问题尚未完全解决，量子力学本身也是以一些基本假设（或公理）为基础进行逻辑推理和数学演绎而建立起来的理论体系。它的正确性是根据推理和演绎的结果与实验观测相一致来证明的，至于这些基本假设是怎么得来的，其物理基础是什么，即使是量子物理学家自己也尚未认识清楚，还存在着不少争议。而用量子力学的相关理论方法进行语言研究，这也是我们的初步尝试。本文的研究同样基于下面这个假设前提：如果人脑的思维过程显现出"量子模式"或者"量子方式"，那么语言——人脑思维的产物——也应该拥有"量子特征"。

参考文献

[1] 曹天元（2008）《上帝掷骰子吗：量子物理史话》，辽宁：辽宁教育出版社。
[2] 戴维·玻姆（1982）《量子理论》，侯德彭译，北京：商务印书馆。
[3] 国家语言文字工作委员会（2010）中国语言生活状况报告，北京：商务印书馆。
[4] 郭贵春、韩雪梅（2001）D. 玻姆思想中的语境观，《江海学刊》第1期。

［5］理查德·P. 费曼（2004）《费曼讲物理入门》，湖南：湖南科学技术出版社。

［6］刘汉平、杨富民、陈冰泉（2005）关于态叠加原理的认同与争议，《大学物理》第1期。

［7］马兰、万小龙（2009）从哥本哈根解释到退相干解释，《科学技术哲学研究》第12期。

［8］孙昌璞（2009）宏观物体的退相干与量子宇宙的经典约化，《10000个科学难题·物理学卷》第5期，北京：科学出版社。

［9］徐通锵（2005）字的重新分析和汉语语义语法的研究，《语文研究》第3期。

［10］阎孟伟、杨谦（1987）量子过程与思维过程的类比——《量子理论》述介，《哲学动态》第11期。

［11］姚淦铭（2001）《汉字心理学》，广西：广西教育出版社。

［12］张和平（1987）矩阵力学与波动力学的建立及其启示，《合肥工业大学学报》第5期。

浅谈汉日同形词的词义对比与翻译

——以「痛恨の極み」等词语的汉译为例

张建华

提要 汉日同形词根据词义可分为同形同义词、同形近义词和同形异义词。以往相关研究大多关注与"汉语词汇"相对应的部分,而对属于"汉字词汇"的汉日同形词重视不够。汉语或日语学习者,甚至公共媒体的报道中也会出现汉日同形词的误译现象。本文将汉日同形词按词形和词义的不同分为"汉语词汇同形词"和"汉字词汇同形词"两大类。第二类的误解和误译尤其值得关注。本文以选自报刊媒体的实例为主要研究对象,通过具体的考察分析,说明误解、误译产生的原因,以期对学习者正确理解和使用汉日同形词、对日汉翻译课的教学有所帮助。

关键词 汉日同形词　分类　词形与词义　日汉翻译

一、引言

在中日文化交流的漫长过程中,中国对日本的文化和语言文字产生了深远的影响。近代以来,随着两国社会发展的巨变和国家关系的改变,两国的文化交流出现了"逆向"增长的趋势,其表现形式之一就是汉语从日语中借用了大量的、涵盖了诸多领域的词汇。也就是说,虽然汉语和日语属于两种不同体系的语言,但是都使用汉字,而且两种语言在词汇形成上相互影响,在各自语言中产生了大量的字形相同的词汇,即"汉日同形词"。

那么,汉日同形词对日本的汉语学习者或者中国的日语学习者来说是否提供了很大的便利和益处呢?毋庸置疑,汉日同形词有助于学习者书写、掌握和使用,很多人遇到此类词语都喜欢借用母语的意思来理解对象语。但是,由于相当一部分同形词在汉语和日语中意义并不完全相同,有的甚至大相径庭,这部分词汇反而会给中日两国学习者学习对方国家的语言造成负迁移。请看下面两组例句：

（1）政権発足から、ちょうど1年となる26日、安倍首相が東京・九段の靖国神社を参拝した。

安倍首相が靖国神社を参拝するのは首相就任以来、初めてのことで、現職の首相が参拝するのは、2006年の終戦記念日に当時の小泉首相が参拝して以来となる。

日中・日韓関係が冷え込む中、安倍首相は8月の終戦記念日や春と秋の例大祭では代理を立てるなどして自らの参拝は見送ってきた。一方で、安倍首相は第一次政権で参拝を見送ったことについて「痛恨の極みだ」と話していた。
（http：//headlines.yahoo.co.jp/videonews/）

（2）日本《产经新闻》12月26日报道称，日本首相安倍晋三将于其组阁一周年的26日上午参拜靖国神社。自小泉纯一郎于2006年8月参拜靖国神社以来，日本现任首相将时隔7年零4个月再次参拜靖国神社。

报道称，安倍曾在其第一次组阁期间未能前往参拜靖国神社。对此，安倍本人也表示"痛恨至极"。

（http：//world.huanqiu.com/exclusive/2013-12/4698006.html）

（3）2013年を表す漢字は「輪」。日本漢字能力検定協会（京都市）が全国から募った「今年の漢字」が12日、同市東山区の清水寺で発表された。森清範（せいはん）貫主（かんす）が縦1・5メートル、横1・3メートルの和紙に墨で書き上げた。

17万290通の応募のうち、「輪」は最多の9518通（5・59％）だった。2020年東京五輪の開催決定や、富士山の世界文化遺産登録、サッカーW杯への日本代表の出場決定など「日本中が輪になって歓喜にわいた年」であり、台風など相次ぐ自然災害にも支援の輪が広がったことなどが理由に挙げられた。
（http：//www.asahi.com/articles/OSK201312120031.html）

（4）新华网大阪12月12日电（记者马兴华）日本汉字能力检定协会12日公布，日本2013年度当选汉字是"轮"，以庆贺日本首都东京赢得2020年夏季奥运会主办权。

据日本媒体报道，位于京都市东山区的清水寺的住持森清范当日在纸上写下一个大大的"轮"字，向世人公布了日本汉字能力检定协会选定的本年度汉字。从1995年起，日本汉字检定协会每年都会公布年度汉字，这些汉字由民众投票产生。因奥运会五环旗的缘故，奥运会在日语中被称为"五轮"。今年9月，东京获得了2020年夏季奥运会的主办权。

（http：//world. people. com. cn/n/2013/1212/c157278-23825636. html）

例（1）和（3）取自日本媒体的两则报道，例（2）和（4）是中国权威媒体分别基于上述两则报道发布的中文消息。因此，从某种意义上说，后者可以看作是前者的翻译或摘译。那么，二者在重要信息的传达上是否完全一致呢？比较二者划线部分中的黑体字，不能不说中文例句（2）、（4）作者对原文中关键词语的理解和翻译处理过于简单、草率，有"望文生义"之嫌。即：

（1）安倍首相は第一次政権で参拝を見送ったことについて「痛恨の極みだ」と話していた。

→（2）报道称，安倍曾在其第一次组阁期间未能前往参拜靖国神社。对此，安倍本人也表示"痛恨至极"。

（3）2013年を表す漢字は「輪」。…

→（4）日本2013年度当选汉字是"轮"，…

也就是说，「痛恨の極み」能否译为"痛恨至极"？「2013年を表す漢字は「輪」」中的「輪」能否译为"轮"？有必要对此做深入细致的探讨。

本文以选自于报刊媒体的实例为主要研究对象，通过具体的考察分析，说明上述误解、误译产生的原因，以期对学习者正确理解和使用汉日同形词、对汉日翻译课的教学实践有所帮助。

二、汉日同形词的分类

2.1 先行研究的分类和存在的问题

一般认为，汉日同形词根据二者表达意义（即词义）的不同，大体可分为同形同义词、同形近义词和同形异义词。

日本文化厅『日本語教育研究資料　中国語と対応する漢語』（大蔵省印刷局，1978）以"汉语词汇"（即「漢語語彙」）为考察对象，将汉日同形词分为以下四种类型（见表1。表中的"汉译"一项为笔者所加）：

表 1　汉日同形词的语义分类（文化厅 1978）

符号	类型说明及词例	汉译
（S）	（1）日中両国語における意味が同じか，または，きわめて近いもの。例：「通学」「通商」「通知」「通用」	（1）二者词义相同或极为相近。
（O）	（2）日中両国語における意味が一部重なってはいるが，両者の間にずれのあるもの。例：「通行」「通信」	（2）二者的部分词义重叠，但存在差异。
（D）	（3）日中両国語における意味が著しく異なるもの。例：「通例」	（3）二者词义存在明显不同。
（N）	（4）日本語の漢語と同じ漢字語が中国語に存在しないもの。例：「通訳」	（4）日语特有，汉语无对应汉字词。

上述分类具有启发性和很好的可操作性，但是也存在一些问题。归纳起来主要有两点：

一是收录的词语有限，许多词汇例如「演出」「消耗」（O 类）、「告訴」「身上」（D 类）、「不況」「台頭」（N 类）等均未收入其中。本文将要重点探讨的「痛恨」也不在其列。

二是将「通学」这样的词语列入 S 类，即看作汉日同形同义（或近义）词，其依据和标准令人费解，因为《现代汉语词典》（第 6 版，商务印书馆）并未收录"通学"一词，因此「通学」与"通学"构不成同义或近义关系，理应归入 N 类。

总之，虽然"汉日同形词"早已引起学者的注意，迄今已有许多相关研究成果，但是由于其数目庞大，很难尽收其中。而且以往的研究重点关注的是与"汉语词汇"（即「漢語語彙」）相对应的部分，而对属于"汉字词汇"——日语中既有"音读"又有"训读"的汉日同形词尚未给予足够的重视。因此，外语（汉语或日语）学习者自不待言，即使在较有影响力的公共媒体的报道，如例（2）（4）所示，也会出现汉日同形词的误解、误译问题。

本文认为，从词形和词义的关联来看，汉日同形词可分为两大类："汉语词汇同形词"和"汉字词汇同形词"。相对于前者，后者的误解和误译尤其值得关注。

2.2　本文的分类

如前所述，从词形（包括读音）和词义的关联来看，汉日同形词可分为两大类，即"汉语词汇同形词"和"汉字词汇同形词"，二者又可以分为几种不同的类型。

"汉语词汇同形词"是指日语的词语只限于音读词汇（即「漢語語彙」）的汉日同形词。按照文化厅（1978）的意义分类标准，又分为"同形同义（近义）型"、"同形交叉偏义型"、"同形异义型"、"同形（汉语）缺失型"四种类型。因此，从理论上讲，例（1）和（2）中的「痛恨」与"痛恨"在语义关系上存在几种可能（详述见后）。

"汉字词汇同形词"是指日语词语的读音或为训读、或既有音读又有训读的汉日同形词。又可分为三种类型：第一种是只有训读的词语，例如「娘（むすめ）」「手紙（てがみ）」等。由于这类词语与汉语的同形词相比词义特征差异明显，因而对学习者来说难度相对较小，故本文暂不涉及。第二种如例（3）中的「輪」，除了音读（「東京五輪」中的「輪」读作「りん」）外，还有训读（「輪になって」和「支援の輪が広がった」中的「輪」读作「わ」）。而「輪」的读音的不同也决定了其汉语翻译（包括所用汉字）的不同。因此，例（3）和（4）中的「輪」和"轮"是否属于同形词还有待考察。第三种例如「車座（くるまざ）」一词，从读音（构词法）来看，它是由「車（くるま＝訓読）＋座（ざ＝音読）」两部分构成的，因而属于「混種語」的一种，同时又与汉语的"车座"构成了同形词关系。这类词语对日语母语者来说属于基本词汇，但在日语学习者看来较有难度（详述见后）。因为只通过各类教科书不易接触到，甚至连高等学校日语专业教学大纲（大连理工大学出版社，2001（基础阶段），2000（高年级阶段））的词汇表中也难觅其踪。

以下分别以「痛恨」与"痛恨"、「輪」与"轮"、「車座」与"车座"为例，就"汉语词汇同形词"和"汉字词汇同形词"的词义对比以及容易出现的误解、误译问题进行具体的考察。

三、汉日同形词的词义对比与翻译

3.1 汉语词汇同形词——以「痛恨」与"痛恨"为例

首先让我们来看日语国语词典对「痛恨」的解释。表2是几部代表性词典释义的整理。

语言本体研究

表2　日语国语词典关于「痛恨」的释义

词典名称	「痛恨」的词条解释
①デジタル大辞泉	ひどく<u>残念がる</u>こと。たいへんうらみに思うこと。「―の<u>極み</u>」「―の<u>一投</u>」「―事」
②大辞林（第三版）	大いに<u>残念に感じる</u>こと。「―の極み」
	<u>残念に思う</u>出来事。「一大―」
③広辞苑（第五版）	ひどく<u>うらむ</u>こと。大いに<u>残念がる</u>こと。「一大―事」「―の極み」
④角川国語中辞典	非常に<u>残念に思う</u>こと。
⑤新明解国語辞典（第5版）	〔取り返しのつかない事として〕非常に<u>残念に思う</u>こと。「千載の―事」
⑥例解新国語辞典（第二版）	心からひどく<u>残念に思う</u>気持ち。句例「痛恨にたえない」「痛恨のきわみ」 語例 痛恨事

如表中划线部分所示，所有词典在「（非常に）残念に思う/残念に感じる/残念がる」这一解释上完全一致。翻译成汉语，即为"感到非常遗憾"之意。这也与『日中辞典（第2版）』（小学馆、2002）的中文释义相吻合。

つうこん【痛恨】痛心，悔恨，遗憾。（后略）（p1229）

由此看来，例（2）将「痛恨の極み」译为"痛恨至极"是不合适的。准确的翻译应该是"悔恨至极"或"极为遗憾"。事实上，日本首相安倍晋三作为日本右翼分子的典型代表，从未打消参拜靖国神社的念头，只是由于第一次担任首相期间受到当时国际形势的制约不得不暂时有所收敛。正因为如此，在那之后的几年里，每每谈到在任期间未能实现参拜，都让他后悔不已（「痛恨の極み」），并多次公开叫嚣再任后一定要去参拜。

虽然《现代汉语词典》（第6版）关于"痛恨"的释义中也包含了"悔恨"这一含义，但从其例句不难看出，表示"懊悔"或"后悔"之意的"痛恨"在用法上常常跟反身代词"自己"搭配使用。

【痛恨】动极端憎恨或悔恨：腐败现象实在令人～｜她～自己看错了人。(p1310)

那么，表2中的词典①和③在释义中另附有「（ひどく）<u>うらみに思う</u>」或「（ひどく）<u>うらむ</u>」的解释，对此该做如何解释呢？

我们知道，日语「うらむ」这一动词通常写作「恨む」，作为国语辞典的词条则有三种写法：「恨む・怨む・憾む」。其中，「恨む」与「怨む」同义，而「憾む」表示的意思是「遺憾に思う。残念に思う」，即"感到遗憾"。由此可见，①和③的上述解释与前面的讨论并不矛盾。

3.2　关于汉字词汇同形词

3.2.1　日语词兼有音读和训读的汉日同形词——以「輪」与"轮"为例

如前所述，日语「輪」的读音有"音读"和"训读"之分："音读"为「リン」，"训读"为「ワ」。依据日本国语辞典『デジタル大辞泉』的相关解释，二者的词义可归纳如下表3。

表3　「輪」的释义（『デジタル大辞泉』）

读音	词条解释
ワ	わ【輪/▽環】 1 曲げて円形にしたもの。また、円い輪郭。環（かん）。「鳥が—を描いて飛ぶ」「指—」「花—」 2 軸について回転し、車を進めるための円形の具。車輪。「荷車の—が外れる」 3 桶（おけ）などのたが。「桶の—がゆるむ」 4 人のつながりを1に見立てていう語。「友情の—を広げる」 5 紋所の名。円形を図案化したもの。 ［下接語］浮き輪・渦輪・内輪・腕輪・襟輪・面（おも）輪・貝輪・金（かな）輪・唐（から）輪・口輪・首輪・曲（くる）輪・ゴム輪・後（しず）輪・外輪・台輪・知恵の輪・竹（ちく）輪・稚児（ちご）輪・茅（ち）の輪・月の輪・吊（つ）り輪・弦（つる）輪・泣き輪・喉（のど）輪・花輪・鼻輪・埴（はに）輪・吹き輪・前輪・三つ輪・耳輪・指輪・両輪

续　表

读音	词条解释
リン	りん 1 車のわ。また、自転車や自動車のこと。「輪禍/銀輪・競輪（けいりん）・後輪・車輪・前輪・動輪・両輪・三輪車」 2 車のわのように円形のもの。「輪舞/火輪・月輪・光輪・大輪・日輪・年輪・半輪・外輪山・五輪旗」 3 まわり。「輪郭/覆輪」 4 順番が回ってくる。「輪読・輪廻（りんね）・輪番」 5 仏教で、大地をささえているわ。「金輪際（こんりんざい）」 6 仏教で、五大（地水火風空）のこと。「五輪塔」 りん【輪】 一［名］ 1 大きく円形に開いた花冠。「あれだけ一の大いのは世間に珍しい」〈鉄腸・花間鶯〉 2「覆輪（ふくりん）」の略 二［接尾］助数詞。 1 咲いている花を数えるのに用いる。「一一の菊」 2 車輪を数えるのに用いる。「二一車」「四一の馬車」

仍以例（3）为例，「東京五輪」中的「輪」为音读（读作「りん」），而「輪になって」、「支援の輪が広がった」中的「輪」均为训读（读作「わ」）。「輪」的读音的不同也决定了其汉语翻译（包括所用汉字）的不同。具体地说，属于音读的「東京五輪」，其汉译为"东京奥运"，其中的「（五）輪」与"（五）环"（即奥林匹克）同义。而「三輪車」（以及「一輪車/二輪車/四輪（駆動）車」）中的「輪」则与"三轮车"（以及"独轮车、两轮车、四轮（驱动）车"）中的"轮"完全相同。

属于训读的「輪になって」中的「輪」一般被译为"圈"或"圆圈儿"。例如「輪を作る」（围成一个圈（圆圈儿）），「友情の輪を広げる」（扩大交友圈）。与之相比，「支援の輪が広がった」中的「輪」译作"范围"更符合语义的要求。而「輪回し（わまわし）」（滚铁环）中的「輪」译作"环"为宜。

中日联合编撰出版的『日中辞典（第 2 版）』（小学馆、商务印书馆）关于「輪」的释义简单明了，易于理解。

－りん【輪】1《花の助数詞》朵．¶ウメ1～/一朵梅花。2《車》轮．¶二～車/两轮车。

わ【輪・環】1 圈；箍；环.¶桶の～/桶箍。¶～をかく/画圈。¶針金で～を作る/用铁丝做环（圈）。¶たばこの煙を～にして吐く/（抽烟）喷烟圈儿。¶みんなで手をつないで大きな～を作る/大家手拉手围成一个圈。¶親指と人差し指で～を作る/用拇指和食指作圆形。¶土星の～/土星晕。2《車輪》车轮。

因此，将例（3）中的「2013 年を表す漢字は「輪」」译作"日本 2013 年度当选汉字是'轮'"只能说是一种无奈之举。换言之，例（3）中的「輪」与（4）中的"轮"充其量只是形式上的同形词，而从例句的内容和语义关系来看，二者并非真正意义上的同形词。

3.2.2 日语「音＋訓」结构的汉日同形词——以「車座」与"车座"为例

以「車（くるま）－」构成的常用复合词有「車椅子（くるまいす）」、「車蝦（くるまえび）」、「車座（くるまざ）」等。比较三者的异同，其特点可作如下归纳（见表 4）。

表 4 以「車－」构成的复合词比较

单词	构词类型	词义解释	构词成分语法关系与功能
車椅子 （くるまいす）	混种语 （訓読＋音読）	步行の不自由な人が使う、車のついた椅子。	車→椅子（＝連体修飾関係）"定语→名词"
車蝦 （くるまえび）	和语 （訓読＋訓読）	（…と）模様が車輪のように見える蝦。	車→蝦（＝連体修飾関係）"定语→名词"
車座 （くるまざ）	混种语 （訓読＋音読）	多くの人が輪のように内側を向いて並んで座ること。	車→座（＝連用修飾関係）"状语→动词"

也就是说，与「車椅子」和「車蝦」相比，「車座」在构词成分（即前后词素）的语法关系与功能上有很大不同，前者仍具有名词的属性，而后者具有较强的动词属性。这一点从『日中辞典（第 2 版）』（小学馆、商务印书馆）关于「車座」的释义中也可得到反证。

くるまざ【車座】"围坐，团座，坐成圈形。（后略）"

正是由于上述性质的差异，造成了日语学习者（甚至包括中高级学习者）对「車座」一词的理解上的错误。例如，在笔者以本校日语专业硕士研究生为对象的相关问卷调查中（2013 年 12 月 25 日，日译汉形式），如例（5）所示，12 名受访者仅有一人回答正确（注意划线部分，括号中的数字表示人数）。

（5）「イッセー尾形らになろう・身体文学」と題して、小説を書くワークショップを、ここ五年にわたって各地でおこなっている。大勢が集まって一週間で小説を書き上げようとの試みだ。「自己紹介はしないでください」。冒頭のこの言葉で、ユニークな講座は開始される。全くの素人に一週間で小説を書き上げさせるためには、常識的な方法は通用しないので、型破りの連続だ。<u>車座に座った受講生たち</u>を演出家の森田が速射砲のように指名する。「思いつく言葉を順に喋ってください」「ストーリーの次を隣の人が続けて!」「原稿用紙を、文豪の生原稿のように書き込みや棒線で消してカッコ良くしてください」目いっぱい戸惑ったり、真っ赤に緊張する受講生に言う。(後略)(イッセー尾形著『正解ご無用』中央公論新社、2003)

——(回答正确)"听讲人围坐成一圈。"

(回答错误)"坐在车座上的学生/听讲生们(2)。""车座上坐着的前来听讲座的人。""坐在车位上的听课者。""坐在车上的听课的学生们。""座位上的听讲生。""坐在车轮椅上听讲者。""坐在对面的听讲生。""参加者都坐在车厢中。""台下坐着听讲人。"

对上述问卷调查结果进行考察,分析表明,对于汉日同形词的探讨不能局限于"汉语词汇同形词",还应将"汉字词汇同形词"纳入视野。

四、结语

本文以汉日同形词的词义对比与翻译为题,通过例句搜集和整理,重点围绕「痛恨」与"痛恨"、「輪」与"轮"、「車座」与"车座"等几组词语的释义和误解、误译问题进行了具体的考察分析。本文的要点如下:

1. 从词语的构词(包括读音)和词义的关联来看,汉日同形词可分为两大类:"汉语词汇同形词"和"汉字词汇同形词"。以往研究重点关注的是前者,对于后者尚未给予足够的重视。

2. "汉语词汇同形词"是指日语的词语只限于音读词汇(即「漢語語彙」)的汉日同形词。依据先行研究的意义分类标准,又分为"同形同义(近义)型"、"同形交叉偏义型"、"同形异义型"、"同形(汉语)缺失型"四种类型。

3. "汉字词汇同形词"是指日语词语的读音或为训读、或既有音读又有训读的汉日同形词。又可分为三种类型:同形训读型、同形音训型、同形混合型。

4. 本文的考察分析表明,汉日同形词的误解、误译问题产生的原因有多种,除了对词语释义的"不求甚解"和先入为主的"望文生义"外，与学习者对同形词的构词成分之间的语法关系与功能的把握不足也有密切的关系。

本文的结论有助于学习者正确理解和使用汉日同形词，也有助于日汉翻译课的教学活动。诚然，汉日同形词不仅数量庞大，而且形式多样、内容繁杂，从文字标记上还可分为一字词语、二字词语、三字词语、三字以上词语等多种类型，需要从读音、构词、词义对比、语义关系等多个角度进行更加深入细致的系统研究。这些都是今后的研究课题。

同时，需要指出的是，随着中日文化交流的不断深入，一些源自日语的词语依旧不断地"输入"到汉语中来，甚至一些被称为日本"国字"的汉字近年来也被收入到《现代汉语词典》（第6版）之中。或许不久之后，由这些曾经的"国字"构成的词语也会成为汉日同形词的一部分。例如：

"辻（shí）"："日本汉字，十字路口。多用于日本姓名。"

（《现代汉语词典》p1175）

"畑（tián）"："日本汉字，旱地。多用于日本人姓名。"

（《现代汉语词典》p1289）

最后，诸如例（6）中的「海苔」与"海苔"尽管在今日的大众媒体中较为常见，但二者是否属于汉日同形词，也需做客观、深入的考察。因为「海苔」一词尚未被收入《现代汉语词典》（第6版），而且按照日汉词典的释义，「海苔」的汉译是"1〈植〉海藻。2〈食品〉紫菜"，（『日中辞典（第2版）』小学馆、2002）。

（6）茨城県大洗で海藻店を営む「海野海藻店」が、海苔の新しい可能性を再発見するべくI&S BBDOにデザインを依頼。レーザーカッティング技術を駆使し、「桜」「水玉」「麻の葉」「亀甲」といった日本の伝統的な模様を海苔に刻んだ。（沪江日语http://jp.hjenglish.com/new/p399896/）

（译文）茨城县大洗经营海藻生意的店铺"海野海藻店"察觉到海苔再创作的新的可能性，向I&S BBDO 拜托设计。I&S BBDO 运用激光剪裁技术，将"樱花"、"水珠"、"麻叶"、"龟甲"等日本传统图案刻在了海苔之上。（沪江日语http://jp.hjenglish.com/new/p399896/）

参考文献

[1] 吕叔湘、朱德熙（1979）《语法修辞讲话》（第2版），北京：中国青年出版社。

[2] 莫衡等（2001）《当代汉语词典》，上海：上海辞书出版社。

[3] 曲　维（1995）中日同形词的比较研究，《辽宁师范大学学报》第6期。

[4] 夏征农（2003）《大辞海（语言学卷）》，上海：上海辞书出版社。

[5] 《新编古今汉语大词典》编委会（1991）《新编古今汉语大词典》，上海：上海辞书出版社。

[6] 《新华字典》编委会（1971）《新华字典》，北京：商务印书馆。

[7] 赵福全（1984）日汉同形词的错情剖析，《教学研究》第2期。

[8] 中国社会科学院语言研究所词典编辑室（2012）《现代汉语词典（第6版）》，北京：商务印书馆。

[9] 文化庁（1978）『日本語教育研究資料　中国語と対応する漢語』東京：大蔵省印刷局

[10] 日本語教育学会（2005）「同形漢語」『新版日本語教育事典』東京：大修館書店（p400）

[11] 金田一春彦他（1995）「同形異義語」『日本語百科大事典（縮刷版）』東京：大修館書店（p392）

[12] 国語学会編（1980）「同形語」『国語学大辞典』東京：東京堂出版（pp.636-637）

[13] 松村明監修（2012）『デジタル大辞泉』小学館（http：//kotobank.jp/word/）

[14] 松村明監修（2006）『大辞林（第三版）』三省堂（http：//kotobank.jp/word/）

[15] 西尾実他（1998）『広辞苑（第五版）』東京：岩波書店

[16] 時枝誠記他（1979）『角川国語中辞典』東京：角川書店

[17] 金田一京助他（1997）『新明解国語辞典（第5版）』东京：三省堂

[18] 林四郎他（1987）『例解新国語辞典（第2版）』東京：三省堂

[19] 菱沼透等（2002）『日中辞典（第2版）』東京：小学館

汉语"之"字结构的韵律模式研究

骆健飞

提要 汉语"之"字结构,因为"之"字前后的音节数量不同,导致不同的韵律和重音模型,也会影响它们的生成能力。使用重音推导模式,可以发现不同的音节组合会形成不同的重音值和节律模型。如果这种节律模型与其结构、语义表达一致,那么就会有很强的生成能力,我们就可以创造出大量的相关结构进行表达;而如果其内部节律模型与结构、语义表达不一致,或需要一定的实现条件才能调和其矛盾,那么它们的表达和生成能力就受限,也不会有大量的实际用例出现。因此,在汉语"之"字结构中,选择哪种节律形式作为其最佳表达形式,与其内部的音节数和韵律模式有直接关系,如果其韵律模式与句法、语义、语用均有一致的表现,那么它就应该是最佳选择。

关键词 "之"字结构 重音推导 韵律模式 音步

一、本文研究范围

1.1 现代汉语中"之"和"的"的对立分布

冯胜利(2009:183)曾经举过如下一组例子:

(1)［北京］［之春］── *［北京］［之春天］

(2) *［北京的］［春］── ［北京的］［春天］

(3)［平台］［之上］── *［平台之］［上边］

(4) *［平台的］［上］── ［平台的］［上边］

它们的主要特点是：在语法意义、表达意义基本相同的情况下，意义相近的"之"和"的"，在分布上呈现对立的现象。具体说来，"之"的主要语法特点是贴附在"之"后的 N/NP 上，与后面的成分组成一个韵律单位，而"的"则贴附在"的"前面 N/NP 上，与前面的成分组成一个韵律单位。这其中的原因可能不只是句法、语义的因素，而韵律在其中也起到了控制的作用。本文即以这种对立为出发点，对现代汉语中仍然使用的"之"字结构进行详尽的分析与描写，并试图解释这种对立产生的来源。

1.2 本文的研究范围

在现代汉语中，"之"字结构有多种意义模式，本文对研究范围做如下三个界定：

第一，"之"只限结构助词；

第二，"之"字之后只限体词性成分；

第三，"之"字结构不包括"之内、之间、之后、之前"等已成词的结构。

根据以上界定，本文对于"之"字结构的研究主要包括以下几种格式：（文中以 σ 代表音节，下同）

(5) [σσ] 之 [σ]：男女之别、青春之歌

(6) [σ] 之 [σσ]：天之骄子、春之序曲

(7) [σ] 之 [σ]：春之歌、雀之舞

(8) [σ] 之 [σ]：人之初、父之过

(9) [σσ] 之 [σσ]：止血之功效、万物之本源

(10) [σ…σ] 之 [σ]：义勇军之歌、强身健体之效

(11) [σ…σ] 之 [σσ]：救国救民之真理、不可告人之企图

二、"之"字结构的分类描写与研究

2.1 汉语双音形式的一般重音模式

俞敏（1989：205）、徐世荣（1982）、冯胜利（2009：68）的研究成果均指出，汉语双音形式的一般重音格式是"轻重"或者"中重"，即双音节词汇（复合词或者标准韵律词）的一般重音模式都是"轻重"型（不包括用久的老词如"朋友"，也不包括由词缀构成的词如"椅子"）。

2.2 自然音步

冯胜利（1996）指出，汉语最基本的音步是两个音节。就是说，双音步音节是最一般的，尽管单音节音步跟三音节音步也存在……把双音节音步作为汉语最小的、最基本的"标准音步"，把其他音步形式看做标准音步的"变体"：单音步是"蜕化音步"（degenerate foot），三音节音步是"超音步"（super foot）。"蜕化音步"跟"超音步"的出现都是有条件的……超音步的实现条件是：在一个语串中，当标准音步的运作完成以后，如果还有剩余的单音节成分，那么这个/些单音节成分就要贴附在一个相邻的双音步上，构成三音步。"蜕化音步"一般只出现在以单音节词为"独立于段"（independent intonational group）的环境中，这时它可以通过"停顿"或"拉长该音节的元音"等手段去满足一个音步。

2.3 [σσ] 之 [σ] 的韵律模式分析

在前文中已经指出，这种"[σσ] 之 [σ]"的模式，与"[σσ] 的 [σ]"形成了一种对立，总结公式即为：

(12) [σσ] 之 [σ] ——*[σσ] 的 [σ]，如：
(13) 青春之歌——*青春的歌——青春的歌曲
(14) 北京之春——*北京的春——北京的春天
(15) 平台之上——*平台的上——平台的上边

这里除了合法性以外，它们的实际读感也有所不同。在实际读感中，我们都会把这个四字组读作"北京#之春"，而不是"*北京之#春"，因此我们可以推论，"之"是贴附在后音节"春"上，而且在停延和韵律表现上，"之"明显是与"春"合成一个单位，与"北京"对立出现，如图 1 所示（文中用 Σ' 表示超音步，Σ 表示音步，σ 表示音节，w 表示弱读，s 表示强读，下同）

由此我们可以判断，"北京之春"和"北京的春天"，在音步组向上有所不同，"北京之春"里面的"之"字，在韵律上属于后贴（冯胜利，1997），形成了 [[北京][之春]] 的音步模式，而"北京的春天"里面的"的"字，在韵律上则属于前贴，形成了 [[北京的][春天]] 的音步模型。

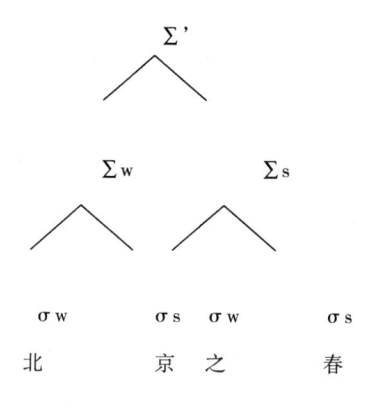

图1 "北京之春"的重音分析模型

2.4 [σ⋯σ]n 之 [σ] 的韵律模式分析

与上面的 [σσ] 之 [σ] 类似,[σ⋯σ]n 之 [σ] 模式与相应的"的"字结构也存在着使用上的对立:

(16) [σ⋯σ]n 之 [σ] ——*[σ⋯σ]n 的 [σ],如:

(17) 强身健体之效——*强身健体的效——强身健体的功效

(18) 妙手神医之子——*妙手神医的子——妙手神医的儿子

这类格式与上文有相似之处,如果是"之"字结构,则"之"字不轻读,且与后面的单音节成分贴附,组成一个双音节音步,如图2所示:

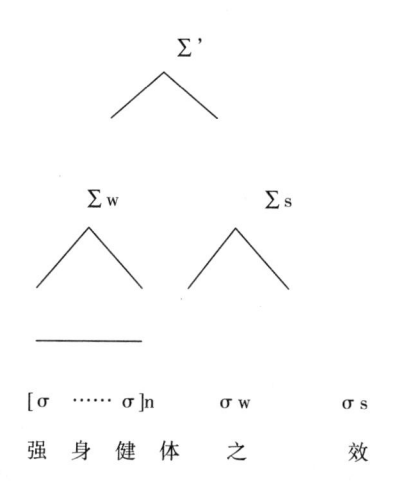

图2 "强身健体之效"的重音分析模型

· 219 ·

2.5 ［σσ］之［σσ］和［σ…σ］之［σσ］结构的韵律模式

根据自然音步的规则，双音节自成一音步，那么在这里，前面的［σσ］是一个已有的双音节，后面的［σσ］同样是已有的双音节词（如"水利之总汇"），那么，前后两个［σσ］都是现成的标准音步，再加入"之"的话，就需要把"之"贴附在某个音步之上。

我们在实际语料中观察到，在多音节的"之"字结构中，一般来说，"之"后成分不超过双音节，而"之"前成分则音节数不限。如："之"前成分为双音节：强大之火力、水利之总汇、前人之大成。"之"前成分超过双音节：新军阀之工具、救国救民之真理、不可告人之企图、农工组织之运动、人民所用之军队。

由此我们看出，这种［σ…σ］之［σσ］的格式中，［σ…σ］部分，要么自成一个双音节标准音步，要么成为三音节的超音步，要么是四音节的复合韵律词，要么是更大的句法成分，因此，它们在进入"之"字结构前，就已经成为了韵律上可以单独出现的成分，而"之"字后面的成分则一般是双音节的标准音步。我们推断，"之"字很可能贴附在后面的标准音步上，构成一个较为稳定的成分，而对其前面成分的规定性不是那么强，可以自由选择音节数，进入该结构，于是有了图3的结构模型：

如果是更大的结构，则继续分层构建，如图4：（以"人民所用之军队"为例）

2.6 ［σ之σ］的韵律模式分析

2.6.1 ［σ之σ］I类（以"春之歌"为例）

此处需要分析"之"字的贴附问题。"之"字作为功能词，在韵律表现上应该前贴才符合一般模式，如："我的书"、"吃了饭"，一般都会分析为"我的＋书"，"吃了＋饭"，而不是"我＋的书"，"吃＋了饭"。而根据实际读感，我们发现，在"之"字结构中，这种韵律停延则有所不同，"之"后贴，"春"与"之歌"中间可以增加一个停延，这种读音模式更符合实际，如："春～/之歌"，"下面一个节目——春～/之歌"，而不会读"春之～/歌"。据此我们认为，"之"字在韵律结构上是后贴，贴附在"歌"之上，而"春"字后面则可以有一个短暂的停延，于是构造成图5模式：（文中"Φ"代表"空音节"，下同）

这里对于这个"停延"模式的提出，是根据冯胜利（1996）指出的"蜕化

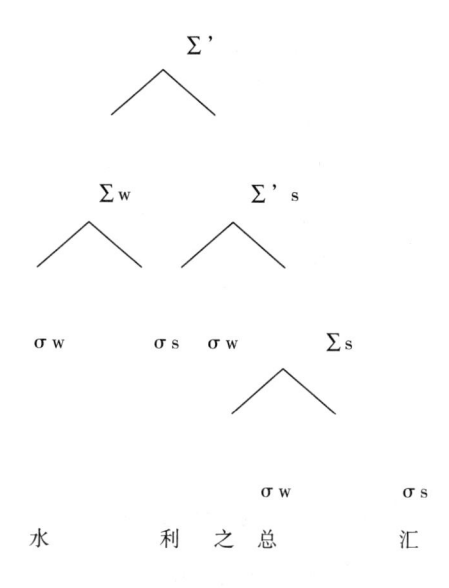

图3 "水利之总汇"的重音分析模型

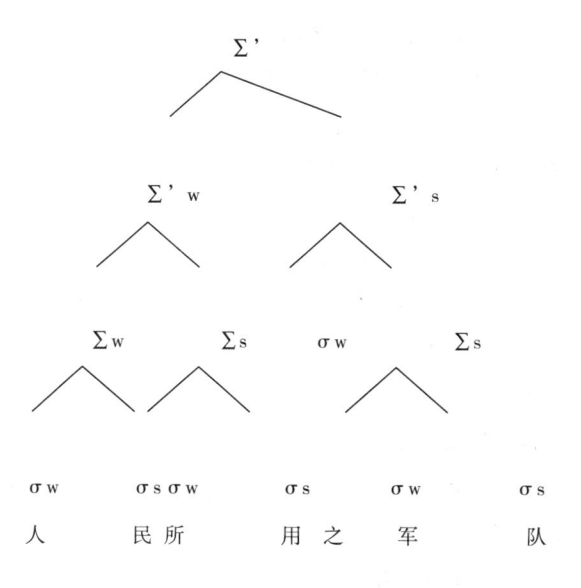

图4 "人民所用之军队"的重音分析模型

音步"一般只出现在以单音节词为"独立语段"（independent intonational group）的环境中分析而来的，据此，单音节音步是通过"停顿"或"拉长该音节的元音"等手段去满足一个标准音步的要求。也就是说，"停延"是由单音节的"蜕化音步"实现为标准音步的一个手段，因此，在这个表示"停延"的零音节和

· 221 ·

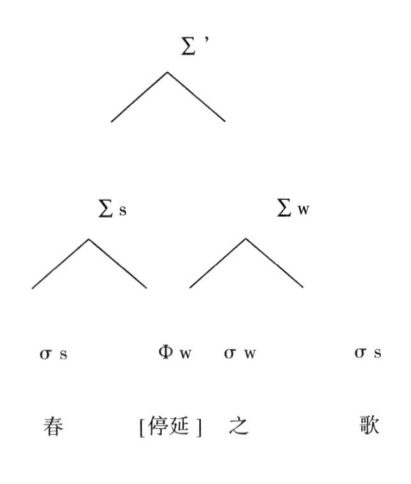

```
              Σ'
             /\
            /  \
          Σs    Σw
          /\    /\
         /  \  /  \
        σs  Φw σw  σs
        春  [停延] 之  歌
```

图5 "春之歌"的重音分析模型

"春"实现一个音步时,"之"字就只能后贴,去寻找后字"歌"来实现一个残音步,因此有了"春#之歌"的实际读法。

2.6.2 [σ之σ] II 类（以"人之初"为例）

在韵文和对比类的结构中,常常会出现"σ之σ,XXX"的结构,如"人之初,性本善",这类结构与上面"春之歌"之类有所不同。"人之初"类结构,在整体结构后,会有一个较为明显的停顿,而"春之歌"、"姚之队"中则没有（如:"姚之队成员刘炜与上海队签订了两年的工作合同"（来自北大 CCL 语料库）一句中,"姚之队"后可直接加名词结构,不需要任何停顿）。因此,它们有着与"春之歌"不同的生成方式。因为它的停顿是在整个结构（即σ之σ）之后,形成 [XXX 停]，[XXX 停] 的节奏模式,而且这个停延是必不可少的（例如拍手诵读三字经,一定是 [重轻重停]，[重轻重停] 的节奏模式）,因此我们需要在"初"后面增加一个停延的标记"Φ [PAU]",使之构成一个新的音步,而"之"由于后面的成分已经自成音步,只好贴附在"人"上构成一个残音步,形成 [2+2] 的韵律模式。

此时需要注意的是,因为"初+Φ [PAU]"形成了一个新的类似于双音节的音步,而"之"只是贴附在了"人"之上,并没有组成一个完整的音步,只是在音节上凑齐双音节，一般被看做残音步，并形成［2+2］的韵律模式①。这样一来，"初+Φ［PAU］"的韵律重量则会强于"人之"的重音分量，因此需要对上图中的重音范式进行调整，如图6所示。

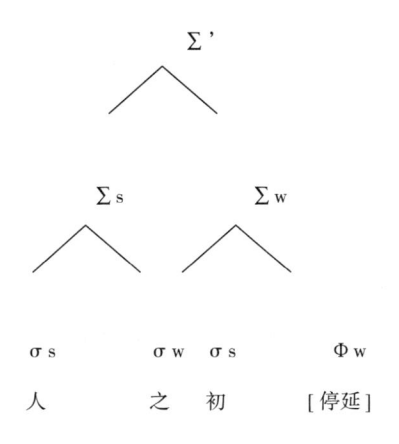

```
              Σ'
             ╱ ╲
          Σs     Σw
         ╱ ╲    ╱ ╲
       σs  σw  σs  Φw
       人   之   初  [停延]
```

图6 "人之初"的重音分析模型

此处"人"与"之"构成一个音步，然后"初"与后面的"停顿"构成一个音步，最后这两者再组合成一个更大的语言单位。也就是说，我们在读这类韵文或者对举结构时，节奏是：中轻重停，中轻重停。

2.6.3 ［σ］之［σσ］的韵律模式分析（以"春之序曲"为例）

按照节律树的模型，我们继续为［σ］之［σσ］画节律树。

此时如果加上"之"形成四音节模式，韵律结构还是迫使它们形成［2+2］的节律结构，于是"之"只能前贴，与"春"合并，形成一个新的成分，然后与"序曲"对立，形成［2+2］结构，如图7所示：

上文中对"之"字结构，"之"字前后不同音节数量的组合进行了重音模型的分析，比较［σσ］之［σ］和［σ］之［σσ］结构发现，它们的生成能力很不相同。对于这两种格式，在我们观察的"北大CCL语料库"的前130条无重复用例中，［σσ］之［σ］的格式占了82%，而同属四音节的［σ］之［σσ］却只有区区4条用例。分析原因我们发现，在［σ］之［σσ］格式中，重音模式发生了冲突，两个弱读音节连续出现，不符合节律的基本原则（轻重相间），因

---

① 根据冯胜利（2009）、端木三（1999）等人的观点，普遍认为在四字结构中，［2+2］的韵律格式要优于［1+3］和［3+1］，即使构词手段与之冲突，如"一衣带水"，我们会读作"一衣#带水"，而不是"一衣带#水"、"北四川路"我们也会调整为"四川#北路"，因此对于四字结构，［2+2］是最优的韵律模式。

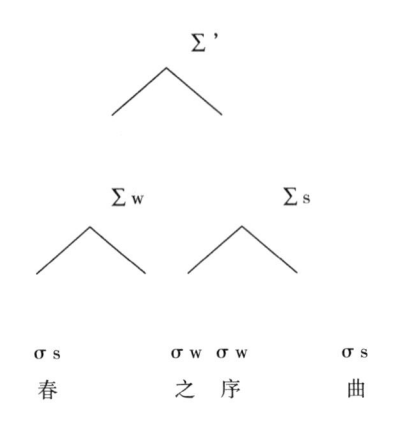

```
                    Σ'
                   ╱ ╲
                  ╱   ╲
                 ╱     ╲
               Σw       Σs
              ╱ ╲      ╱ ╲
             ╱   ╲    ╱   ╲
           σs    σw  σw    σs
           春    之   序    曲
```

图7 "春之序曲"的重音分析模型

此生成能力较弱。

三、主要特征与属性

我们从现代汉语中"之"和"的"的对比中发现，二者虽然同为功能成分的词，但是二者的韵律属性却不相同，在"之"字结构中，"之"不能轻读，这与汉语中一般虚词的韵律表现不同[①]。我们认为：因为功能性成分虽然通常都轻读，而此处由于特定构式的影响，使其必须读得声足调实，才能符合人们的语感，而"的"字由于永远不能重读，因此无法完成"之"字结构的韵律操作，无法与后面的单音节成分贴附而形成一个音步，由此我们可以形成如下假设：

语法功能上的虚词"之"——韵律上声调十足，不能轻读——常在庄雅体的语言中出现；

语法功能上的虚词"的"——韵律上表现为轻声，不能重读——可在"通体"中出现。

继续上文推论，可以发现，现代汉语中仍在使用的"之"字，在语法功能上，表现为虚词的特点，而在韵律上，它并不"虚"，也就是说，它还可以保留自己的声、韵、调十足的发音，而且也可以参与韵律上的音步运作。因此我们可以说，"之"不是"虚"词（此处"虚"词与平时所说的"虚词"不同，下文会详细说明），这里的"虚"，并不是指语法意义上的虚，而是指声韵调和韵律

---

① 这里采用的是冯胜利先生有关现代汉语"之"字不轻读的说法。

上的"虚"（冯胜利，2006），也就是说，古汉语中表示语法功能的"之"字，用到现代汉语时，句法上仍然是功能词，在韵律上却不能轻读，与现代汉语中的功能词在韵律上的表现呈互补分布：

古代汉语功能词——用于现代汉语——功能虚——韵律实
现代汉语功能词——用于现代汉语——功能虚——韵律虚

因此，对于这些古代汉语用于现代汉语中的功能词，韵律上并不表现出现代汉语口语中功能词的典型特征，我们可以称之为"韵律实词"（Prosodically content word）。这里"韵律实词"的定义主要就是：虽然这个词在语法功能上，表现出与虚词完全相同的分布，但是它却具有"韵律内容"——即十足的声、韵、调，这些韵律上的内容，决定了它在韵律上是"实词"，与普通的轻读的功能词划开了界限，我们根据冯胜利提出的"节律功能词＝韵律虚词"的结论，进一步总结了"韵律实词"的概念。

韵律实词：那些在语法功能上表现为虚词用法的语言成分，在韵律上却保留了十足的声、韵、调，有完整的韵律内容，它们被称作"韵律实词"，即"句法虚，韵律实"的一类功能性成分。

四、总结

通过前文分析，我们发现，"之"贴附在什么词之上，并不完全是由语法结构或者语义表达决定的，而是由音步内部的音节限制决定的，这似乎与一般的功能词的贴附法不同，一般的功能词在韵律上都要前贴在前面的实词上，而这里的"之"却大部分选择后贴，这似乎说明韵律上的一些表现，会影响到"之"的性质和整个结构的性质以及其表现。

对于这种影响作用，我们认为是由于其他音步的形成方式逼迫"之"去选择结构上的空位，进行凑足音节的运作，才造成了它的贴附位置与构词的要求不同，也就是说，韵律在这里促使构成形式发生了一些变化。

正是由于这种贴附情况的存在，因此，如果贴附发生的次数较为频繁，且有固定选择的趋势，那么就可能形成一个较为固定的结构，如："之内、之间、之上、之下、之前、之后"等，这也正是韵律促发的词汇化现象之一。

参考文献

［1］端木三（1999）重音理论和汉语的词长选择,《中国语文》第4期。

［2］端木三（2000）汉语的节奏,《当代语言学》第4期。

［3］端木三（2007）重音、信息和语言的分类,《语言科学》第5期。

［4］冯胜利（1996）论汉语的"韵律词",《中国社会科学》第1期。

［5］冯胜利（1998）论汉语的"自然音步",《中国语文》第1期。

［6］冯胜利（2000）《汉语韵律句法学》,上海:上海教育出版社。

［7］冯胜利（2005）《汉语韵律句法研究》,北京:北京大学出版社。

［8］冯胜利（2006）论三音节音步的历史来源与秦汉诗歌的同步发展,《语言学论丛》第三十七辑。

［9］冯胜利（2009）《汉语的韵律、词法与句法》,北京:北京大学出版社。

［10］王洪君（2008）《汉语非线性音系学》,北京:北京大学出版社。

［12］王晶、王理嘉（1993）普通话多音节词音节时长分布模式,《中国语文》第2期。

［13］王志洁、冯胜利（2006）声调对比与北京话双音组的音重类型,《语言科学》第1期。

［14］徐世荣（1982）双音节词的音量分析,《语言教学与研究》第2期。

［15］俞　敏（1989）《俞敏语言学论文集》,黑龙江:黑龙江人民出版社。

［16］Chomsky, N., & M. Halle. 1968. *The Sound Pattern of English*, New York: Harper & Row.

［17］Duanmu, San. 1990. A Formal Study of Syllable Tone, Stress and Domain in Chinese languages. Doctoral dissertation, MIT, Cambridge, Mass.

［18］Hogg, R., & McCully, C. B. 1987. *Metrical Phonology*. New York: Cambridge University Press.

［19］Liberman, M. & Prince, A. 1997. On stress and linguistic rhythm. *Linguistic Inquiry*. 8.

汉语单双音节同义动词的韵律形态研究[①]

骆健飞

提要 汉语单双音节同义动词在语义和使用上有很多差异，但是目前还没有系统地从语法规则、韵律形态层面对其进行全面的考察。因此，本文对《现代汉语词典》（第六版）中出现的具有互释关系的单双音节同义动词进行统计和分析，考察其对应规则和韵律形态的规则，发现在不可替换的用例中，81%与韵律的形态功能有关。具体说来，首先是动宾搭配问题，其次是嵌偶单音词问题，再次是双音节动词的"泛时空化"特征，最后是单双音节的语体特征不同，由于这些因素的影响，使得部分单双音节同义动词在实际使用中，具有一定的不可替换性。

关键词 单双音节同义动词 韵律的形态功能 语体特征 泛时空化特征

一、引言

汉语单双音节同义动词在语义和语用上有很多差异，考察前人研究可以发现，他们的研究重点主要集中在以下三个方面：首先是单双音节动词的对比研究。张国宪（1989，1990）对单双音节动词充当的句法成分和搭配功能进行了考察，他指出，单音节动作动词是全民族经常使用、为一般人所共同理解的基本词，而双音节动作动词大都产生较晚，是"五四"以后才大量出现的一种新兴词。二者功能不尽相同。刘智伟（2005）则对含同一语素的同义单双音节动词是同义词进行了穷尽性的考察，发现它们之间的异同关系涉及到语音、语法、词汇、修辞等多个方面。其次是双音节动词的名词化研究。陈宁萍（1987）提出，

[①] 本课题受北京语言大学校级科研项目（中央高校基本科研业务专项研究基金，项目编号13YBT05）和北京语言大学青年英才项目的资助，特此鸣谢。本文部分内容曾在澳门大学主办的"第十五届汉语词汇语义学国际研讨会"上宣读，并以 Study on Prosodic Morphology of Chinese Verbal Monosyllabic – Disyllabic Synonyms 为题在 Chinese Lexical Semantics, 15th Workshop, CLSW 2014 发表。

双音节是汉语中动词转化为名词的一个必要条件。双音节动词的大规模出现导致了汉语名词类的扩大，反映出汉语由动词型语言向名词型语言的漂移。张伯江、方梅（1996）在分析名词活用为动词现象时提出，名词、非谓形容词、形容词、不及物动词、及物动词构成一个从典型名词到典型动词的等级连续，是一个名词性减弱、动词性增强的序列。最后是应用性研究。张平（2011）对同素同义单双音节动词的语义进行了计算与分析，他指出，同素同义单双音节动词在语用中的替换范围与二者的词义对应度正相关。二者的词义对应计算与分析表明，它们的词义对应有全同、真包含和交叉三类。程娟、许晓华（2004）则对HSK中的单双音同义动词进行了研究，文章结合对外汉语同义词教学中所存在的主要问题，依据一定的标准从《汉语水平词汇与汉字等级大纲》中筛选出181对单双音同义动词，讨论了单双音同义动词的分类与界定，以及单双音同义动词的主要差异等问题。

总之，虽然这方面的研究正在逐步深入，但无论是在理论探讨上还是在实际辨析中，都还存在着一些欠缺，比如缺乏历时分析、缺乏全面的解释、缺乏语料支撑、缺乏系统性研究等，因此，本文对《现代汉语词典》（第六版）中具有注释关系的单双音节同义动词进行了系统研究，用定量和定性相结合的方法，描写单双音节同义动词的可替换关系，并从韵律、形态和语体的角度，对其中不可替换的用例进行了解释。

二、单双音节同义动词的可替换度考察

2.1 单双音节同义动词的分布和用例数量

本研究选取了《现代汉语词典》中100个单音节动词为研究样本，这100个单音节动词都有对应的双音节同义词（以词典的注释关系为准），如：碍/妨碍，拜/拜访，毙/枪毙，测/测量，编/创作，怵/害怕等，这其中有的同义词拥有同一语素，有的则没有；另外，还有很多单音词对应了多个双音节同义词，如：吃——吸收/消灭/承受，因此双音节动词的数量要比同义的单音节词多。在研究中，为了考察单双音节同义动词的使用和替换情况，我们统计了词典中所使用的词例，如：充——充行家/以次充好/打肿脸充胖子，冒充——冒充内行/用党参冒充人参，表1是这100个单音动词所对应的双音动词数量及其用例情况：

表 1 100 对单双音节同义动词及其词例的数量统计表

项目	数量
单音节动词	100
双音节动词	213
单音节动词词例	369
双音节动词词例	464
词例总计	833

2.2 单双音节同义动词用例的可替换数量统计

本研究中对这些单双音节的同义动词进行了替换，所替换的材料就是表 1 中所列举的这 833 个词典中的用例，在对这些用例的替换尝试中，我们调查了北京人的语感和可接受度，并使用北大 CCL 现代汉语语料库进行辅助鉴定，考察替换后的语言材料的合法性，结果发现，其中 242 个用例是可以替换的，占全部语料的 29.1%，如：爱/爱护公物，办/办理入学手续。另外还有 12 个用例是加上某些虚词后可以合法使用，占 1.4%，如：这几天他好像有意躲避/躲着我。把这两项加在一起，则有 254 个（30.5%）是可以替换的，详细数据见表 2：

表 2 单双音节同义动词词例的可替换度统计

项目	数量	百分比
可以替换	242	29.1%
加虚词后可以替换	12	1.4%
可替换总计	254	30.5%
不可替换	579	69.5%

2.3 不可替换的单双音节动词用例数量的分布与比例

我们把这 579 个不可替换的用例进行了分类，主要有：

1. 单双音节搭配问题：虽然这两个动词语义相同，但是由于单双音节的搭配问题，使其中的一个变得非法，如：编/编辑，在"编"的例子中，词典中有"编报"和"编杂志"，在替换时，我们发现"编报——*编辑报"，而"编杂志——编辑杂志"，前者不能替换，后者可以替换，它们的语义基本相同，只是由于单双音节搭配的原因造成一个合法，一个非法。

2. 嵌偶单音词与合偶双音词：在汉语中，必须嵌入双音节模型才能使用的单音词，叫做嵌偶单音词；只能"双配双"的双音词，则称之为合偶双音词（冯胜利，2006：5-6）。如：筹/筹措，可以说"自筹资金"，却不能说"*自筹措资金"，因为"自"是嵌偶单音词，它只能在双音节模块出现，"*自筹措"这种三音节模块则不能出现，同样的例子如：自知——*自知道，自责——*自责备，自荐——*自推荐。因此这里的"筹"与"筹措"不能替换，是由于"自"这个嵌偶单音词的存在，而使其只能选择相应的单音节动词进行搭配。

3. 搭配对象的具时空性与泛时空化：单音节动词具有较强"时空属性"，而双音节动词则有较强的"泛时空性"，以"挖/挖掘"为例，"挖"可以说"挖槽、挖坑、挖土、挖钱"等，这里的"槽、土、坑、钱"等都是具体的事物，而"挖掘"则不能说"*挖掘土坑、*挖掘土壤"等，与之搭配更多的则是"挖掘财富、挖掘潜力"这些时空性较差的名词，正是韵律的语体属性的表现。①

4. 名词化现象：汉语的单音节动词具有较强的动作性，而双音节动词则可变形为 [-V]，如：保/保证：保/保证你一学就会，同时"保证"还有名词用法，如：安定团结是我们取得胜利的保证。又如"编/创作"：编/创作话剧，同时可以说"一部划时代的创作"，这些都是双音节动词名词化的例证。

5. 单音节动词的词化现象：一些单音节动词在与其他成分组合时，由于结构紧密，联合使用时间较长，造成词化现象，因此无法进行替换，如："表/表示"一组中，有"表达"一例，由于"表达"本身已经成词，因此无法用"表示"进行替换。这种情况主要发生于单音节动词中。

6. 双音节动词的引申义：一些双音节动词因为有了引申义，所以无法与对应的单音节动词进行替换，如"报/报销"：药费已经报/报销了，但是"报销"还有引申义，如"桌上的菜他一个人全给报销了"，此时不能进行替换。

7. 一些双音节动词也有转移词性的特征，但不是转移成名词，而是其他词性，如"作/作为"，"作为"可用作动词和介词，《现代》（第六版）：作为：①动：我把游泳作为锻炼身体的方法。②介：作为一个学生，首先得把学习搞好。

8. 其他：一些单双音节动词的用例，由于存在对举现象，因此不易替换，如：修/修补：修桥补路，擦/摩擦：摩拳擦掌，还有一些双音节动词有了离合用法，如：辞/辞职：他已经辞了职。这些都无法替换，归入"其他"类。

表3是这些类型的数量及所占百分比。

---

① "挖"和"挖掘"的相关例证来自于冯胜利2013年的《韵律、语体与中文教学》的讲座。

表3 不可替换的单双音节同义动词的类型与分布

类型	项目	数量	百分比
1	单双音节搭配	158	27.3%
2	嵌偶单音词与合偶双音词	54	9.3%
3	搭配对象的具时空性与泛时空化	190	32.8%
4	双音节动词的名词化	62	10.7%
5	单音节动词的词化	59	10.2%
6	双音节动词的引申义	12	2.1%
7	双音节动词兼具其他词性	6	1.0%
8	其他	38	6.6%
	总计	579	100%

二、不可替换的同义动词的韵律因素

3.1 不可替换的同义动词与韵律形态的关联度分析

在不可替换的用例中，除了第五项"单音节动词的词化现象"、第六项"双音节动词的引申义"和第八项"其他"以外，均与韵律和形态有关，也就是说，共有470个词例的不可替换性与韵律形态有关，占81.1%，如表4所示：

表4 不可替换的单双音节同义动词中的韵律形态因素分析

	类型	项目	数量	百分比
与韵律形态有关	1	单双音节搭配	158	27.3%
	2	嵌偶单音词与合偶双音词	54	9.3%
	3	搭配对象的具时空性与泛时空化	190	32.8%
	4	双音节动词的名词化	62	10.7%
	7	双音节动词兼具其他词性	6	1.0%
	总计		470	81.1%
与韵律形态无关	5	单音节动词的词化	59	10.2%
	6	双音节动词的引申义	12	2.1%
	8	其他	38	6.6%
	总计		109	18.9%
	合计		579	100%

下面讨论不可替换用例中的韵律形态因素。

3.2 动宾搭配与韵律条件的限制

冯胜利（1996、1998）指出，双音动词一般不能支配一个单音成分，这从下面的例子中能看出来：

种树——＊种植树——种植树木，读报——＊阅读报——阅读报刊

因此，在单音节动词的示例中，凡是"单＋单"的动宾型例子，基本上都不能替换为双音节的同义词，这类词例在语料中出现了158 例，占 27.3%，如：

保/保持：保温/＊保持温/保持温度，保鲜/＊保持鲜/保持新鲜；

吃/吸收：这种纸不吃墨/＊这种纸不吸收墨；

愁/忧虑：不愁吃/＊不忧虑吃，不愁穿/＊不忧虑穿①；

产/出产：产棉/＊出产棉，产煤/＊出产煤；产大豆/出产大豆，产大理石/出产大理石。

3.3 嵌偶单音词与合偶双音词的影响

冯胜利（2006）对"嵌偶单音词"进行了定义："这种必须嵌入双音节模型才能使用的单音词，叫做嵌偶单音词（monosyllabic word used in a disyllabic template)"，黄梅（2012）则进一步指出，嵌偶单音词是在现代汉语中发现的一类新的语言现象，这类单音词在现代汉语出现时同时受到了句法和韵律的制约，一方面，在句法上表现出了"句法自由"的属性，而在韵律上，则必须完成"组双"后才能出现在实际语言之中，而且在语体上一般都需要有正式、典雅的意味，因此，其替换性较差，很难使用对应的双音节动词进行替换。

合偶双音词也是同样的道理，如"到达"，可以说"到达北京、到达首都、到达法国"，却不能说"＊到达京、＊到达都、＊到达法"。

这种因为嵌偶单音词及合偶双音词的限制，造成无法替换的，在语料中有 54 个用例，占 9.3%，如：暗藏、目测、自筹、暗杀、善于引导、发起冲击等。

3.4 韵律的语法属性："具时空性"与"泛时空化"

韵律的语法属性包括单音节动词的"具时空性"和双音节动词的"泛时空化"，因此它们的搭配对象有所不同，单音节动词常搭配具象名词，而双音节动

---

① 在 CCL 语料库中，出现了"不忧虑吃什么，不忧虑穿什么"的用例，因为"忧虑"后边变成了词组，因此可以接受，而动词挂单则不能接受。

词常搭配不具备时空性的抽象名词，由于这种原因造成的不可替换词例非常多，达到 190 例，占 32.8%。下面分别讨论。

3.4.1 单音节动词的"具时空性"

本文以《说文解字》中的 21 个"手"部动词为例①，它们分别是：

表5 《说文解字》中"手"部动词的释义

词项	解释	词项	解释	词项	解释
1. 持	握也	2. 挚	持也	3. 拑	胁持也
4. 挚	握持也	5. 操	把持也	6. 擤	爪持也
7. 肇	撮持也	8. 握	搤持也	9. 㧌	捫持也
10. 捫	抚持也	11. 攝	理持也	12. 拚	并持也
13. 撢	提持也	14. 搔	引持也	15. 捡	急持衣袵也
16. 攄	挈持也	17. 搏	索持也	18. 撲	閱持也
19. 挟	俾持也	20. 挚	縣持也	21. 據	杖持也

其中涉及了多项"时空性"特征，如：

<u>单手</u>：把持；<u>双手</u>：并持、搤持；<u>手掌</u>：握持；<u>手指</u>：爪持；<u>方向</u>：提持也、引持也、俾持也；<u>速度/对象</u>：急持衣袵也；<u>工具</u>：杖持；<u>方式</u>：索持、閱持、理持。

由此可见，单音节动词具有非常丰富的时空性特征。

3.4.2 双音节动词的"泛时空化"特征②

动词的名词化形式相对于动词原形的形式，去掉了很多时空性的体现形式（如"-了、-过、-着"，重叠，及物性等），因此称之为"泛时空化"（冯胜利，2010）。泛时空就是让动词的动作关掉它个体性和具体性的"体"标记，使之接近或成为一个抽象的概念，如：

随着市场的扩大，产品销售已不成问题。

"市场的扩大"，不受时间、条件及方式的束缚，因为去掉了动作的时间、地点、方式、以至于程度等标识动作的具体（形态）标志。双音节动词正是由

---

① 关于《说文解字》21 个"手"部用例的材料也来自于冯胜利 2013 年的《韵律、语体与中文教学》的讲座，在此谨表谢忱。
② 关于"泛时空化"的概念以及相关例证来源于冯胜利 2013 年在中央民族大学的《语体语法的原理、机制与教学》的系列讲座。

于具有这种"泛时空化"特征，使其搭配对象变得更为抽象和概念化，因此与单音节动词无法进行自由替换。

3.5 双音节动词的名词化特征

在本研究中发现，与单音节对应的双音节动词，具有名词化特征的有62例，占10.7%，这里鉴定其名词化的方式有两种，一是词典中直接标注，该词也可做名词，或者其用法具有明显的名词用法和分布，如：料理——日本料理、韩国料理，采购——他在食堂当采购，依靠——女儿是老人唯一的依靠，创作——一部划时代的创作等等。

汉语动词成分的名词化，在较早的语言学研究中已有体现，如吕叔湘（1942、1952）、朱德熙（1985）、陈宁萍（1987）等，冯胜利（2009）则指出，"双音化是现代汉语动词变成名词或兼类词的必要条件和形式标记"，王丽娟（2009）进一步证实了双音节韵律形态具有将动词名词化的功能。王永娜（2013）从语体语法的角度讨论了谓词性成分名词化的构成机制，其原因是双音节动词忽略了个体事态的具体叙述，表现出了很强的泛时空性特征。本文通过考察词典中的用例发现，这些名词化的双音节动词，基本都不具备时空性的特征，也就是说，它们不具备时间、地点、方式、程度等内容，而是高度抽象化、概念化了。

四、总结

通过考察汉语单双音节同义动词的可替换度，我们发现，在不可替换的同义动词中，韵律形态起到了关键作用。

第一，"单双音节搭配条件"是较为重要的因素，在语义相同、语用相近的条件下，由于单双音节的韵律搭配关系而造成的不可替换词例，占了全部不可替换用例的1/4左右。

第二，由于汉语中"嵌偶单音词"与"合偶双音词"的存在，使一些搭配成分限定在单音或双音上，这也造成了部分单双音节同义动词的不可替换性，占了约10%。

第三，也是最重要的一个因素，则是汉语韵律的语法属性，即单音节动词的"具时空性"和双音节动词的"泛时空化"，由此原因，造成单双音节同义动词的搭配对象有了很大的差别，并导致30%的不可替换率。

第四，是双音节动词的名词化，也可以说是双音节动词的具有了"去动词化"的属性，它占了总量的约10%。

参考文献

［1］陈宁萍（1987）现代汉语名词类的扩大，《中国语文》第5期。
［2］程　娟、许晓华（2004）HSK单双音同义动词研究，《世界汉语教学》第4期。
［3］冯胜利（2006）《汉语书面用语初编》，北京：北京语言大学出版社。
［4］冯胜利（1996）论汉语的"韵律词"，《中国社会科学》第1期。
［5］冯胜利（1998）论汉语的"自然音步"，《中国语文》第1期。
［6］冯胜利（2009）论汉语韵律的形态功能与句法演变的历史分期，《历史语言学研究》，北京：商务印书馆。
［7］冯胜利（2010）论语体的机制及其语法属性，《中国语文》第5期。
［8］冯胜利（2013）语体语法的原理、机制与教学，中央民族大学系列讲座。
［9］冯胜利（2013）韵律、语体与中文教学，北京语言大学讲座。
［10］黄　梅（2012）《现代汉语嵌偶单音词的韵律句法研究》，北京：北京语言大学出版社。
［11］刘智伟（2005）含同一语素的同义单双音节动词研究，北京师范大学博士学位论文。
［12］吕叔湘、朱德熙（1952）《语法修辞讲话》，沈阳：辽宁教育出版社。
［13］吕叔湘（1942）《中国文法要略》，北京：商务印书馆。
［14］王丽娟（2009）从名词、动词看现代汉语普通话双音节的形态功能，北京语言大学博士学位论文。
［15］王丽娟（2013）这本书的出版——汉语韵律形态的个案研究，香港中文大学汉语韵律语法研讨会。
［16］王永娜（2013）谈书面语中"动词性成分名词化"的语法机制，《华文教学与研究》第3期。
［17］张伯江、方　梅（1996）《汉语功能语法研究》，南昌：江西教育出版社。
［18］张国宪（1989）单双音节动作动词充当句法成分功能差异考察，《淮北煤师院学报（社会科学版）》第3期。
［19］张国宪（1990）单双音节动作动词搭配功能差异研究，《上海师范大学学报》第1期。
［20］张　平（2011）同素同义单双音动词的语义对应计算与分析，《语言文字应用》第3期。
［21］朱德熙（1985）现代书面汉语里的虚化动词和名动词，《北京大学学报（哲学社会科学版）》第5期。

现代汉语书面语中连词"则"的考察

李 琳

提要 本文以语体为视角,考察"则"在政论、科学、公文及文艺语体中的分布及使用情况,得出结论:1. 在数量分布上,科学语体＞文艺语体＞政论语体＞公文语体,连接能力很弱。2. 在使用数量上"则"远少于同为连词的"而"。3. "则"可以分别出现在两个(或以上)分句中,构成平行句,体现其韵律及修辞功能。4. "则"的使用体现了书写者心理行为机制,即当语体对语言表达的中立性要求越高时,对"则"的选择就越具有倾向性。

关键词 则 连词 现代汉语书面语 语体

一、引言

现代汉语书面语中的文言语法成分是现代汉语的一个重要组成部分。"则"作为其一,无论在文言还是现代书面汉语中都起着不可忽视的作用。目前,学者们对"则"的研究重点几乎都放在古代汉语范围中。而在现代汉语范围内,学者们大多是在讨论研究"连词"或"副词"这个大范围时提及"则"。对于"则"的争议也多在于它是"关联副词"还是"连词"[①]。从语体视角出发,在现代汉语普通话共时层面对"则"进行考察的文章尚未发现。本文将客观呈现其分布、使用情况,论证其在现代汉语语法系统中的地位和存在价值。

二、"则"的分布情况考察

我们先按照一般分类方式将语体分为四类:政论语体、科学语体、公文语体及文艺语体,再选取出在总体字数上相互接近的样本代表,共得到 570 条语料。

---

① 本文以张宝林(1996a,1996b)对"则"的属性归类为准,认为"则"是连词。

如下表所示：

表1

语体	科学语体	文艺语体	政论语体	公文语体
样本代表	《21世纪牛顿力学》《中国哲学简史》《中国古代文化史》	散文3①	《邓小平文选》（三卷）	《法律条文》
总用例数	359	122	76	13

2.1 "则"在公文语体中的分布特点

"则"在公文语体中共出现13例，数量最少，但功能唯一："则"连接的前后两成分间的语义关系均为假设关系。绝大多数用例中，连接前项都有"如果""如"这样的假设关系标记，例如：

（1）凡有意从上述三个部分参加推选委员会的人，应向其所属团体（政治团体除外）报名；如未参加任何团体，［则］工商、金融界的人应向本行业内的团体报名，……

（2）关于挪用公款归个人使用的问题，首先应区别是否归还。如果归还了，［则］性质是挪用，……

仅一例无假设关系标记：

（3）国家工作人员主观上出于过失，在客观上具有下列行为之一，并造成重大损失的，［则］构成玩忽职守罪。

法规体是公文语体的一个分支类型，语言运用系统具有庄重、准确的特点。运用文言语词使得法规体具有庄重的特点，在句法上当然也需要相应色彩的虚词，如此才能构成较为严谨的程式。如例（2）、例（3）中"出于"、"过失"、"具有"、"下列"、"之一"、"使用"、"应"、"是否"、"归还"等都不是纯口语词，若将"则"换成"那么"或"就"：

（2a）关于挪用公款归个人使用的问题，首先应区别是否归还。如果归还了，［那么］性质是挪用，……

（3a）国家工作人员主观上出于过失，在客观上具有下列行为之一，并造成

---

① 文艺语体包括两类：散文类与小说类。严格来讲，小说类并不完全属于书面语，故不选取。

重大损失的，［就］构成玩忽职守罪。

感觉就很不一样了，或多或少地失去了文言性，同时法律语言庄重性也大大降低。法规语言运用系统符合"求简律"①，即以"少"来表达"明确"，因此在公文体的假设关系中，使用遗留在现代书面汉语中的文言成分"则"，不失为最好的选择。同时，为加强法律语言的明确性，往往在前边使用"如果""如"等关系标记。

2.2 "则"在科学语体中的分布特点

"则"在科学语体中出现最多，共359例。值得注意的是，绝大部分（226例）"则"连接前后两项在结构上是并列的，语义关系为"对比"。例如：

（4）原始种植业的两种不同类型，也基本形成，即北方黄河流域为种粟等作物的旱地农业，南方长江流域［则］为种稻等作物的水田农业。

（5）冷食习俗折射出先民曾经历过的食物匮乏阶段，改火仪式［则］标志着新耕作期的开始，它们在时间上是紧密相连的。

（6）高转筒车可以把水引到十丈以上高的地方。为了把水引向远处，［则］有连筒和架槽的发明。

不难发现，上述各例或有相同、相似的句式结构，如例（4）和例（5）；或在语义内容上对等且具有均衡性②，如例（4）中，"北方黄河流域"与"南方长江流域"属于"种植地区"范畴，"种粟"与"种稻"属于"种植类型"范畴，"旱地农业"与"水田农业"属于"耕地类型"范畴。例（5）中，"冷食习俗"与"改火仪式"是"寒食节"时民间与官方两个不同方面的习俗活动。而例（6）中"高转筒车"与"连筒""架槽"的对等，则是由于引水"至高""至远"两种不同功能。

科学语体的对比关系常被作者用以对比某一事物的两个方面，或对科学内容和事理作直接客观的陈述、分析，并无主观上的语义倾向。像这样连接两个单纯对比关系的"则"可以用"而"来替代，除结构上稍作变动外，语义上并无改

---

① 孙德金（2012）指出，人类书写时的心理机制概括来说有"四律"，即"求简律""趋雅律""谐体律""整齐律"。

② 严丽明（2009）指出，前后项意义的均衡性指的是前后项的意义没有轻重之别，前后项易位无损于语句整体意义的表达。对等性指的是前后所述内容在客观世界的分类谱当中出于同一范畴的同一层次上，受到同一上位概念或常规上位概念的直接统辖，或者前后项所述内容虽然不处于同一范畴中，但出于范畴体系的同一层级，是并存于同一事物之中的两个互相联系的不同方面。

变。例如：

(4a) 原始种植业的两种不同类型，也基本形成，即北方黄河流域为种粟等作物的旱地农业，而南方长江流域为种稻等作物的水田农业。

(5a) 冷食习俗折射出先民曾经历过的食物匮乏阶段，而改火仪式标志着新耕作期的开始，它们在时间上是紧密相连的。

(6a) 高转筒车可以把水引到十丈以上高的地方。而为了把水引向远处，有连筒和架槽的发明。

通过观察语料，我们发现在表示对比关系时，"则"或"而"基本上只选其一，当然也有二者共现的情况，但为数不多，例如：

(7) 当时各诸侯国的铜铸币——布、刀、圜铁等都有一定的流通范围，受地域的限制，而黄金［则］可通行于各国，不受国界限制，成为国际性货币。

"则"的分布特点与科学语体本身的特点有着密切的关系：首先，从语言运用的总体特点要求看，科学语体对客观事物、现象或规律的描写和论证力求确切、简洁，因此精确性、严密性和客观性成为科学语体的根本属性。因此，我们认为这是"则""而"这样的连词在科学语体中的特性。换个角度来说，这也反映出对比句式对连词选择的倾向性——为了语言表达的准确、严密、简洁而选择使用"则"。

一般来说，科学语体中语法手段的选择和使用也要与其语体特点相一致：句式比较规整，缺乏变换。因此有些时候即使两对比项距离较远，但句式结构较整齐，阅读时尚可意识到是同一事物之中的两个互相联系的不同方面在比较，例如：

(8) 南北方对雨师的信仰仍有不同。北方将雨师与星宿联系起来。《尚书·洪范》："星有好风，星有好雨。"孔传曰："箕星好风，毕星好雨。"《龙鱼河图》："天太白星主兵，其精下为雨师之神。"南方［则］称雨师为屏翳（也有称其为雷师、云师者）。

不过，也不排除另一种情况，即两对比项在句式结构上并不整齐，如上例(6)。在句式结构上非常规整，句子可改写如下：

(6b) 高转筒车可以把水引到十丈以上高的地方，连筒和架槽可以把水引向十里以外远的地方。

此时便可以省略"则"，阅读者便可轻易而知作者在讨论"引水问题"的

"高"与"远"两个方面。若在原句基础上省略"则",如:

(6c) 高转筒车可以把水引到十丈以上高的地方。而为了把水引向远处,有连筒和架槽的发明。

阅读者恐不能立刻把握"引水问题"的主要两方面。

还有两对比项间距较远的情况,例如:

(9) 宋代宫廷中有掷银瓶于水中,令人争夺的作法,后来相沿成俗,流行江浙一带。有的掷土罐,有的掷鸭子、猪脬。这可能是因为此地龙舟笨重,人们用这个办法来代替竞渡夺标。

胡三省曾这样描写竞渡场面:"植标于中流,众船鼓楫竞进,以争锦标,有破舟折楫、至于沉溺而不悔者。"这种以速度争胜的形式内在意义,曾有德·格鲁特(de Groot)试图加以解释。他认为其本原是初民模仿真龙相斗而竞渡,以求得大雨,获得丰收。江西《新喻县志》的记载与之相近:"端午龙舟竞渡,犹传楚俗。每旱云祷,或近龙而激潭洞,或近巫以驱魃厉,盖《周礼》索鬼神之谓也。"向水中投掷食物[则]是为了安抚水神或龙神。

若将"则"省略,那么阅读者恐怕不能知道"向水中投掷食物"与什么对比,也不能知道此处为何出现这一句。

总之,"则"在连接对比关系时的表达作用,首先是起加强紧密程度的作用。去掉"则",句法要求、语义关系都不会发生改变,但前后两项之间的关系就会变得较为松散而不紧密。加入"则"使得前后贯通为一完整表达,而不是孤零零的两个分支,同时也对前后两对比项起到提示作用。

2.3 "则"在政论语体中的分布特点

"则"在政论语体中共有76个用例。从数量上看,最典型的是连接对比关系(44例)。例如:

(10) 在形式的发展上应有两方面,一方面是向比较复杂的高级的形式发展,另一方面[则]应向比较简单的普及的形式发展。

(11) 党校带有经常的性质,学习时间长一点。党校还要培养理论干部,要求学员系统地读些书。轮训,[则]时间较短。

以及和假设关系(12例)。例如:

(12) 如果我们没有根据地,[则]抗日与民主政治的建设乃至反攻将无所依托,切不要忘记历史上没有根据地时候的痛苦。

(13) 假设一定要定个先后的话，[则] 应根据中国革命的特点、战争的特点，将武装放在第一位。

政论语体中"则"在连接对比、假设关系上表现较突出，与政论语体本身的特点有关，也可能与个人风格有关。政论语体的功能在于通过对社会政治问题的阐述，动员广大群众，为本阶级的利益而工作。像《邓小平文选》这样多为报告、讲话等体式，而演说语言的目的是产生巨大的感染力和说服力，语言既要通俗化，又要不失庄严性，同时还应简洁。在严肃的场合，演说者常使用古语词或文言语法形式；为了使广大群众明白深奥的道理，又需要使用群众语言比喻、说明。因此，政论体在语言形式的使用上不像公文语体那样单一，而是趋于复杂。

2.4 "则"在文艺语体中的分布特点

与政论语体相似，"则"在文艺语体中连接并列关系 > 因果关系 > 转折关系，但各类情况在量上并无突出之处。对比关系例如：

(14) 我有一个特别的想法，我以为夏天冬天是住小城或者乡村为好，秋天 [则] 最好在都市里消磨，……

(15) 客人一到，男主人即上街办吃场，女主人即入厨罗酒浆，客人 [则] 坐在客堂里口嗑瓜子，耳听碗盏刀俎的声响，等候吃饭。

这类最多，近一半。此外还有假设关系，并且前一分句的假设标记种类增加，有"若""倘""假使"等。例如：

(16) 倘要提高作者的自觉，[则] 从作品中汲取理论，而以之为作品的再生产的衡量，自然是有益处的。

(17) 我听了这些话后，嘴上虽则不念出来，但心里却也私地转想了好几次。腹诽若要加刑，[则] 我这一篇琐记，又是自己招认的供状了，罪过罪过。

值得一提的是，"则"可以成对出现，构成平行句，虽在政论和科学语体中也有出现，但是在文艺语体使用最多（14例）。详见下文讨论。

三、综合讨论

3.1 "则"与"而"比较

同为连词的"而"与"则"，在数量上"则"的使用远不如"而"。在同样四类语体样本中,"而"有两千多例,"则"不到六百例。下表更加直观地说明二者在各语体中的数量分布。

表2

语体	科学语体	文艺语体	政论语体	公文语体
"则"总用例数	359	122	76	13
"而"总用例数	879	859	598	281

二者在数量上悬殊如此之大,似乎可以说明"则"不如"而"使用灵活,也似乎可以说明"则"对使用条件的要求更高。

"则"在科学、政论、文艺语体中最常见的功能是连接对比关系,而"而"则不同,如在政论语体中,"而"常连接对照关系("不是……而是……""是……而不是……"等)。在公文语体中,"而"最常连接一般因果关系与转折关系,而"则"仅连接假设关系。综合来讲,"则"的使用似乎比"而"更加趋于专一,当然这种专一也不是绝对的,因为"则"也可以连接递进关系、一般顺接关系、甚至可以开启另一话题,只是非常少见。

"则"与"而"的不同之处还在于它们有着各自独特的句法功能,"则"可以成对出现,构成平行句,并且当"则"前为单音节词时,"则"不能省略;"而"可以表示变化过渡("由喧腾而鼎沸""山路渐渐由倾斜而倒悬,而窄狭而迂曲"等)。

然而,在各语体中的分布中,"则"与"而"相同,均为科学语体＞文艺语体＞政论语体＞公文语体。同样,"则"的连接能力也较弱,常与"而""但"等有连接能力的词语共现。另一方面,在判断"则"连接前后两项是转折还是对比,是对比还是简单的平列时,往往难以界定。如:

(18) 祖母很和蔼地在微笑着抱住我亲吻,弟妹[则]牵着我的衣要求我讲《红毛野人的故事》,我似醒非醒地在觉伤心,叹了一声深长的冷气。

(19) 长江一带,芦花可以到冬至而不败,红时也有时候会保持得三个月以上的生命。钱塘江两岸的乌桕树,[则]红叶落后,还有雪白的桕子着在枝头,一点一丛,用照相机照将出来,可以乱梅花之真。

例(18)中书写者是要对比"祖母"和"弟妹"的不同行为,还是转而描写"弟妹"的行为令自己为难,还是一般地描写当时的场面?这似乎很难判断。同样,例(19)中书写者是要将"芦花"与"乌桕树"对比,还是要转折说明"乌桕树"的花期更长?这句若在科学语体中,便能清楚地分出是对比关系;但在文艺语体中，就很难辨别区分了。这种现象说明"则"的转折能力并不强。

3.2 "则"的韵律功能及修辞能力

除公文语体外，我们在其他三类语体中或多或少发现"则"可以分别出现在两个（或以上）分句中，构成平行句。政论语体中例如：

（20）在游击区，［则］在武工队的统一组织下，采取县区游击政权的形式，在乡村［则］保留旧的形式而逐渐加以改造，充实其民主的内容。

（21）如条件许可，［则］应派队向西发展，截断京杭公路，如敌进攻，［则］求得在野战中逐步地予以歼灭，如力量不足，［则］继续巩固阵地，以待第七、第九兵团赶到时协同歼灭之。

文艺语体中例如：

（22）打橘有道，轻［则］不掉，重［则］要破。

（23）画家他深知创形的秘密，发现这形后面有一个什么神，发号施令，在陆地［则］赋形为劲悍的肢体、巨丽的皮革。在天空［则］赋形为剽疾的翮翼、润泽的羽毛。

科学语体中例如：

（24）武帝好大喜功，外［则］对四境扩大疆土，屡次用兵；内［则］大兴水利和其他工程，弄得民穷财尽。

（25）古讳屎字。叙述语中，遇屎［则］改为矢或通字，对话时，［则］改为恶字。

有"则"存在的平行句一共不到三十例，却较有特点。某些句中的"则"可以省略，如例（23）、例（25），但若将例（22）与例（24）中的"则"省掉：

（22a）？打橘有道，轻不掉，重要破。

（24a）？武帝好大喜功，外对四境扩大疆土，屡次用兵；内大兴水利和其他工程，弄得民穷财尽。

则要么句法不通，须另添"对（内）""对（外）"，如例（24）；要么读起来要刻意在"轻""重"后稍作停顿，如例（22）。

不难发现，平行句中的两个分句间的语义往往为对比关系。上文说过，"则"连接的对比关系数量不少，但其中的平行句却不多。第一与语体有关。

"书写者在心理上总要追求表达的雅致、庄重或优美"（孙德金，2012），因此会使用文言语法成分。用两个"则"构成平行句，体现出书写者重视表达形式的规整、雅致。另外，拿文艺语体来说，14 例平行句中，就有 5 例出自俞平伯，2 例出自臧克家，2 例出自郁达夫，因此选择用"则"构成平行句也与个人写作风格有关。

3.3 书写行为的心理机制与语言形式的选择

语体对语言表达的某一方面要求越高，对语法形式的选择就越具有倾向性；同样，书写者也会有意无意地遵从"谐体律"的要求，即对语言成分的选择和使用与语体和谐一致。（孙德金 2012）换言之，当语体对语言表达的中立性要求越高时，对"则"的选择就越具有倾向性；当"则"构成雅致的平行句时，出现在庄重的语体中的机率也比较少。如在公文语体中，"则"的功能唯一，只连接假设关系。在科学语体中，主要连接对比关系。在政论语体中也主要起连接这两种关系的作用。

四、结论

通过对语言事实的考察，我们得出结论："则"作为文言语法成分在现代书面汉语中表现出特定的语用功能，如在公文语体、科学语体中的表达功能，书写者追求"四律"而选择使用"则"等，而"则"与"而"的相异之处也更加体现出二者的不可替代性。这就是"则"在现代汉语语法系统中的地位和存在价值。

参考文献

［1］北京大学中文系 1955、1957 级语言班（1996）《现代汉语虚词例释》，北京：商务印书馆。
［2］吕叔湘（1992）通过对比研究语法，《语言教学与研究》第 2 期。
［3］马建忠（1898）《马氏文通》，北京：商务印书馆。
［4］孙德金（2012）《现代书面汉语中的文言语法成分研究》，北京：商务印书馆。
［5］严丽明（2009）表示对比的连词"而"，《暨南大学华文学院学报（华文教学与研究）》第 1 期。
［6］张宝林（1996）连词的再分类，《词类问题考察》，北京语言学院出版社。
［7］张宝林（1996）关联副词的范围，《词类问题考察》，北京语言学院出版社。

语言测试及教育技术研究

汉语水平测试中语法题的题型

龚君冉

提要 语法题是语言测试中常见的一种测试项目。本文希望通过考察原汉语水平考试中心各级、各类测试中语法题的题型,对汉语水平测试中使用过的语法题题型进行梳理,为今后汉语水平测试和成绩测试中语法题的设计提供参考。通过梳理,本文发现较低等级测试中语法题的题型无法测查到遗漏和误加两种语法偏误。针对这一问题,本文提出了使用"空选项"和"非等长选项"两种多项选择题的设想。

关键词 汉语水平测试 语法题题型 语法偏误

一、语法偏误类型

语法题测查的是应试者掌握语法项目的情况。不论用什么具体题型来测查语法项目,命题者都应了解应试者最容易在什么地方出错,不能只根据主观判断来命题,否则不能准确、有效地判断出应试者是否完全掌握了要测查的语法项目,进而影响到试题的效度。汉语水平考试长期的实测结果说明,对应试者的偏误有较强针对性的试题,其测后数据会较好。

下面具体看一下语法偏误的类型。

首先要说明的是,本文所考察的是狭义的语法偏误,仅包含虚词及句法上的偏误,不包含语义、语篇等方面的偏误。

对语法偏误类型的划分有很多角度,本文为了方便结合题型讨论,只按照偏误的外在形式进行划分,具体参照鲁健骥(1994):

1.1 误代

误代"是由于从两个或几个形式中选取了不适合于特定语言环境的一个造成的偏误",简单说就是该用这个却用成了那个。例如:

（1）＊她把汉语学得很努力。①

留学生不知道"把"字句应在强目的性、主观性或结果性的语言环境使用，而在非上述条件下使用了"把"字句，产生了误代。

1.2 遗漏

遗漏"是指由于在词语或句子中遗漏了某个或某几个成分导致的偏误"，简单说就是该用却没用。例如：

（2）＊那本书我看［了］三天。

在留学生的母语中没有结构助词这一语法形式，受母语影响易产生遗漏。

1.3 误加

误加，是指由于在词语或句子中误加了某个或某几个成分导致的偏误，简而言之就是不该用却用了。例如：

（3）＊他越来越［很］高兴。

留学生学了在一般肯定的形容词谓语句中要用"很"，但是不知道在有其他修饰成分时应去掉，造成误加。

1.4 错序

错序"是指由于句中的某个或某几个成分放错了位置造成的偏误"。例如：

（4）＊明天我想还去看电影。

留学生受母语影响，没有掌握副词"还"应放在助动词前面，造成了错序。

需要指出的是，不能将错序简单地理解为，在该出现的位置上的遗漏和在不该出现的位置上的误加，因为造成错序与遗漏或误加的根源是不同的。出现错序时，需要表达完整语义的句子成分是不多不少、准确无误的，问题出在对这些句子成分先后顺序的安排上，是意义和顺序之间出了问题；而出现遗漏或误加时，需要表达完整语义的句子成分就是不完备的，是意思和内容之间出了问题，可见是两类不同性质的偏误。

---

① "＊"在句首表示有偏误的句子；在选项后表示该选项为正确选项。

二、汉语水平测试中语法题的题型

对于原汉语水平考试中心的各级、各类客观测试来说，不论是否像 HSK（初、中等）那样单独把"语法结构"作为独立的分测验列出，各测试中都包含单独测查语法项目的试题，基本涵盖了汉语水平测试中大部分语法题的题型。

那么，汉语水平测试中的语法题能否涵盖对上述 4 种语法偏误的测查呢？首先需要对语法题的题型进行梳理。原汉语水平考试中心编制的客观测试有：HSK（高等）、HSK（初、中等）、HSK（基础）、HSK（入门级）、HSK（改进版）[高级]、HSK（改进版）[中级]、HSK（改进版）[初级]、C.TEST（A-D）、C.TEST（E-F）和 C.TEST（G 级）共 3 大系统、10 个小类。由于各级、各类测试的目标应试者水平不同，因此在选择语法题的题型上也有所不同。由于本文不考察语义、语篇等方面的偏误，所以像 HSK（高等）和 HSK（改进版）[高级]中专门测查语篇衔接的语句排序题不在此次研究的范围内。

2.1 多项选择题

多项选择题是一种常用的客观题题型，一般由题干和选项两部分组成，要求应试者按照规定，从选项中选出正确答案。在汉语水平测试中，用来测查语法项目的多项选择题存在多种形式，共 3 大类、9 小类，具体见下：

2.1.1 有题干有选项

此大类包括"选词填空"、"完形填空"和"半句语序"3 个小类。

2.1.1.1 选词填空

"选词填空"是最为常用的一种多项选择题题型。使用这种题型测查语法项目的有 HSK（高等）、HSK（初、中等）、HSK（基础）、HSK（改进版）[初级]、C.TEST（A-D）、C.TEST（E-F）和 C.TEST（G 级）。具体试题形式如下：

(5) 每一本书，____大书小书，都有它的用处。

    A 只要

    B 不论 *

    C 即使

    D 尽管   HSK（初、中等）样题

"选词填空"题干中的空儿可以根据需要设计若干个，但是选项只有一套。

例如：

（6）如果你去买一件普通的衣服，一般来说不要花费____时间。但是当你想要买一件最____自己身份的服装时，就非得____一番功夫不可了。最好是找一家你____的商店，利用店里生意较为____的时候去购买，这样便于认真挑选。

A 多少　合适　有　看得起　淡季

B 什么　适当　来　买得起　平淡

C 多少　适应　做　合得来　淡淡

D 什么　适合　下　信得过　清淡* 　　　　　　HSK（高等）样题

HSK（高等）中使用的这种"选词填空"大多用来测查词语搭配，但一些试题会涉及到语法项目，也在此提及。

从例题不难发现，"选词填空"只能测查误代，无法测查其他3类偏误。

2.1.1.2　完形填空

"完形填空"的题干一般来说是一段话，其中有若干个空儿，而且每个空儿都有独立的一套选项，这是与"选词填空"的根本不同所在。"完形填空"是一种综合题型，词汇、语法、语义、语篇等能够考到。HSK（初、中等）、HSK（基础）和 HSK（改进版）[中级] 在使用这一题型也会涉及到对语法项目的测查，例如：

（7）到2000年，中国的家庭将会怎样<u>141</u>？社会<u>142</u>家邓伟志所著的《家庭的明天》对此做了预测。

出生<u>143</u>：不必像现在这样采取强硬措施，人们就会自觉地少生，<u>144</u>不生。

141　A 呢*　　　B 吗　　　C 了　　　D 着

142　A 者　　　B 学*　　　C 的　　　D 人

143　A 地　　　B 日　　　C 率*　　　D 时

144　A 甚至*　　B 而且　　C 都　　　D 也　　　HSK（初、中等）样题

与"选词填空"一样，"完形填空"只能测查误代，无法测查其他3类偏误。

2.1.1.3　半句语序

使用"半句语序"的有 HSK（初、中等）、HSK（改进版）[初级]、C.TEST（A-D）和 C.TEST（G级）。具体试题形式如下：

（8）山里的孩子_____。

A 不容易就是读起书来

B 读起书来就是不容易 *
　　C 读书起来就是不容易
　　D 读起来书就是不容易　　　　　　　　　　HSK（初、中等）样题

这种类型只能测查错序，无法测查其他 3 类偏误。

2.1.2　没题干有选项

此大类包括"全句语序"、"多句挑错"、"独词语序"和"搭配"4 个小类。

2.1.2.1　全句语序

在 HSK（基础）中使用了这一题型，例如：

（9）　A 他能说流利的汉语。*
　　　B 他汉语能流利的说。
　　　C 汉语他说的能流利。
　　　D 汉语他流利的能说。　　　　　　　　　HSK（基础）样题

对比"全句语序"与"半句语序"可以发现，其实二者并没有本质不同，都是对同一句话或其中同一部分的语序进行测查，"全句语序"也只能测查错序偏误。

2.1.2.2　独词语序

在 C. TEST（A－D）中使用了这一题型，例如：

（10）　A 可惜的是，这个道理不是人人都能真正懂得的。*
　　　　B 可惜是的，这个道理不是人人都能真正懂得的。
　　　　C 可惜是，这个的道理不是人人都能真正懂得的。
　　　　D 可惜是，这个道理不是人人的都能真正懂得。
　　　　　　　　　　　　　　　　　　　　　C. TEST（A－D）真题

这种类型测查的是单个词语在句中的位置，也是错序偏误。

2.1.2.3　多句挑错

这种类型是一种综合题型，也可以测查词汇、语法、语义、语篇等多种知识及能力。HSK（改进版）[高级]使用了这一题型，例如：

（11）　A 这天下午，两个人在各自的办公室里都工作到很晚。
　　　　B 作为皇家园林，避暑山庄湖光山色，非常美丽。
　　　　C 我们相互看看，谁都没有说话，屋里静静的。
　　　　D 我想搬家时，她不但不生气，反而整天给我找麻烦。*
　　　　　　　　　　　　　　　　　　　　HSK（改进版）[高级] 样题

这一题型与上述各题型的不同在于不是选正确项，而是选错误项。由于选项是 4 个各自独立的句子，互不影响，也没有选项长度一致等外在形式的限制，可以说是最自由的客观题型，能够测查全部 4 种语法偏误。

2.1.2.4 搭配

"搭配"一般用来测查词汇项目，在 HSK（入门级）中该题型也涉及到了对语法项目的测查。例如：

(12) A 给他生气

B 在他生气

C 跟他生气 *

D 往他生气　　　　　　　　　　　　　　HSK（入门级）模拟题

从例题可见这一题型只能测查误代偏误。

2.1.3 题干和选项合一

此大类包括"全句挑错"和"独词插入"两小类。

2.1.3.1 全句挑错

这种题型也是选择错误选项，但不像"多句挑错"那样是在四个各自独立的句子中选择，而是在一句话的四个划线部分中进行选择。使用"全句挑错"的有 HSK（高等）、HSK（改进版）[中级] 和 C. TEST（A – D）。在划线部分的长短上，3 种测试中的"全句挑错"略有不同。HSK（高等）和 C. TEST（A – D）的划线部分覆盖了全句，例如：

(13) $\underline{人们常说开卷有益}_{A}$，$\underline{的确是这样}_{B}$，$\underline{多看书不但可以丰富知识和写作水平}_{C}$，$\underline{而且可以陶冶情操}_{D}$。

HSK（高等）样题

而 HSK（改进版）[中级] 中的划线部分只是句子的某些部分，错误的范围缩小，难度也有所降低。例如：

(14) 吴小松 $\underline{从小}_{A}$ 勤奋好学，他 $\underline{现在正在}_{B}$ $\underline{美国里}_{C}$ $\underline{一所}_{D}$ 著名的大学里读博士。

HSK（改进版）[中级] 样题

"全句挑错"和"多句挑错"一样也能够测查 4 种语法偏误，但明显"全句挑错"比"多句挑错"的阅读量要小得多。

2.1.3.2 独词插入

在 HSK（初、中等）中使用了这一题型，例如：

(15) 他们 A 再次 B 见面 C * 是相隔了 D15 个月之后。

　　　　　　　竟　　　　　　　　HSK（初、中等）样题

对比"独词插入"与"独词语序"可以发现，其实二者并没有本质不同，都是对同一个词在句中的位置进行测查，也只能考到错序偏误。只不过"独词插入"是将要测查的语法项目从句中提取出来，而"独词语序"是将语法项目融入句中。显然"独词插入"的阅读量更小，更能体现经济性。

2.2 完成句子

完成句子是一种半主观题型，要求应试者用给出的全部词语写出或补出一个完整的句子。使用这一题型的有 HSK（入门级）和 C.TEST（E-F）。例如：

(16) 在　的　你　买　哪儿

　　　这台电脑_____？　　　　　　C.TEST（E-F）真题

这一题型也只能测查错序，与"全句语序"、"半句语序"也没有本质区别，只不过在答题方式上将选择改成了书写，但是由于所要写的字都可以照抄，所以也可以说这一题型是通过答题方式的改变，测查了《汉语水平等级标准与语法等级大纲》中提到的汉字抄写速度。

三、讨论

通过上文的梳理，可以得到各级、各类汉语水平测试中语法题题型与语法偏误类型的对应关系，见下表：

表 1　各级、各类汉语水平测试中语法题题型与语法偏误类型的对应关系

测试类型	语法题题型	语法偏误类型
HSK（高等）	选词填空、全句挑错	误代、遗漏、误加、错序
HSK（初、中等）	选词填空、完形填空、半句语序、独词插入	误代、错序
HSK（基础）	选词填空、完形填空、全句语序	误代、错序
HSK（入门级）	搭配、完成句子	误代、错序
HSK（改进版）[高级]	多句挑错	误代、遗漏、误加、错序
HSK（改进版）[中级]	全句挑错	误代、遗漏、误加、错序

续　表

测试类型	语法题题型	语法偏误类型
HSK（改进版）[初级]	选词填空、半句语序	误代、错序
C. TEST（A-D）	选词填空、半句语序、独词语序、全句挑错	误代、遗漏、误加、错序
C. TEST（E-F）	选词填空、完成句子	误代、错序
C. TEST（G级）	选词填空、半句语序	误代、错序

通过表1不难发现，只有较高等级的HSK（高等）、HSK（改进版）[高级]、HSK（改进版）[中级]和C. TEST（A-D）4种测试，在题型上由于使用了挑错类的题型，能够测查4种语法偏误，其他6种较低等级的测试由于只使用了填空类、语序类题型，只能测查误代和错序，而无法测查遗漏和误加。

造成这一情况的主要原因可能是挑错类题型偏难，不适合较低水平的应试者。聂丹（2009）通过与全卷其他题型及全卷平均水平的对照，发现HSK（高等）的"全句挑错"试题和HSK（改进版）[高级]的"多句挑错"试题普遍偏难。但是，尽管存在着这样的现实，我们还是认为较低等级测试在对语法项目的测查上有所缺失也多少存在一定的遗憾。

当然，对于已经成型的测试来说，题型设计上不易再进行改变，对于如何测查较低水平应试者遗漏和误加两种语法偏误的问题确实值得思考。我们认为，对于较低水平的应试者来说，题型应该在准确、有效的基础上力求简便，因而像挑错类的多项选择题和成段改错类的半主观题由于难度较高、试题形式较复杂等原因暂不考虑。或许，对应试者已经熟悉的题型进行改变，使之能够完成测查遗漏和误加的任务，是一种相对来说比较简便可行的办法。在这里我们提出两种设想以供"引玉"。

第一个设想为"空选项"，是对"选词填空"多项选择题进行改变，将一个选项的内容去掉，以"□"、"※"或"∅"等符号代替，让应试者明白该选项指的是在空儿中不应填任何内容。例如：

(17) 那本书我看_____三天。

A 得

B 着

C 了*

D □

(18) 他越来越_____高兴。

A 太

B □*

C 很

D 多

例（17）、（18）分别将例（2）、（3）中带有遗漏和误加偏误的句子，设计成了带有"空选项"的"选词填空"多项选择题。如果应试者在例（17）中选了空选项 D，那么说明他在该语境中会产生遗漏偏误；如果选了 A 或 B，则说明他会产生误代偏误。如果应试者在例（18）中选了除空选项 B 以外的其他选项，那么说明在该语境中他会产生遗漏偏误。这样"空选项"就可以测查误代、遗漏和误加 3 种偏误了。

第二个设想为"非等长选项"，是对"半句语序"、"全句语序"和"独词语序"多项选择题进行改变，将选项设计成非等长的。例如：

（19） A 他能说汉语流利。

B 他汉语能流利说。

C 汉语他说的能流利。

D 他能说流利的汉语。*

例（19）对例（9）进行了改变，将选项 A 设计成错误的补语形式，如果应试者选 A，则说明他会产生误代偏误。选项 B 缺少结构助词"地"，选 B 则说明应试者会产生遗漏偏误。选项 C 出现的是错序偏误。

通过一道试题测查了 3 种偏误类型，虽然效率很高，但是难免会提高难度。也可以将选项设计为测查一种偏误。例如：

（20） A 可惜是，这个道理不是人人都能真正懂得。

B 可惜是，这个道理不是人人都能真正懂得的。

C 可惜的是，这个道理不是人人都能真正懂得。

D 可惜的是，这个道理不是人人都能真正懂得的。*

例（20）对例（10）做了改动，不再考"的"在句中的位置，而考了两个位置上"的"的遗漏，相对来说难度可能会降低。当然，这还有待于通过实测进行检验。

留学生在要表达同一语义时，由于母语背景、汉语水平等原因会出现带有不同偏误类型的变体。我们认为"非等长选项"多项选择题比较适合测查这一现象，因为它在命题上比"半句语序"、"全句语序"和"独词语序"更自由，可以根据留学生容易出现的偏误来设计选项，不受选项长度一致的限制，充分发挥迷惑选项的迷惑性，从而提高试题的效度。

四、结语

本文的考察结果说明，在题型设计过程中应重视题型与偏误的关系。本文所提出的两种设想是否可行，还有待于进一步的检验。希望此次研究对今后汉语水平测试和成绩测试的改进、研发有所裨益。

参考文献

［1］北京语言大学汉语水平考试中心（1989）《中国汉语水平考试大纲（初、中等）》，北京：现代出版社。

［2］北京语言大学汉语水平考试中心（1995）《中国汉语水平考试大纲（高等）》，北京：北京语言文化大学出版社。

［3］北京语言大学汉语水平考试中心（1998）《中国汉语水平考试大纲（基础）》，北京：现代出版社。

［4］北京语言大学汉语水平考试中心（2008）《C.TEST 2007 年真题集》，北京：北京语言大学出版社。

［5］国家对外汉语教学领导小组办公室汉语水平考试部（1996）《汉语水平等级标准与语法等级大纲》，北京：高等教育出版社。

［6］李筱菊（2001）《语言测试科学与艺术》，长沙：湖南教育出版社。

［7］鲁健骥（1994）外国人学汉语的语法偏误分析，《语言教学与研究》第 1 期。

［8］聂　丹（2009）汉语水平考试新、旧挑错题的比较，《暨南大学华文学院学报（华文教学与研究）》第 4 期。

［9］张旺熹（1999）《汉语特殊句法的语义研究》，北京：北京语言大学出版社。

基于人工神经网络预测汉语阅读理解测验题目难易度

韩 菡

提要 题目难易度是保证测验质量的一个重要方面。目前常用的被试反应方法对人力、物力和财力都有比较高的要求。本文运用人工神经网络的方法，对汉语阅读理解测验的题目难易度进行预测。这种方法不需要被试，只需通过对阅读理解文章和题目进行分析、提取变量，然后运用人工神经网络的方法进行计算可以预测出一个题目的难易度。本文以十一篇汉语水平考试的阅读理解文章及题目作为训练集和测试集，对汉语阅读理解的题目难易度进行了预测，预测得到的题目难易度和实际题目难易度存在显著的相关。

关键词 人工神经网络 BP 网络 阅读理解 题目难易度

一、引言

题目参数是决定题目及测验质量的重要因素。一般认为，题目参数主要有三个：难易度、区分度以及选项的分布（张凯，2002）。其中，题目的难易度无论是在经典测量理论中还是在项目反应理论中都是测验题目的一个重要性质。所以，在编写各种类型的测验过程中，在组卷的过程中，在建立试题库的过程中，题目难易度都是人们十分关注的一个指标。

经典测量理论中，在 0/1 评分的情况下，题目的难易度就是一个题目的答对率，即答对的人数与全体受试人数之比（张凯，2002）。在项目反应理论中，计算题目难易度则利用参数估计的方法。然而，这些方法都需要依靠被试的反应（Henning，1987；漆书青、戴海崎，1992）。因此，我们就不得不采用实际施测的方法来得到题目的难易度。实际施测，一般称作预测或者试测，是在正式测验之前对试题进行预先的试验，以便收集到必需的数据来筛选出比较好的题目（张敏强、刘昕，1990）。建立预测制度是保证正式考试的信度和效度的一个必要条件和关键措施，它的重要性已经得到了很多专家学者的肯定（李筱菊，1997；刘英林，1994a；张凯，2002；张敏强、刘昕，1990）。

正因为预测具有如此的重要性，所以对预测各个方面的要求也是很高的，（李筱菊，1997）实施起来就难免会碰到一些困难。所以，一些专家学者就试图找到一些不必依靠被试的预测方法。Perkins, K., Gupta, L. 和 Tammana, R. 在 1995 年的文章 Predicting item difficulty in a reading comprehension test with an artificial neural network 中，运用人工神经网络的方法预测英语阅读理解测验的题目难易度，而且得到的预测难易度和使用被试实测得到的难易度有很高的相关（最低的相关系数是 0.839，最高的相关系数达 0.991，并且所有的相关系数都是在 0.01 水平上显著），从而克服了传统的预测方法所存在的上述问题。

二、人工神经网络

人工神经网络（Artificial Neural Network，简称 ANN），是一门新兴的信息处理科学，它以人的大脑工作模式为基础，研究自适应、非程序的信息处理本质。这种工作机制的特点表现在不需要预先设定的程序和先验知识，而是通过网络中大量神经元的相互作用来体现它自身的处理功能，从模拟人脑的结构和单个神经元功能出发，达到模拟人脑信息处理的目的。它具有巨量并行性、结构可变性、高度非线性、自学习性和自组织性等特点。（罗四维，2004）目前，医学研究者、认知科学家、数学家、物理学家、信息工程专家已利用各自在不同领域知识的特长，从不同角度潜心于人工神经网络的研究。

人工神经元是人工神经网络的基本元件，也就是处理单元。它的功能是：对每个输入信号进行处理以确定其强度（加权），确定所有输入信号的组合效果（求和），确定其输出（转移特性）。人工神经网络的功能由处理单元的活动函数、模式和网络的相互连接机制确定。（罗四维，2004）。处理单元的激励通过传递函数而得到处理单元的最后输入值。在运用神经网络进行题目难度预测时，首先要将网络初始化，之后进行学习训练，学好后可进入工作状态（记忆）。网络的学习是指，随着外界变化（体现在输入样本变化上）不断调整连接的权值矩阵，使得网络依当前存储的模式产生的输出（预测值）与希望输出的误差最小。

人工神经网络系统有许多不同的模型，本文使用的反向传播神经网络（Back Propagation Neural Network），即 BP 网络。BP 网络是人工神经网络中应用较广的一种模型，它具有结构简单、工作状态稳定、易于硬件实现等优点。它是由输入层、输出层以及若干隐含层节点互相连接而成的一种多层网络。它是一种有教师的学习算法，即有大量的样本先对网络进行许多训练的学习过程。在建立输入、输出学习样本时，分级宜散、不宜过细，而且要防止样本间出现矛盾现象（胥悦红、顾培亮，2000）。本文使用的是一个三层 BP 网络。

三、研究方法

3.1 输入变量的选取

在 Perkins 等人的文章里，从阅读理解的文章和题干中选取了 24 个输入变量并且得到 1 个输出变量。本文借鉴了上述的 24 个变量，又根据汉语自身的特点和研究中遇到的问题，对变量进行了一定的增加和删减。(1) 由于本文采用的阅读理解文章和题目均来源于中国汉语水平考试（HSK）的正式试卷，在 HSK 的正式试卷中，出于排版的需要，不同文章每一行的字数是不固定的；同时，由于本文已经考虑到了文章字数这个变量，所以就将文章的行数这个变量删除了。(2) 因为汉字不同于拼音文字，所以本文增加了 2 个表示汉字特征的变量，即文章的笔画数和部件数。(3) 另外，由于本文采用的是 HSK 试卷，所以按照《中国汉语水平考试大纲（高等）》（第二版）增加了甲级词比率、乙级词比率、丙级词比率、丁级词比率以及超纲词比率 5 个变量。同样地，在对题干的分析中也增加了甲级词比率、乙级词比率、丙级词比率、丁级词比率以及超纲词比率 5 个变量。所以本文选取的变量一共有 35 个，但并不是每次实验全部使用，而是根据研究的需要，在每次实验的过程中从中有选择性地挑出一些变量。这样做是因为网络结构参数的选择是十分重要的，虽然输入层与隐含层神经元个数的增加会增加网络的表达能力，但同时也会影响其收敛速度和增加噪声干扰。

下面就这 35 个变量中可能引起争议的一些变量，做一下界定。

文章内容：汉语水平考试题目的参数体系（功能意念部分）将题目内容范围分为三个大类：日常生活，人文科学，自然科学。本文将日常生活和人文科学合为一类，即人文学科类；自然科学类为非人文学科类。

实词：也称作实义词或者内容词。在本研究中未将副词划入实词类，即以动词、名词、形容词、数词和量词为实词。

命题分析：一个命题（即一个事件）是由一个述谓结构来体现的。本文在划分论元这个变量时，采用陆元媛（2002）的定义：论元一般指的是谓词联系的实体（名物性成分），论元位置体现在句法结构上只有三个，主语、直接宾语和间接宾语。

谓词：与论元共现的动词。

修饰语：Radford（1997）认为，修饰语就是修饰名词的形容词和修饰动词的副词。

题目的认知要求：本文根据题目的认知要求将题目粗略地分成两类：第一类的题目是可以直接回到原文找到答案的，第二类的题目是要求人脑进行一定的认知作业的。

3.2 研究对象

本文选取了 HSK（初、中等）两份正式试卷中的阅读理解部分作为研究对象。出于 HSK 保密性的需要，本文不公开文章的具体内容和题目。我们暂且把这两份试卷分别称为 A 卷和 B 卷，其中 A 卷有 5 篇文章，B 卷有 6 篇文章，阅读理解的题目数量是相同的，每份试卷都有 30 个题目。所以，本文的研究对象是 11 篇阅读理解文章和据此提出的 60 个问题。

3.3 数据编码

在研究过程中，需要对这 11 篇文章以及 60 个题目进行编码。

（1）文章内容：人文学科类的编码为 0，非人文学科类的为 1。

（2）文章的段数：以 HSK 正式试卷的排版为准，一个自然段即为一段。一篇有两个自然段的文章就编码为 2。在这 11 篇文章中，最少的是 1 个自然段，最多的是 7 个自然段。

（3）文章的测验题目数：针对一篇阅读理解文章共提出了几个问题。提出五个问题则编码为 5。在这 11 篇文章中，题目数最少的是 4 个，最多的是 7 个。

（4）文章的字数：计算每篇文章的汉字和阿拉伯数字，但是不对英文字母计数。需要指出的是：表示年、月以及重量等的两位及两位以上的阿拉伯数字计作一个字，如："2005 年"算做两个字。在这 11 篇文章中，文章字数最少的是 302 个字，最多的是 606 个字。

（5）文章的笔画数：在这 11 篇文章中，笔画数最少的是 2136 画，最多的是 4332 画。

（6）文章的部件数：在这 11 篇文章中，部件数最多的是 703 个，最少的是 1461 个。

（7）文章的实词数：计算每篇文章的动词、名词、形容词、数词和量词之和。在词性的划分上，以《中国汉语水平考试大纲》（北京语言大学汉语水平考试中心，2003）和《汉语水平词汇与汉字等级大纲》（国家对外汉语教学领导小组，汉语水平考试部，1992）上注明的词性为准。对于超出这两本《大纲》的词，由笔者人为地进行划分。在这11篇文章中，实词数最少的是137个，最多的是278个。

（8）文章的句子数：以文章中出现的"。""！""？""……"和"——"等标点符号作为一个句子结束的标志，有几个上述的标点符号就认为该文章有几句话。在这11篇文章中，句子数最少的是9句，最多的是28句。

（9）文章的句长：文章中字和句子的比率，也就是用第四项得到的数值除以第八项得到的数值，即文章的字数/文章的句子数。在这11篇文章中，句长最短的是16.78，最长的是55。

（10）文章中实词的百分比：用第七项文章的实词数除以文章的总词数。在这11篇文章中，实词比率最低的是0.5502，最高的是0.8318。

（11）文章中甲级词的比率：以第七项中提到的两本《大纲》为依据划分甲级词、乙级词、丙级词和丁级词，没有在大纲中列出的作为超纲词。用甲级词的总数除以总词数即得到该文章的甲级词比率。在这11篇文章中，甲级词比率最低的是0.3384，最高的是0.8072。

（12）文章中乙级词的比率：同上（11），用乙级词的总数除以总词数即得到该文章的乙级词比率。在这11篇文章中，乙级词比率最低的是0.0643，最高的是0.2385。

（13）文章中丙级词的比率：同上（11），用丙级词的总数除以总词数即得到该文章的丙级词比率。在这11篇文章中，丙级词比率最低的是0.0281，最高的是0.1254。

（14）文章中丁级词的比率：同上（11），用丁级词的总数除以总词数即得到该文章的丁级词比率。在这11篇文章中，丁级词比率最低的是0.0080，最高的是0.0783。

（15）文章中超纲词的比率：同上（11），用超纲词的总数除以总词数即得到该文章的超纲词比率。在这11篇文章中，超纲词比率最低的是0.0281，最高的是0.1927。

（16）文章的论元数：根据本文第23页提到的标准进行标注。在这11篇文章中，论元数最少的是26，最多的是88。

（17）文章的谓词数：同上（16），在这11篇文章中，谓词数最少的是22，最多的是62。

（18）文章的修饰语数：同上（16），在这11篇文章中，修饰语数最少的是17，最多的是81。

（19）文章的论元密度：论元数除以句子数。在这11篇文章中，论元密度最低的是6.1100，最高的是1.3500。

（20）文章的谓词密度：谓词数除以句子数。在这11篇文章中，谓词密度最低的是1.8330，最高的是5.3333。

（21）文章的修饰语密度：修饰语数除以句子数。在这11篇文章中，修饰语密度最低的是0.9440，最高的是6.1111。

（22）文章的联合密度：文章的论元密度、谓词密度和修饰语密度之和。在这11篇文章中，联合密度最低的是6.1070，最高的是17.5600。

（23）题干的甲级词比率：某一个题目题干的甲级词数除以该题干的总词数。在60个题目中，题干甲级词比率最低的是0.1429，最高的是0.9286。

（24）题干的乙级词比率：某一个题目题干的乙级词数除以该题干的总词数。在60个题目中，题干乙级词比率最低的是0，最高的是0.4286。

（25）题干的丙级词比率：某一个题目题干的丙级词数除以该题干的总词数。在60个题目中，题干丙级词比率最低的是0，最高的是0.3333。

（26）题干的丁级词比率：某一个题目题干的丁级词数除以该题干的总词数。在60个题目中，题干丁级词比率最低的是0，最高的是0.3333。

（27）题干的超纲词比率：某一个题目题干的超纲词数除以该题干的总词数。在60个题目中，题干超纲词比率最低的是0，最高的是0.2857。

（28）题干的论元数：某一个题目题干中的论元总数。在60个题目中，题干论元数最少的是0，最多的是5个。

（29）题干的谓词数：某一个题目题干中的谓词总数。在60个题目中，题干谓词数最少的是0，最多的是4个。

（30）题干的修饰语数：某一个题目题干中的修饰语总数。在60个题目中，题干修饰语数最少的是0，最多的是6个。

（31）题干的论元密度：该题干的论元数除以该题干的总词数。在60个题目中，题干论元密度最低的是0，最高的是0.6。

（32）题干的谓词密度：同上（31），题干的谓词数除以该题干的总词数。在60个题目中，题干谓词密度最低的是0，最高的是0.5。

（33）题干的修饰语密度（31）：同上，题干的修饰语数除以该题干的总词数。在60个题目中，题干修饰语密度最低的是0，最高的是0.5。

(34) 题干的联合密度：题干的论元密度、谓词密度和修饰语密度之和。在60个题目中，题干修饰语密度最低的是0.2，最高的是1。

(35) 题目的认知要求：根据本文第267页的标准进行划分，第一类识别类的题目编码为0，第二类非识别类的题目编码为1。

3.4 预测实验

本文在神经网络的设计中，中间层神经元的传递函数为S型正切函数，输出层神经元的函数为S型对数函数，训练函数为traingdx，以梯度下降法进行学习，训练次数为1000次（这样的训练次数可以使学习误差在10^{-3}到10^{-4}之间，可以满足预测误差的要求），学习速率是自适应的。不论输入变量是多少，每组实验均采用了四个不同的隐含层神经元数目，分别是：$n_1 = n/2$，n，$1.5n$，$2n+1$。

首先是全部原始数据的交叉题目实验，输入样本为35维的输入变量，隐含层的神经元数分别选择17，35，52，71。输出层只有1个神经元，即题目的难易度。将全部60个题目按顺序进行编号，其中所有编号为单数的题目作为训练集，所有编号为双数的题目作为测试集，进行交叉实验。进行交叉实验的目的是在样本一定的前提下，尽可能多地让网络学习一些不同的输入变量。

经过人工神经网络的计算，得到的预测难易度与实际难易度见表1。

运用SPSS11.0软件对预测难易度与实际难易度两组数据做皮尔逊积差相关分析，得到的相关系数是$r=0.268$。隐含层的神经元数选择35，52，71，得到的相关结果分别是：$r=0.204$，$r=0.156$，$r=-0.056$。

表1 原始数据交叉题目实验的预测难易度与实际难易度

（隐含层神经元数为17）

题目编号	预测难易度	实际难易度
1	0.63939	0.3560
2	0.60824	0.6920
3	0.63158	0.5440
4	0.56011	0.4500
5	0.40273	0.6380
6	0.44570	0.4840
7	0.51999	0.5578
8	0.57272	0.4456

续 表

题目编号	预测难易度	实际难易度
9	0.51624	0.5476
10	0.44674	0.4014
11	0.57760	0.6054
12	0.47746	0.6701
13	0.50972	0.3162
14	0.50617	0.5470
15	0.50861	0.5513
16	0.48907	0.5989
17	0.57363	0.5000
18	0.40472	0.3736
19	0.52893	0.6593
20	0.55947	0.7828
21	0.61709	0.7727
22	0.54878	0.3901
23	0.41082	0.6374
24	0.55916	0.5659
25	0.53756	0.7329
26	0.63746	0.5890
27	0.60152	0.7808
28	0.46801	0.5616
29	0.53178	0.6712
30	0.41949	0.2466

接下来，笔者将原始数据进行归一化。所谓归一化，是将变量中所有大于1的，均除以该类型变量中最大的数值，从而将全部数据归一化到区间 [0，1]。在归一化后，大多数变量的变化范围加大了，能够在很大程度上改善训练的收敛性。重新运用皮尔逊积差相关分析，得到的相关系数是 $r = 0.283$，相关结果比归一化前的数据稍好，但仍不是很理想。这说明归一化数据确实对网络的收敛效果有改善，但是效果并不明显。隐含层的神经元数选择17，35，71时，得到的相关结果分别是：$r = -0.139$，$r = 0.041$，$r = -0.069$。

由于在对数据进行归一化后得到的预测结果仍然不是很理想，笔者考虑是否是因为增加了一些在英语研究的实验中并没有的变量。于是，删除这些变量（即文章的笔画数、文章的部件数、文章和题干的甲级词比率、文章和题干的乙级词比率、文章和题干的丙级词比率、文章和题干的丁级词比率以及文章和题干的超纲词比率),除了上文提到的文章的行数无法在本研究中作为变量外,保留了英语实验中的其他23个变量,又做了一次实验。这一次的相关系数是 r = 0.157,相关结果比前两次实验的结果要差。隐含层的神经元数选择11,23,34,得到的相关结果分别是:r = -0.210,r = -0.184,r = -0.044。除了隐含层神经元选择47的一组,其他组实验结果都出现了负相关,这说明在本次实验中删除的一些变量,其实是对提高预测结果的准确性是很有帮助的。汉语和英语选用相同的变量,得到的结果却相差很远。这也表明在阅读理解难易度方面,汉语和英语是有很大差别的,决定因素是不完全相同的。

笔者先对35个变量与题目难易度的相关一一做了分析,发现有一些变量与题目难易度几乎是零相关的。这样的输入变量是不能够很好地训练网络的,前几次实验的预测结果不尽如人意也就是必然的了。所以,笔者保留了与题目难易度正相关系数大于0.1和负相关系数小于-0.1的变量,删除了相关系数介于[-0.1,0.1]的变量,又进行了一次实验。在这次实验中选取的较高相关变量有文章的字数、文章的笔画数、文章的部件数、文章的论元数、文章的句子数、文章的实词比率、题干的论元数、题干的甲级词比率和题干的超纲词比率,共9个输入变量;删除了其余的较低相关的26个输入变量。这次实验中输入变量有9个,隐含层的神经元数分别选择4,9,13,19。皮尔逊积差相关分析得到的相关系数是 r = 0.506,在0.01水平上显著。相关结果比前三次实验的结果好了很多。隐含层的神经元数选择4,9,13,得到的相关结果分别是:r = 0.343,r = 0.453,r = 0.389。除了隐含层的神经元数选择4时,得到的相关系数为0.343,不显著以外,其他两个相关系数0.453和0.389均是在0.05水平上显著。SPSS统计的相关结果见表2。

表2 皮尔逊积差相关分析结果 Correlations

		预测难易度	实际难易度
预测难易度	Pearson Correlation	1	.506 *
	Sig. (2 - tailed)	.	.044
	N	30	30
实际难易度	Pearson Correlation	.506 * *	1
	Sig. (2 - tailed)	.044	.
	N	30	30

* *. Correlation is significant at the 0.01 level (2 - tailed).

经过不断地调整输入变量和隐含层神经元的数量，在最后一次实验中得到了与实际难易度存在显著相关的预测结果。虽然 0.506 这个相关系数和在英语实验中得到的 0.839 到 0.991 的高相关还是有一定差距的，但是这样的相关系数毕竟是在 0.01 的水平上显著的。因此，我们可以得到这样一个结论：在选取合理的输入变量的前提下，人工神经网络的方法同样适用于预测汉语阅读理解题目难易度。

四、结论及研究展望

本文证实了在选取适当的输入变量的前提下，人工神经网络的方法同样适用于预测汉语阅读理解的题目难易度。但是同英语的高相关度相比仍然存在差距，这可能是由神经网络自身的局限性，汉语自身特点以及一些特殊题目造成的。根据本文可做的后续研究可以分为两大类：一是有关影响汉语阅读理解题目难易度的变量的研究；二是对英语的标准化测验进行研究。Perkins 等人所进行的实验采用的阅读理解文章和题目是他们自己编写的，而不是来自英语的标准化测验，而且他们得到的预测结果和实际题目难易度的相关系数是非常高的（0.839 到 0.991 之间）。可以得到这么理想的预测结果是否是由于实验采用的不是标准化测验的阅读理解文章和题目，因此，我们需要运用人工神经网络的方法预测英语标准化测验的阅读理解题目难易度。如果我们仍然可以得到非常理想的预测结果的话，说明人工神经网络可能更加适用于英语方面。如果得到的预测结果不那么理想的话，就说明人工神经网络应用于标准化测验中是有一定局限的，我们应该对此进行一定地改进。

参考文献

[1] 李筱菊（1997）《语言测试科学与艺术》，湖南：湖南教育出版社。

[2] 刘英林（1994）汉语水平考试（HSK）述略，刘英林主编《汉语水平考试研究（续集）》，北京：现代出版社。

[3] 陆元媛（2002）论元位置的增容，《浙江师范大学学报（社会科学版）》第 27 卷第 121 期。

[4] 罗四维（2004）《大规模人工神经网络理论基础》，北京：清华大学出版社。

[5] 漆书青、戴海崎（1992）《项目反应理论及其应用研究》，南昌：江西高校出版社。

[6] 胥悦红、顾培亮（2000）基于 BP 神经网络的产品成本预测，《管理工程学报》，第

14 卷第 4 期。

［7］张　凯（2002）《语言测验理论与实践》，北京：北京语言大学出版社。

［8］张敏强、刘昕（1990）《标准化考试》，北京：高等教育出版社。

［9］Henning, G. (1987) *A Guide to Language Testing*: *Development, Evaluation and Research* Cambridge, Newbury House.

［10］Perkins, K., Gupta, L. and Tammana, R. (1995) Predicting item difficulty in a reading comprehension test with an artificial neural network. *Language Testing* 12 (1): 34 – 53.

［11］Radford, A. (1997) *Syntax*: *A Minimalist Introduction*, Cambridge, Cambridge University Press.

普通话测试命题说话项的几种典型偏误及教材练习形式的设计

刘 烨

提要 针对普通话水平测试培训班上粤方言学生的典型偏误，归纳出粤方言词汇、生造词、意义上有交叉的词汇和搭配关系不同的词汇四个类别的词汇偏误以及成分遗漏、成分误加、语法形式的误代、语法成分的错序和负迁移句式共五类语法偏误，加以分析。在设计教材练习形式时，将普粤中介语和普通话的正确句子组成一个个最小差异对，引导学生通过听辨找出问题所在。

关键词 普通话水平测试 粤方言 词汇偏误 语法偏误 练习形式

一、引言

香港自从回归之后实行"两文三语"政策："两文"是中文和英文；"三语"是指粤语、英语和普通话。学习普通话的香港学生所讲的"港式普通话"属于特殊的中介语，是从粤语向普通话过渡并不断靠近的一个连续体，是动态的发展的系统。

聂丹（2011）基于对普通话测试领域从 1980 年到 2010 年论文的梳理发现，"由于普通话水平测试研究历史较短，各研究领域的发展还不平衡。比如，从语言要素的研究来看，对语音的探讨比较充分，而对词汇和语法的研究相对欠缺。"普通话水平测试分为读单音节词语、读双音节词语、选择判断、朗读短文和命题说话五个部分，而在这五个部分中，纠音任务一直贯穿考前培训的始终。在命题说话项的训练中，目标在三甲及以上的学生在词汇和语法方面的偏误更为凸显。

二、偏误分类

我们将普通话水平测试培训班课堂上母语为粤方言的香港学生的偏误逐条记

录，针对几种典型的词汇和语法偏误，按照性质分门别类地归纳和分析。鲁健骥（1987）把外国人学习汉语的词语偏误情况分为四种："目的语的词与母语的词之间在意义上互有交叉"；"两种语言中对应词的搭配关系不同"；"两种语言中意义上有对应关系的词语，用法不同"以及"两种语言中的对应词语，在感情色彩、语体色彩、使用场合等方面有差别"。鲁健骥（1994）把英语为母语者的初学者的语法偏误分为遗漏、误加、误代、错序四大类。

根据香港学生中介语的特点，我们考虑将词汇偏误大致分为粤方言词汇、生造词、意义上有交叉的词汇和搭配关系不同的词汇四个类别。语法偏误共分出成分遗漏、成分误加、语法形式的误代、语法成分的错序和负迁移句式五大类。

三、偏误分析及解释

3.1 词汇偏误：

3.1.1 粤方言词汇

由于学生普通话词汇量有限，在普通话句式的表达中不知不觉地掺杂了普通话发音的粤方言词汇。首先是名词类偏误，例如：

（1）*<u>同房</u>的病友们和家属们看了也很感动。（同房→同屋）
（2）*今天我很早就起床了，8点就到<u>班房</u>准备上课了。（班房→教室）
（3）*今天我做<u>短讲</u>，想跟大家分享一下儿我对北京的印象。
（短讲→课前发言）
（4）*服务员，给我拿一下儿<u>菜牌</u>。（菜牌→菜单）

其次是动词和形容词的偏误，学生用粤方言词汇替换了普通话词汇，例如：

（5）*香港的地铁四通八达，<u>出外</u>都很方便。（出外→出门）
（6）*听到你这样说，我有一种很<u>暖心</u>的感觉。（暖心→温暖）

针对粤方言词汇的偏误，我们提出的学习策略是进行普粤对比。已经出版的<u>一些</u>普粤对比的小册子很实用，有欧阳觉亚的《普通话广州话的比较与学习》、曾子凡的《广州话、普通话口语词对应手册》等，可供学生阅读并扩展词汇，也可供教师教学参考。

3.1.2 生造词

学生使用的词汇既不属于普通话范畴，又不属于粤语范畴，是自己在习得过程中生造的词语。例如：

(7) *北京有很多卖鸭脖的店，我最爱吃的是鸭<u>翼</u>。（鸭翼→鸭翅）

(8) *看到这些，我觉得内地已经慢慢<u>步</u>向文明。（步→走）

(9) *为什么你吃完饭不做家务，盘子<u>叠</u>得像山一样高？（叠→堆）

(10) *我报烹饪班的课程是为学习怎么<u>造</u>小吃。（造→做）

"翼"和"步"这两个语素我们很少单说单用，"叠"和"造"偶有单用，但是不和"盘子"、"小吃"搭配。这些语素均属于普通话句子里古代汉语语素的残留，具有明显的南方方言痕迹。

3.1.3 意义上有交叉的词汇

这种情况是指目的语和母语对应的词汇在意义上有交叉。粤语的词语和普通话的词语意思并不完全对应，如果单纯从粤语的角度使用该普通话词语，会造成偏误。例如副词"都"和"也"的误用：

(11) *这次活动错过了很遗憾，下一次<u>我都</u>一定参加。（我都→我）

(12) *世界上<u>都有</u>很多人每天吃不饱。（都有→有）

(13) *不一定只有名人才能做出伟大的事情，谁<u>也</u>可以是一个英雄。（也→都）

(14) *从来我<u>也</u>没学过普通话，这是第一次。（也→都）

粤语中的"都"有一个功能是表示强调，加强语气，因此学生造出了（11）和（12）的句子。此处"都"的添加在普通话中显得多余，与普通话中用来表强调的"连他都来了"和"都三点了"的"都"有所区别。普通话中"都"不等同于"也"，但粤语中二者有共同的意思，只不过副词"也"用于书面语，出现例句（13）和（14）就是这个原因。

"都"和"也"在意义上的交叉非常复杂，学生将方言中与普通话中的"都"和"也"直接对应，成为顽固性偏误。

又如"好像"的误用：

(15) *有些明星做慈善，<u>好像</u>李连杰。（好像→比如）

(16) *我上个学期住的地方<u>好像三里屯</u>。（好像三里屯→和三里屯很像）

(17) *我有个朋友情况<u>好像</u>你一样。（好像→和）

(18) *治疗仪的大小<u>好像</u>吹风机一样。（好像→和）

"好像"的误用一共有两类：一是列举的时候"好像"与"比如"的混用；二是"好像"与"和……一样"的混用。这些词虽然在意义上相近但却不完全相同。

3.1.4 搭配关系不同的词汇

"学汉语的外国学生常常把母语中的某个词与其他词的搭配关系套到目的语中的对应词上。"（鲁健骥，1987）也就是说，外国学生混淆了母语中的两个词语。通过观察，我们发现香港学生混淆了目的语中的词语。对于母语为粤方言的学生而言，由于目的语中两个词语的意义相近，区分不到位导致搭配不当，把普通话里的 A 词与其他词的搭配关系套用到对应词 B 上。例如：

(19) *我的普通话很普通，还需要学习。（普通→一般）

(20) *我常常打电子游戏，眼睛也退化了。（退化→近视）

(21) *我想先在阿姨的公司工作几个月，拿到一些工作经验，然后再找工作。（拿到→得到）

(22) *如果准备充分的话，压力其实是可以减低的。（减低→减轻）

对于这一偏误类型，我们提出的学习策略是加强普通话近义词辨析。

3.2 语法偏误：

3.2.1 成分遗漏

关于外国学生的遗漏偏误，鲁健骥（1994）列举出若干种情况，比如副词、连词，尤其是结构或复句中起关联作用的副词、连词；同类词语中具有特殊用法的；重复成分的残缺；词尾、结构助词等附加成分的残缺；汉语中的复合成分等等。相比而言，普粤中介语的情况没有那么复杂。从形式上看，句子中缺少的通常是一个或几个意义较虚的成分。常见的是助词"得"和"的"的遗漏，例如：

(23) *可能有的同学会死记硬背，用这个方法不一定测试到。（用这个方法不一定测试得出）

(24) *我最希望是毕业找到一份好工作。（我最希望的是）

例（23）动词加"得"加结果的可能补语遗漏了助词"得"。类似情形一般也出现在状态补语中，有时学生为避免使用"得"而选择其他表达形式。例（24）"最……的"结构中助词"的"被遗漏。

3.2.2 成分误加

我们来看两个状语误用的例子：

(25) *作为一个好的领导，应该多点儿体谅大家。（应该多体谅大家）

(26) *公司鼓励我们多一些去培训班。（多去培训班）

"多点儿"和"多一些"均属正确的语法形式，当后面加上动词成分，语法形式就发生变化，"点儿"和"一些"成为误加的多余成分。

3.2.3 语法形式的误代

由于香港地区"两文三语"的语言使用格局，学生说普通话时对语法形式的选择就会受到粤语或英语的影响，例如：

(27) ＊他的变化太大，我不能认出他。（我认不出他）

(28) ＊大家都不坐后面，我也坐前一些。（我也往前坐一些）

(29) ＊当我们望过对面的时候，看见一辆车开了过来。（当我们往对面望的时候）

(30) ＊喝酒对身体不好，不要去酒吧那么频繁了。（不要那么频繁地去酒吧了）

例（27）属于可能补语的又一种偏误类型，错误地使用能愿动词的否定形式替换了可能补语的语法形式。例（28）、（29）和（30）属于粤语或英语干扰引起的补语误用。

3.2.4 语法成分的错序

语法成分在句中的先后顺序出现错误。以状语和定语的排列位置错误最为常见，如：

(31) ＊我尽量用多几次才洗一次。（尽量多用几次）

(32) ＊你走先。（你先走。）

两处状语的错序同样是受方言影响。香港学生的方言与普通话的语法差异不算复杂，通过搜集典型偏误再做系统性归纳，很多命题说话项目中的错误其实可以避免。

3.2.5 负迁移句式

"港式普通话"在从粤语向普通话过渡并不断靠近的动态过程中，受方言负迁移的影响，在句式层面体现出中介语的特征，照搬粤语的句式而非普通话句式。以"有"字句的偏误为例：

(33) ＊你提到的事情我有经历过。（你提到的事情我经历过。）

(34) ＊你有没有认识他们呢？（你认不认识他们呢？）

(35) ＊我有我的身份证在钱包里面。（我的身份证在钱包里面。）

"的"的偏误情况非常复杂，有词汇层面的，有结构层面的，也有句式层面上的，这里我们重点看与"的"相关的句式，例如：

(36) *我在北京买了件羽绒服，是名牌来的，很保暖。（是名牌的）

(37) *那里很少有人走，其实不是路来的。（其实不是路）

四、针对偏误而设置的教材练习形式

通过对普通话水平测试培训中搜集到的词汇和语法典型偏误的系统性梳理，我们观察到这几种偏误类型既有语际偏误（interlingual transfer），又有语内偏误（intralingual transfer）。语际偏误是由于对普通话和粤语的词语意义或语法形式区分不到位造成的，语内偏误是缘于对普通话规则的不熟悉。无论是在课堂教学还是教材设置中，都可以通过语言对比来解决偏误问题。

我们将普粤对比运用到《新汉语普通话教程·听说篇》练习形式的编写中。确切地说，这里的普粤对比不是直接进行两种语言的对比学习，而是从偏误的角度出发找出学生学习过程中的难点，进行偏误对比。相比粤语，普粤中介语更接近普通话，学生在这一习得过程中停留的时间较长。"只有一点不同，而其余全部相同的两个句子或其他序列符号称作'最小差异对'"（桂诗春、宁春岩，1997），对比需要在"最小差异对"中进行。因此，在练习形式的设置中，普粤中介语和普通话的正确句子组成一个个最小差异对，学生通过听辨找出问题所在。

通过培训班的课堂教学实践，我们选出十二组最常见最典型的偏误，均匀分布到每一课的练习形式中。其中包括词汇的误用，如：名词的误用、动词的误用、形容词的误用、副词"都"和"也"的误用、"好像"的误用和生造词；又包括语法形式的误用，如：补语的误用和状语的误用、句式上的误用，如："给"字句、"比"字句、"有"字句以及与"的"相关的句式。练习形式如下：

请边听边写出句子，然后用普通话的表达替换粤语的偏误。

例如：你提到的事情我<u>有经历</u>过。

（经历）

(1) _____

(　　)

(2) _____

(　　)

(3) _____

(　　　)
(4) _____
(　　　)
(5) _____
(　　　)

教材附录中的录音文本：

(1) 这个菜我<u>也有</u>在家里做。

(2) 你<u>感不感到</u>压力啊？

(3) 你<u>有没有</u>认识他们呢？

(4) <u>我有我的身份证在钱包里面</u>。

(5) <u>语言培训的课程我在香港也有学习</u>。

在《新汉语普通话教程·听说篇》中针对偏误设置练习形式的目的是：

1. 为学生的语言表达提供指导。吴慧等（2007）考察高校以及教学机构的教材课程设置时，谈到"存在的最大问题是教材课程安排和应试人提高需求之间的严重脱节"，"重知识结构轻运用实践"，"就应试人而言，他们更多地得到了语音知识、语音理论的提高，而普通话学习的终极目标——表达，却没有得到应有的重视、培养和指导"。

2. 在听说技能训练中，自然而然地揭示规律，突出重点。周健（2004）在分析普通话教学的重点时概括出，"在知识和技能中，以技能训练为重点；在聆听、说话、阅读、译写四项技能中，以说话为重点；在说话练习的诸方面中，又以交际中的话语生成为重点"。

3. 通过对比探求内在规律，帮助学生突破学习难点，提高学习效率。从词语偏误的归纳中，思考普通话词汇的选择和使用；从语法偏误的归纳中，寻求普通话句法概念的正确建立。最终达到推动学习者纠正偏误的目的。

参考文献

［1］桂诗春、宁春岩（1997）《语言学方法论》，北京：外语教学与研究出版社。

［2］鲁健骥（1987）外国人学习汉语的词语偏误分析，《语言教学与研究》第4期。

［3］鲁健骥（1994）外国人学汉语的语法偏误分析，《语言教学与研究》第1期。

［4］聂　丹（2011）关于普通话水平测试研究走向的思考，《语言文字应用》第2期。

［5］乔丽华、吴慧、朱青春（2007）普通话水平测试说话项应试失误分析与培训教材、教学模式研究，《语言文字应用》第 4 期。

［6］赵金铭（2002）外国人语法偏误句子的等级序列，《语言教学与研究》第 2 期。

［7］周　健（2004）香港普通话教学的若干问题，《语言文字应用》第 2 期。

基于字高提取数字墨水单字的自适应方法

白 浩

摘要 单字提取是数字墨水文本分割的重要步骤,是单字识别的前提。本文以中文数字墨水文本为研究对象,给出了一种基于字高的自适应迭代提取单字方法。该方法先求出所有笔划的最大高度,作为提取单字的初始行高。根据单字提取结果的字高直方图的期望值给出的自适应结果,来确定下次分割的单字行高,以直方图可能区间内单字个数不再递增作为迭代终止条件。对多种数字墨水文本进行了单字提取的测试,取得了较好效果。

关键词 数字墨水 分割 自适应

一、引言

对于普通用户而言,手写输入比键盘输入更加符合人们的笔纸输入习惯,它保证了书写的自然性和墨水丰富的表达能力,随着手写板、数码笔等手写输入设备的日渐成熟,已经积累了大量的数字墨水文本亟待识别成计算机文本。单字提取是数字墨水文本识别的必要前提,因为根据错误提取的单字是不能够识别出正确的单字的。所以为了得到更高的识别率,必须得到更好的单字提取结果。

由于手写输入的随意性较大,现有单字提取方法的自适应还远远不够,使得处理结果难尽人意。一篇笔迹的字高和一行笔划的高度都具有较高的一致性。因此,本文充分利用了字高和行高这一信息,通过对分割结果做迭代分析,找到一个最优的行高值时终止循环。所以,针对中文数字墨水文本的单字提取,本文提出了一种基于字高提取单字的自适应方法。

二、相关工作回顾

中文数字墨水文本是由手写笔划组成的,手写笔划是指手写笔从落下到抬起所记录的点坐标和其他信息。同汉字相比,标点、符号、数字、字母包含很少的笔划,结构简单。根据利用的信息,现有单字提取方法可以分为三种:

2.1 基于候选单字间距的方法

C. Hong(1997)先采用若干字间距阈值进行连续手写中文分割,获得多个分割结果,然后根据字间距方差从中选取最佳两组结果,在不提高字间距方差的前提下,合并邻近的候选单字,分裂较宽的候选单字,最后利用识别结果提取单字。候选单字间距是最小包围矩形的水平距离。Lin Yu Tsen(1998)也采用了最小包围矩形计算字间距,先根据汉字结构知识初步合并笔划,最后利用动态规划方法进一步合并候选单字。该方法能够处理多数情况下的重叠、粘连单字,但有时难以正确提取偏旁部首距离较远的单字、离得较近的邻接单字。赵宇明、江兴智、施鹏飞(2002)也采用了最小包围矩形计算字间距,根据汉字笔划的结构知识逐步合并笔划,从而提取单个汉字。该方法也可以部分地解决粘连汉字的单字提取问题。后两种方法设置了较多经验阈值,例如,字宽度阈值,两个最小包围矩形重叠部分与较小最小包围矩形面积之比的阈值,因而自适应性较低。

2.2 基于候选单字时间间隔和空间距离融合信息的方法

Patrick Chiu(1998)为构建多行笔划的多层次树表示提出了笔划距离,它融合了笔划的时间间隔和空间距离(包括 x、y 两个方向的距离)。该方法逐步合并距离最近的候选单字,形成树的不同层。该文处理日文和数字,只是给出了笔划的树表示,却没有涉及如何从中自动提取单字。

2.3 基于识别结果的方法

C. Hong(1997)先根据候选单字间距提取单字,然后再加上候选单字识别结果构建候选单字网格,最后根据候选单字识别得分、语言模型得分从候选单字网格中搜索最佳路径,获取单字提取结果。该文并没有给出语言模型得分计算方法和候选单字搜索方法。这种方法在单字提取中引入了候选单字识别结果信息,利用了候选单字识别得分和语言模型得分,而这要求识别器、语言模型具有很高的性能,单字识别错误、句子理解误差都会造成单字提取错误。

由于汉字结构的复杂性、数字墨水的随意性,要求对于分割和识别特征阈值的设定要具有很好的自适应性。因此,本文提出了基于字高提取数字墨水单字的自适应方法。先求出所有笔划的最大高度,作为提取单字的初始行高。根据单字提取结果的字高直方图的期望值给出的自适应结果,来确定下次分割的单字行高。通过不断对自适应结果取优,从而较大地提高了单字提取的正确率。

三、基于字高提取单字的自适应方法

对于同一篇中文数字墨水文本而言,字高和一行笔划的高度都具有较高的一致性。因此,本文充分利用了字高和行高这一信息,通过对分割结果做自适应的迭代分析,找到一个最优的行高值时终止循环。

3.1 迭代初始化

从部件结构上来看,汉字可分为上下关系、左右关系和包围关系。单笔划的最高值是可以代表左右关系和包围关系结构的汉字字高的,而在一篇字数超过300字的中文数字墨水文本中这种代表性是可以得到证实的,本文使用了中值分析对这种方法进行了验证,验证过程在本文的第四节中。

本文使用了 MS Toolkit 建立了一个提取单字的原型系统,使用 MS Toolkit 内置的分割器进行单字提取,MS Toolkit 分割器(Microsoft,2004)的默认行高是1200(HIMETRIC)[①],本文利用数字墨水文本中所有笔划,计算其包围盒,选出包围盒高度的最大值作为初始字高。具体方法是采用了遍历数字墨水文本的所有笔划的包围盒,比较其高度,找出最大值 Max,并将最大值 Max 传递给分割器。

3.2 自适应迭代方法

由于不同的人的书写习惯不同,利用字高进行迭代提取单字,是通过对提取结果的分析,不断地对字高进行自适应求值,从而使提取的正确率达到相对最优(只通过字高信息去达到100%正确率是不可能的)。这样,如何对前一次的提取结果进行分析,并用得到的字高信息去指导下一次的提取就成为了关键。要利用前一次的提取结果(正确率<100%),就必须尽可能地区分正确的提取结果和错误的提取结果,并利用正确的结果对下一次提取进行指导。本文采用的是基于直方图统计方法的数值分析,采用这种方法,可以较好地抽取出正确的提取结果。先求出单字提取结果的包围盒,对包围盒的高度做直方图分析,如图1所示。在直方图的中间区域,出现了样本个数较多(总体样本数的10%以上)的连续区

---

① 逻辑单位,0.01mm

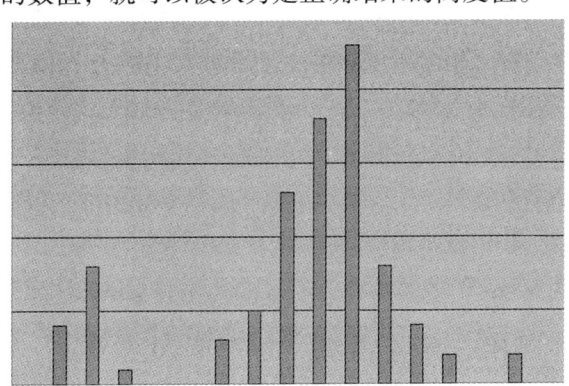

间，这个区间中的数值，就可以被认为是正确结果的高度值。

图1 单字包围盒的高度直方图

对区间内的值做数学期望得出均值字高，并用这个值去指导下一次的提取，直到迭代终止。迭代终止条件是，连续两次提取结果保持不变或正确率达到相对最高值。当迭代后，发现连续区间内的字高个数下降，说明正确率下降，如图2所示，为6次迭代过程的个数与正确率的折线图。此时就应该终止程序，并将提取结果进行回退到前一次的相对最高值。

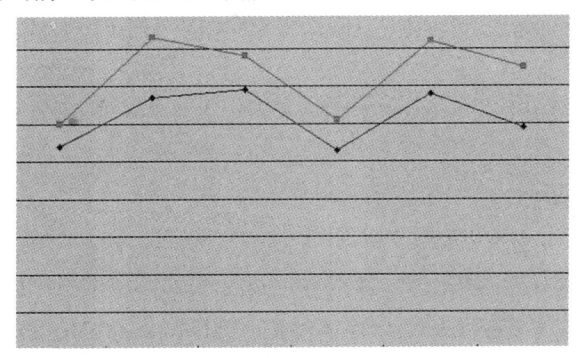

图2 区间内个数与正确率的比较（上：区间内个数；下：正确率）

该自适应迭代算法的具体步骤如下：
步骤1：使用前一次的字高进行单字提取；
步骤2：对提取结果做直方图数值分析，得出正确区间；
步骤3：对正确区间内的字高求数学期望，做为平均字高 H_r；
步骤4：将 H_r 赋值给分割器（Microsoft, 2004），divider.LineHeight；
步骤5：如果满足迭代终止条件，终止迭代；否则，返回步骤1，继续迭代。

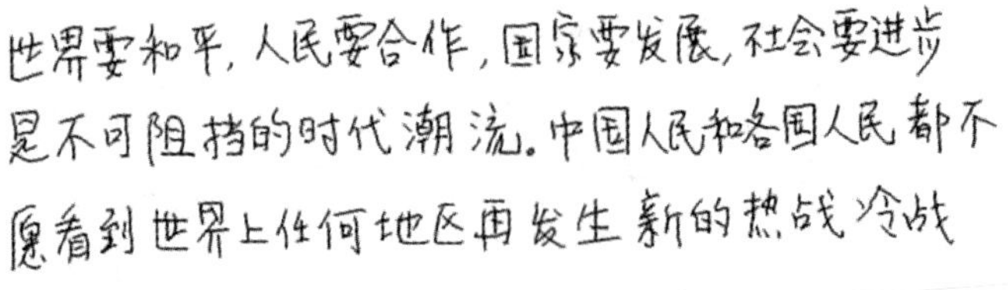

图 3　原始数据

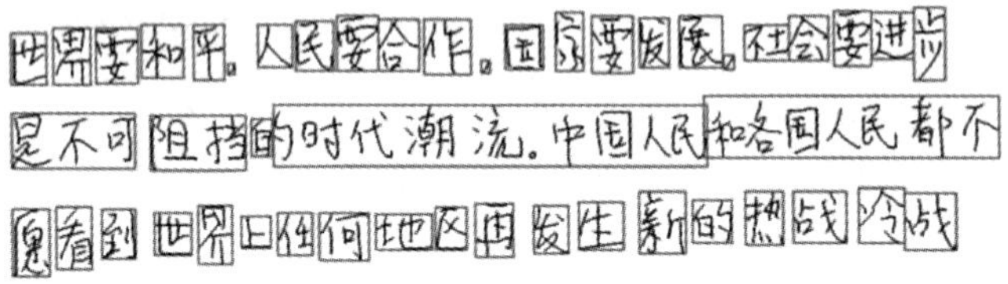

图 4　使用 MS Toolkit 分割器的单字提取结果

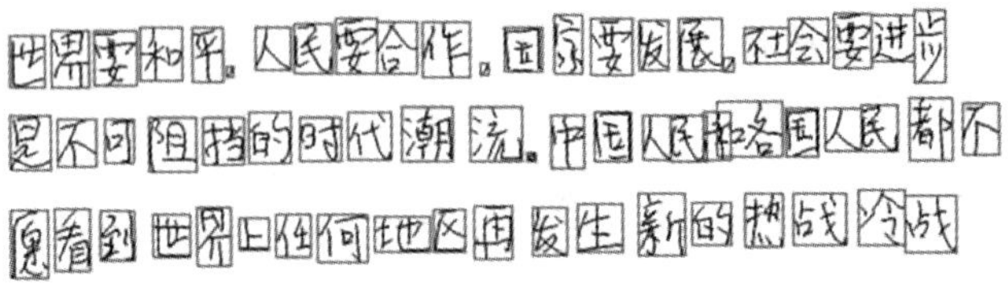

图 5　基于字高提取数字墨水单字的自适应方法的提取结果

四、性能评析

基于上述所提出的方法，作者在 Microsoft Studio 2005 开发平台（Microsoft, 2005）上，采用了 C#编写程序，并且使用了 Microsoft Tablet PC SDK v1.7（Microsoft, 2004）进行辅助。程序运行于装有 Window XP SP2 的 PC 上。下面根据大量中文数字墨水文本分割结果及其定量分析给出性能评析。

4.1　算法验证

为了验证初始行高提取方法的正确性，本文统计了一篇使用 MS Toolkit 分割器（Microsoft, 2004）进行单字提取，正确率达到 71% 的数字墨水文本的单字字高，如图 6 所示，之后对字高进行数据统计，如表 1 所示：（单位：HIMETRIC）

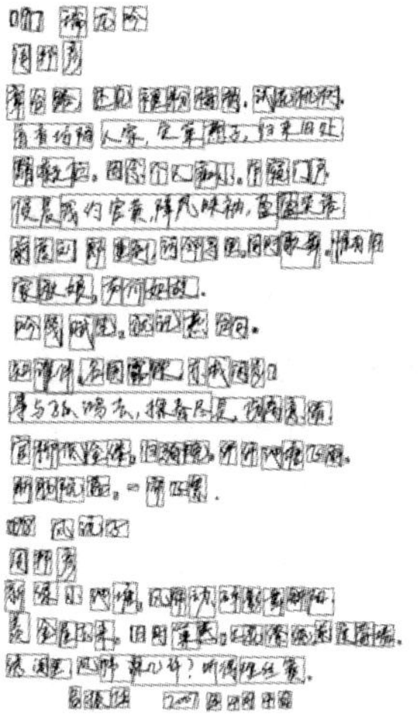

表 1 单字字高数据分析结果

最小值	52
最大值	1270
中值	724.249
标准差	255.915

图 6 数字墨水文本

字高最小值为 52，主要是由于标点符号（逗号、句号等）。字高最大值为 1270，中值为 724.249，单笔划所提取的字高为 1139，在最大值和中值之间，并且接近最大值，可见此方法具有很强的代表性。

4.2 实验结果

连续手写中文是采用基于 Anoto 公司（Anoto，2005）专利的数码笔手写输入的，型号为 Maxell DP‑201B。该笔的空间分辨率是 100dpi，书写采样速度是 60 点/秒。

本文对大量中文数字墨水文本进行单字提取测试，结果如下图所示，左侧为直接分割的结果，右侧为使用了本文方法的结果。

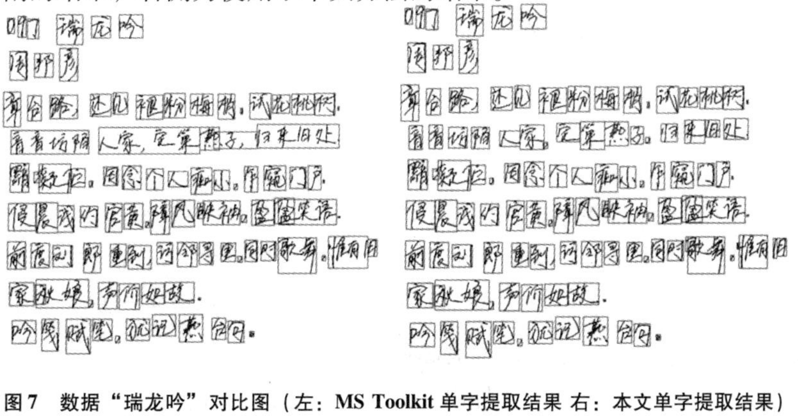

图 7 数据"瑞龙吟"对比图（左：MS Toolkit 单字提取结果 右：本文单字提取结果）

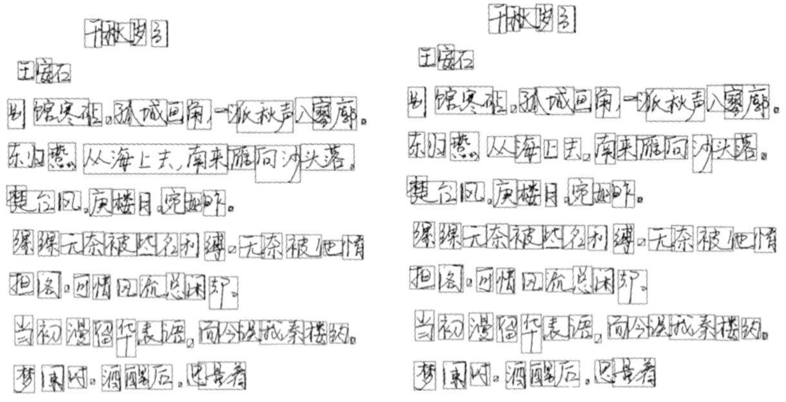

图 8　数据"千秋岁引"对比图（左：MS Toolkit 单字提取结果　右：本文单字提取结果）

表 2　给出了 4 篇字数不同的数据的使用本文方法的正确率。

数据	字数（含标点）	使用前正确率	使用后正确率
图 5（世界和平）	64	65.6%（42：64）	96.9%（62：64）
图 7（瑞龙吟）	113	72.6%（82：113）	84%（95：113）
图 8（千秋岁引）	101	64.4%（65：101）	80.2%（81：101）

4.3　实验结果分析

对于初始分割正确率较低的数据，使用本文方法进行分割，正确率提高较明显；而对于初始正确率较高的数据，使用本文方法进行分割正确率提高不是特别明显，综上，使用本文方法进行分割，正确率基本可以达到 80% 以上，比初始分割结果提高 10% 以上的正确率。

五、结束语

本文给出了一种基于字高的自适应迭代方法。该方法在提取单字前，先对所有笔划进行计算以求出其高度最大值，作为提取单字的初始行高。然后对前一次分割结果的单字字高做直方图分析，对下次迭代提取进行指导。测试结果表明该方法对中文手写笔迹的单字提取具有较好的效果。

测试结果分析表明，作者所提出的方法是有效的、鲁棒的，能够较好地实现连续手写中文分割，较大地提高了单字提取的正确率。该方法还应进一步改善，进一步利用提取结果的信息，提高单字提取的质量和速度。

参考文献

［1］赵宇明、江兴智、施鹏飞（2002）基于笔划提取和合并的离线手写体汉字字符切分算法，《红外与激光工程》第1期。

［2］Hong C., Loudon G., Wu Y., Zitserman R. Segmentation and recognition of continuous handwriting Chinese text. In International Conference on Computer Processing of Oriental Languages, 1997：630 ~ 633.

［3］Lin Yu Tseng, Rung Ching Chen. Segmenting handwritten Chinese characters based on heuristic merging of stroke bounding boxes and dynamic programming. Pattern Recognition Letters, 1998, 19（8）：963 ~ 973.

［4］Patrick Chiu, Lynn Wilcox. A Dynamic grouping technique for ink and audio notes. In Proceedings of the 11th Annual ACM Symposium on User Interface and Technology, 1998：195 - 202.

［5］Microsoft Windows XP Tablet PC Edition Software Development Kit 1.7, http：//www.microsoft.com/downloads/details.aspx?familyid = b46d4b83 - a821 - 40bc - aa85 - c9ee3d6e9699&displaylang = en.

［6］Microsoft Visual Studio 2005 版本 8.0.50727.42 2005 Microsoft Corporation Anoto Group AB. 2005 http：//www.anoto.com.

图书在版编目（CIP）数据

汉语进修教育多角度研究/王瑞烽，王俊毅主编.
—北京：中国书籍出版社，2015.6
ISBN 978-7-5068-4914-2

Ⅰ.①汉… Ⅱ.①王… ②王… Ⅲ.①汉语—对外汉语教学—教学研究—文集 Ⅳ.①H195.3-53

中国版本图书馆CIP数据核字（2015）第100895号

汉语进修教育多角度研究

王瑞烽　王俊毅　主编

策划编辑	安玉霞
责任编辑	安玉霞
责任印制	孙马飞　马　芝
版式设计	中尚图
出版发行	中国书籍出版社
地　　址	北京市丰台区三路居路97号（邮编：100073）
电　　话	（010）52257143（总编室）（010）52257140（发行部）
电子邮箱	yywhbjb@126.com
经　　销	全国新华书店
印　　刷	北京温林源印刷有限公司
开　　本	710毫米×1000毫米　1/16
字　　数	325千字
印　　张	18.25
版　　次	2015年6月第1版　2015年6月第1次印刷
书　　号	ISBN 978-7-5068-4914-2
定　　价	49.00元

版权所有　翻印必究